SUPERBUR
SAGGI

Margherita Hack

L'UNIVERSO ALLE SOGLIE DEL DUEMILA

edizione riveduta e aggiornata

11-8-2000

Viaggiare e sognare con la mente tra le stelle è il massimo della vita.

Biblioteca Universale Rizzoli

ISBN 88-17-11664-5

prima edizione BUR Supersaggi: settembre 1995
ottava edizione Superbur Saggi: aprile 1999

CAPITOLO PRIMO

MOLTI ANTICHI PERCHÉ E ALCUNE RECENTI RISPOSTE

Fin dagli albori della civiltà il genere umano deve essersi chiesto cos'erano quegli irraggiungibili puntini luminosi che brillavano sopra le loro teste, che mutavano col passare delle stagioni, che apparivano con l'oscurità dando il cambio al sole. E che cosa poteva essere quest'ultimo se non un dio, apportatore di vita e di calore, ma anche di morte per la siccità; o per il freddo quando si rifiutava di apparire e si nascondeva dietro una coltre di nubi. Così sono nate le mitologie, così è nata l'astrologia, che associava ad ogni stella o pianeta un essere divino, o un eroe, un superuomo, e vedeva nelle costellazioni figure immaginarie, rappresentanti episodi delle loro vite. Da lassù questi esseri seguivano le vicende umane, le determinavano o modificavano a seconda delle loro simpatie e capricci.

Ma col passare dei secoli osservatori più attenti cominciarono a scoprire le regolarità di certi moti, mentre pensatori e filosofi presero a costruire modelli di universo, basati soprattutto su teorie religiose e filosofiche, spesso disgiunte dall'osservazione.

Del resto le osservazioni consistevano in misure delle posizioni dei corpi celesti e delle loro variazioni, misure fatte puntando i corpi con delle specie di mirini e regoli graduati e misurando distanze angolari da punti fissi di riferimento. Eppure con questi mezzi rudimentali, Ipparco verso il 140-130 a.C. in Bitinia e a Rodi riusciva a misurare la precessione degli equinozi.

Ma è stato solo con Galileo che agli inizi del XVII secolo è cominciata l'era moderna dell'astronomia e delle scienze fisiche. Infatti, l'applicazione del cannocchiale — inventato da alcuni ottici olandesi — allo studio del cielo, dilatò incredibilmente il raggio dell'universo osservabile. È ancora a Galileo che dobbiamo la concezione moderna di scienza, basata sull'esperimento e la sua ripetibilità e non più su astratte teorie filosofiche o religiose.

La conoscenza dell'universo come un tutto, della sua origine ed evoluzione, costituisce la cosmologia. Essa oggi si basa sulla conoscenza dell'origine ed evoluzione di quelle cellule che costituiscono l'universo e che sono le stelle, le galassie, le famiglie di galassie (gruppi, ammassi, superammassi).

Il mezzo che ci ha permesso di conoscere questi corpi, per ora e forse per sempre intangibili, è la radiazione elettromagnetica che essi ci inviano. Poi dopo avere inventato gli strumenti per captare, analizzare e misurare questa radiazione, e dopo avere sviluppato, con l'ausilio di esperienze in laboratorio, le teorie che ne regolano l'emissione, siamo finalmente riusciti a conoscere la struttura fisica e la composizione chimica delle stelle, a risalire alle loro fonti di energia, al modo in cui queste fonti vengono consumate e quindi all'evoluzione delle stelle, e di conseguenza all'evoluzione dei complessi in cui esse si formano: le galassie. Ma tutti questi strumenti, sia di osservazione sia teorici, sono stati creati e sviluppati solo nel secolo scorso e potenziati nel nostro. Negli ultimi quarant'anni poi lo sviluppo degli strumenti e dei mezzi di calcolo si è tanto accelerato da superare le più ottimistiche previsioni. I risultati sono stati spesso sorprendenti, ed è soprattutto di questi che parleremo.

Vorremmo intanto sottolineare che solo da poco più di cento anni abbiamo scoperto di cosa sono fatte le stelle, e da meno di cinquanta conosciamo le loro fonti d'energia e sappiamo calcolare la durata della loro vita.

Le conoscenze accumulate per secoli e millenni e fino al 1930 erano tutte basate unicamente sull'osservazione e misurazione di una piccola parte della radiazione emessa dai corpi celesti, quella che chiamiamo «luce» e che corrisponde alle radiazioni di lunghezza d'onda compresa fra circa 0,38 micron e 0,80 micron, le quali ci danno rispettivamente la sensazione di luce violetta cupa e di rosso cupo.

Quando Karl Jansky, un ingegnere della Bell Telephone Company, scoprì per caso, fra il 1930 e il 1932, che dal centro della Via Lattea provenivano onde radio, gli astronomi non lo presero troppo sul serio. Solo dopo la seconda guerra mondiale la radioastronomia fiorì e si sviluppò rapidamente, mostrandoci un cielo del tutto diverso da quello osservabile otticamente. Allora si capì l'importanza che poteva avere lo studio di tutto lo spettro elettromagnetico, dai raggi gamma ai raggi X, all'ultravioletto, all'ottico, all'infrarosso fino alle onde radio. E poiché l'atmosfera terrestre è totalmente o parzialmente trasparente solo alle onde luminose e a quelle radio, lo si comprese ancora meglio quando iniziò l'era spaziale dell'astronomia. Misuratori di raggi gamma e X, telescopi per l'ultravioletto e l'infrarosso sono stati montati su satelliti in orbita attorno alla Terra e ci hanno svelato altri aspetti del cielo.

Le radiazioni elettromagnetiche viaggiano nei vuoti spazi intersiderali alla velocità della luce, la massima consentita secondo la relatività di Einstein, di 300 000 chilometri al secondo. Per quanto enorme, si tratta pur sempre di una velocità finita. Questo ha per conseguenza che quanto più lontano guardiamo nello spazio, tanto più indietro guardiamo nel tempo. Oggi ci rendiamo conto che le galassie poste a 5 o 10 miliardi di anni luce hanno caratteristiche diverse da quelle più vicine, a «soli» 10 o 50 milioni di anni luce. Ciò non perché l'universo vari con la distanza, ma perché varia col tempo, ossia evolve.

Naturalmente, l'unico modo che abbiamo di interpretare le nostre osservazioni è di ammettere che le leggi fisiche che regolano l'emissione di radiazione o le leggi della gravitazione che regolano il moto dei corpi sono le stesse in tutto l'universo. Se così non fosse le nostre armi di conoscenza risulterebbero completamente spuntate. Ma per ora non c'è alcuna seria evidenza contraria a questa necessaria ipotesi.

Le radiazioni elettromagnetiche non sono l'unico mezzo di contatto coi corpi celesti. Particelle prive di carica e di massa praticamente nulla — i neutrini — vengono prodotte nell'interno delle stelle e si propagano liberamente nello spazio. A causa delle loro proprietà, interagiscono pochissimo con la materia ed è perciò assai difficile catturarle e misurarle. Recentemente, sono stati registrati alcuni dei neutrini emessi dalla supernova esplosa nella Grande Nube di Magellano; e altri, sia pure in misura molto minore rispetto alle previsioni, emessi dal Sole.

Infine, anche se non ancora misurate direttamente, c'è la possibilità teorica di osservare le onde gravitazionali.

È noto dalla fisica che *particelle cariche* in moto accelerato producono onde elettromagnetiche; così moti accelerati di *masse* dovrebbero generare onde gravitazionali. Per esempio, il collasso di una stella di grande massa dà luogo a onde gravitazionali che potrebbero essere rivelate da adeguati strumenti di misura. Ma poiché la forza gravitazionale è tanto più debole della forza elettromagnetica, la rivelazione di queste onde è estremamente difficile. Comunque, è probabile che rappresenterà una importante branca dell'astronomia del prossimo secolo.

I modi in cui i costituenti la materia interagiscono fra loro sono regolati dalle quattro forze fondamentali. Esse sono la forza gravitazionale, la forza elettromagnetica, la forza nucleare debole e la forza nucleare forte.

La forza gravitazionale, pur essendo di gran lunga la più debole, agisce anche su grandi distanze, ed è sempre attrattiva. La legge che la regola fu scoperta da Newton alla fine del XVII secolo. Essa dice che due masse si attraggono reciprocamente in modo direttamente proporzionale al prodotto delle loro masse e inversamente al quadrato della loro distanza: $F = \frac{Gm_1m_2}{r^2}$. G è la costante di gravitazione, determinata sperimentalmente. Questa è una costante universale, avente cioè lo stesso valore in tutto l'universo. Infatti, non c'è per ora alcuna prova che essa vari con la distanza.

La forza elettromagnetica fu scoperta nel secolo scorso, attraverso due diversi esperimenti: quello della forza elettrostatica per cui due cariche elettriche si attraggono (se hanno segno opposto) o si respingono (se hanno lo stesso segno) con una forza direttamente proporzionale al prodotto delle loro cariche e inversamente proporzionale al quadrato della loro distanza, e quello che dimostra come una corrente elettrica produca un campo magnetico, così come un campo magnetico variabile produce una corrente in un conduttore. Gli esperimenti di due grandi fisici del secolo scorso, André Marie Ampère e Michael Faraday, furono fondamentali per James Clerk Maxwell, il quale capì che elettricità e magnetismo sono due diversi aspetti della stessa forza, la forza elettromagnetica.

La forza nucleare forte è quella che tiene insieme, in un nucleo atomico, più protoni, e cioè particelle cariche dello stesso segno, che dovrebbero essere soggette a repulsione elettrica. È vero che esse sono anche soggette ad attrazione gravitazionale, ma facendo i conti si trova che l'attrazione gravitazionale è circa un miliardo di miliardi di miliardi di miliardi (o 10^{36}) volte più debole. La forza nucleare forte (scoperta nel 1930) è dunque una specie di colla capace di tenere insieme due cariche di segno eguale, ma la cui azione si esercita solo a distanze dell'ordine del raggio di un nucleo atomico: 10^{-13} centimetri.

La forza nucleare debole si manifesta quando un nucleo atomico emette un elettrone (decadimento beta o radioattività beta, scoperta all'inizio di questo secolo). In questo caso un neutrone emette un elettrone; il nucleo atomico mantiene praticamente la stessa massa ma la carica del nucleo cresce di una unità e il nucleo si trasforma nell'elemento immediatamente successivo nella tavola degli elementi di Mendeleyev. È infatti la carica del nucleo quella che determina le proprietà chimiche di un elemento. Una varietà di questo fenomeno consiste nell'emissione di un positrone, o elettrone positivo; ancora la massa del nucleo resta praticamente la stessa ma la sua carica diminuisce di uno e l'elemento si trasforma in quello che lo precede nella tavola di Mendeleyev. Durante il decadimento beta lo stato iniziale e quello finale del nucleo hanno differenti energie, sebbene l'elettrone (o il positrone) non porti via tutta quella energia. Per il principio di conservazione dell'energia ci deve essere qualcosa senza carica e con massa praticamente nulla che si porta via l'energia residua. Questo qualcosa è il neutrino, scoperto per la prima volta nel 1956, sviluppando teorie di Pauli (1931) e di Fermi (1934).

Nel 1967 Steven Weinberg del Massachusetts Institute for Technology, e Abdus Salam dell'Imperial College di Londra e direttore del Centro Internazionale di Fisica Teorica di Trieste, indipendentemente, dimostrarono che la forza elettromagnetica e la forza nucleare debole si identificano a energie molto grandi, maggiori di 100 miliardi di elettron volt, ottenibili nei moderni acceleratori di particelle. Essi predissero che il risultato di questa unificazione era la produzione di alcune particelle chiamate W^+, W^- e Z^o, di massa pari a 85 volte la massa del protone per le prime due, e a 95 per la terza. Esse furono effettivamente individuate al CERN nel 1983, in un esperimento diretto da Carlo Rubbia. La forza unificata è stata chiamata elettrodebole.

CAPITOLO SECONDO

I PROGRESSI TECNICI AL SERVIZIO DEI PROGRESSI SCIENTIFICI

Gran parte delle scoperte di questi ultimi cinquant'anni sono dovute all'enorme sviluppo della strumentazione astronomica. Le nuove scoperte hanno provocato nuove teorie per interpretare le osservazioni, e le teorie a loro volta hanno predetto nuovi fenomeni, la cui verifica osservativa richiede strumenti ancora più raffinati.

Meno di dieci anni fa, nel 1983, un grande astronomo e ottimo osservatore, Bart Bok, pensava che i telescopi a terra fossero in crisi. Secondo lui e molti altri si era raggiunto il massimo sviluppo consentito dalla tecnica e tutto quello che si poteva osservare era già stato osservato. Solo i telescopi su satelliti avrebbero permesso ulteriori progressi.

Oggi la tendenza si è in parte invertita, e siamo giunti al punto di chiederci: ma il grande telescopio spaziale Hubble, progettato più di vent'anni fa, dà veramente risultati superiori a quelli che si possono ottenere dal suolo con la nuova generazione di telescopi?

Ma vediamo per ordine quali sono i progressi tecnologici che hanno portato al presente quadro dell'universo, che vogliamo descrivere in questo libro.

PERCHÉ STUDIARE IL CIELO DALLO SPAZIO?

La nostra atmosfera, così trasparente da farci vedere le stelle e le galassie e far passare la luce solare, senza la quale la nostra vita, quella delle piante e degli animali non sarebbe possibile, è invece completamente opaca alle onde elettromagnetiche più corte, come l'ultravioletto, i raggi X e gamma e parzialmente opaca alle onde più lunghe, nell'infrarosso. Per gli esseri viventi è una fortuna che sia così, perché esposizioni prolungate a raggi ultravioletti, X e gamma sarebbero letali. D'altra parte l'opacità all'infrarosso consente di immagazzinare il calore solare ed evitare sbalzi troppo bruschi di temperatura fra il giorno e la notte: è l'effetto serra.

Però tutte le informazioni che abbiamo sull'universo provengono quasi esclusivamente attraverso le onde elettromagnetiche — dai raggi gamma alle onde radio. Di conseguenza la rappresentazione dell'universo basata sulle sole radiazioni visibili è largamente incompleta.

Ce ne siamo resi conto lentamente quando Karl Jansky, nel 1930, scoprì per caso che dal cielo provengono anche radioonde, e l'aspetto del cielo radio è completamente diverso da quello ottico. È un cielo dominato dalla radiazione delle galassie e delle nubi di gas e polveri interstellari; un cielo in cui gli oggetti più cospicui ai nostri occhi, le stelle e il Sole, non appaiono o sono insignificanti.

Cielo ottico e cielo radio sono solo due facce dell'universo. Ci si cominciò a chiedere: cosa scopriremo una volta superato l'ostacolo della nostra atmosfera?

Per fare un paragone, l'umanità durante i trenta secoli che dalla preistoria ci hanno portati ai nostri giorni, è stata un po' come un prigioniero, nato e vissuto nell'interno di una torre con una sola finestra, che dava, per esempio, su una vasta pianura erbosa. Egli avrà pensato che la Terra era tutta un'unica prateria. Ma quando qualcuno gli aprì una finestra sul lato opposto, scoprì l'esistenza del mare. E quando un'altra finestra gli fu aperta sul terzo lato, scoprì le montagne, e infine dal quarto lato scorse un addensamento di case e palazzi, di strade e piazze.

Così noi oggi abbiamo finalmente spalancato tutte le finestre sull'universo, grazie ai satelliti, che portando i telescopi al di sopra dell'atmosfera hanno reso accessibile il cielo ultravioletto, X e gamma da un lato, e quello infrarosso dall'altro.

La maggior parte delle radiazioni emesse dalle stelle e dalle galassie è dovuta al fatto che queste sono corpi caldi o illuminati da corpi caldi. Quanto più alta è la temperatura di un corpo tanto più il massimo dell'energia da esso irradiata cade a lunghezze d'onda brevi. Il cielo ultravioletto ci mostra l'aspetto «caldo» del cielo, i raggi X quello «torrido», l'infrarosso l'aspetto «freddo», mentre il cielo radio è per lo più dominato da meccanismi non dipendenti dalla temperatura, come pure quello gamma e in parte anche quello X.

I primi tentativi di osservare la radiazione ultravioletta delle stelle furono fatti utilizzando piccoli telescopi a bordo di razzi e i primi risultati importanti furono ottenuti negli anni '66-69. Il primo satellite per l'ultravioletto fu lanciato dalla NASA nel dicembre 1968. Si chiamava Orbiting Astronomical Observatory No. 2 (o OAO 2). Il numero 1 sfortunatamente non era entrato in orbita ma era finito in fondo all'oceano. Il primo satellite europeo fu lanciato nel marzo del 1972: si chiamava TD 1. Il primo grande telescopio spaziale è stato l'OAO 3, messo in orbita dalla NASA il 21 agosto 1972 e chiamato anche COPERNICUS, in omaggio al grande scienziato polacco di cui stava per ricorrere il quinto centenario della nascita (19 febbraio 1473).

Con uno specchio di diametro circa la metà di quello del COPERNICUS (45 centimetri invece di 80) ma con un dispositivo che lo rende molto più rapido, nel gennaio 1978 è stato lanciato l'International Ultraviolet Explorer (meglio noto come IUE), un progetto congiunto delle agenzie spaziali americana ed europea, e ancora in orbita ed egregiamente funzionante dopo 17 anni, mentre la vita prevista era di soli quattro o cinque anni. Infine nell'aprile 1990, con più di quattro anni di ritardo rispetto al programma, è stato messo in orbita il telescopio spaziale Hubble (HST) di 2,4 metri di diametro. Malgrado gli incredibili errori nel calcolo delle ottiche fatto dalla ditta costruttrice, esso ha dato risultati eccezionali.

Tutti i satelliti che hanno preceduto lo Hubble hanno sfruttato solo uno dei vantaggi offerti dall'assenza di atmosfera: quello di osservare regioni non accessibili dal suolo. Per la prima volta HST si proponeva di sfruttare anche l'altro vantaggio: l'assenza di turbolenza atmosferica. Ma per far questo occorre che il satellite sia stabilizzato tanto bene da non avere quelle piccole oscillazioni che degraderebbero le immagini quasi quanto la turbolenza atmosferica. Inoltre per poter sfruttare al massimo l'assenza di turbolenza e di oscillazioni del satellite la qualità delle parti ottiche deve essere eccellente. HST prometteva di darci immagini stellari di un centesimo di secondo d'arco. Da terra e nelle migliori condizioni climatiche si arriva eccezionalmente al mezzo secondo d'arco; immagini di un secondo d'arco sono già buone. Purtroppo i calcoli sbagliati delle ottiche avevano ridotto la potenzialità di HST e le migliori immagini avevano un diametro angolare dieci volte maggiore del previsto, 0,1 secondo d'arco. Quindi un risultato migliore che dal suolo, anche se, come vedremo, la tecnologia si avvia a superare anche l'ostacolo della turbolenza atmosferica. La missione extraveicolare compiuta dagli astronauti Jeffrey Hoffman, Story Masgrave, Kathryn Thornton e Thomas Akers, il 2 dicembre '93, ha permesso di correggere i difetti delle ottiche. Dalla navetta Endeavour essi si sono portati presso il piano focale di HST e hanno posto quelle lenti correttrici che hanno reso possibili le straordinarie prestazioni previste dal progetto. Il confronto fra le immagini della galassia spirale M 100 prima e dopo la correzione non ha bisogno di commenti (vedi Figura 1b, a p. 18).

Un osservatore attento che scruti il cielo ad occhio nudo noterà che le stelle non sono tutte dello stesso colore: alcune come Betelgeuse, Aldebaran o Antares sono decisamente rossastre, simili a Marte; altre come Rigel sono di un bianco tendente all'azzurro, altre come Vega o Sirio sono bianche. Le rosse sono più fredde, con temperature superficiali di 2000-3000 gradi; le azzurre sono le più calde, con temperature superficiali di 20 000-30 000 gradi; le bianche hanno temperature di 10 000 gradi e infine quelle gialle, come il nostro Sole o Procione, circa 6000 gradi. Nel cielo ultravioletto vedremo solo le stelle azzurre e, più deboli, le bianche. Le rosse sono scomparse.

Prima COPERNICUS e poi IUE ci hanno dato dei risultati previsti, ma anche molte sorprese. Per esempio, la scoperta che quasi tutte le stelle sono circondate da rarefatti strati esterni simili alla cromosfera e corona solari; la scoperta che il gas interstellare è composto da regioni a temperature vicine allo zero assoluto, a circa –263 gradi centigradi, e da regioni torride, mezzo milione e più gradi; che la sua distribuzione è molto irregolare, e il Sole si troverebbe proprio al confine di una zona di bassa densità. IUE ci ha dato anche le prime osservazioni ultraviolette di lontane galassie. Esse costituiscono il principale oggetto di studio di HST, che ha già mostrato eccezionali immagini di galassie e forse ci permetterà di osservare tanto lontano nello spazio e tanto indietro nel tempo fino a un'epoca in cui le galassie cominciavano appena a formarsi.

L'ULTIMA GENERAZIONE DI TELESCOPI E RIVELATORI

Quella piccola parte dello spettro elettromagnetico che, quando colpisce il nostro occhio, provoca la sensazione di luce, è stata per molti secoli l'unico messaggero dallo spazio, e l'occhio nudo l'unico «strumento di misura» della radiazione.

Già il modesto cannocchiale di Galileo, nel 1610, permise di scoprire le pianure e le montagne lunari, le macchie solari, le fasi di Venere, i quattro maggiori satelliti di Giove (i pianeti medicei). Newton inventò un tipo di telescopio che porta il suo nome, costituito da specchi invece che da lenti. Questo elimina l'aberrazione cromatica, cioè quelle noiose bordature iridate delle immagini che ne peggiorano grandemente la qualità, e che dipendono dal fatto che l'indice di rifrazione del vetro varia con la lunghezza d'onda, e di conseguenza una lente convergente è più potente nel violetto che nel rosso. Ma fino alla fine del secolo scorso ci si limitava a guardare le immagini fornite dai telescopi, e a prendere appunti, subito dopo, di quello che si era visto. Quindi descrizioni necessariamente soggettive e basate sulla maggiore o minore memoria visiva dell'osservatore. Si può capire quale grande salto di qualità abbia rappresentato l'introduzione della lastra fotografica come rivelatore e fissatore oggettivo delle immagini fornite dal telescopio. Nel corso di questo secolo e fino ad oggi si sono andate sviluppando emulsioni fotografiche sempre più sensibili e specializzate per i vari tipi d'impiego. In campo astronomico la Kodak ha ormai il monopolio mondiale assoluto.

Il primo grande telescopio moderno è stato il 2,5 metri di Monte Wilson in California, grazie al quale fu data una risposta definitiva sulla natura delle «nebulose» spirali: non facevano parte della nostra Via Lattea, ma erano anch'esse galassie separate dalla nostra da milioni di anni luce. Oggi nel mondo ci sono parecchi telescopi di diametro superiore ai 3 metri, ma un limite insuperabile sembravano essere il 5 metri di Monte Palomar o il 6 metri dell'Unione Sovietica. Infatti questi telescopi, che chiameremo classici, presentano grosse difficoltà costruttive. Il vetro di cui è fatto lo specchio è una massa relativamente fluida e deformabile. Perché la superficie riflettente mantenga la forma geometrica richiesta per ottenere buone immagini, occorre che lo spessore dello specchio sia pari a circa un quinto del diametro. Nel caso del Palomar, un metro. Questa massa così pesante, oltre a tendere a deformarsi, pone problemi meccanici non trascurabili, perché il telescopio deve poter ruotare e seguire il moto apparente degli astri da est ad ovest, dovuto al moto di rotazione della Terra. Questo limite che Bart Bok nel 1983 riteneva insuperabile sarà ampiamente superato dai telescopi della nuova generazione. Ad esempio il consorzio di nazioni europee European Southern Observatory (ESO), a cui partecipa l'Italia, ha in fase avanzata di progettazione quattro telescopi di 8 metri di diametro collegati fra loro in modo da costituire un insieme equivalente ad un unico telescopio di 16 metri di diametro. La luce raccolta dai quattro telescopi viene convogliata, tramite fibre ottiche, a un unico strumento di misura. I singoli specchi sono molto sottili, circa 25 centimetri, ma sono sostenuti da ben quattrocento supporti. L'immagine di una stella o di una sorgente puntiforme (stella artificiale di controllo) viene esaminata di tanto in tanto da un analizzatore di immagini, il quale informa il calcolatore elettronico della qualità dell'immagine e questo manda i segnali necessari per correggerla spostando opportunamente i supporti dello specchio. Semplice a dirsi, ma molto più difficile a realizzarsi. Grandi specchi possono essere realizzati anche con un altro sistema: tante «mattonelle» riflettenti a forma di esagono sono sistemate a formare il «pavimento» dello specchio. Un telescopio di questo tipo è già in funzione in Arizona ed uno ancora più grande è installato alle Hawaii, sulla cima del vulcano spento di Mauna Kea, a 4200 metri di altezza. Anche in questo caso i singoli specchietti a contorno esagonale vengono regolati da supporti in modo da ottenere che la superficie dell'intero specchio non si discosti più di un ottavo della lunghezza d'onda dalla superficie geometrica teorica. È questa infatti la condizione per ottenere le migliori immagini possibili. Questi sistemi si chiamano «ottiche attive».

Ma non è tutto. I telescopi della nuova generazione disporranno di un sistema che permette di vincere quel grosso disturbo che è la turbolenza atmosferica. Un dispositivo del genere è già in funzione con eccellenti risultati al telescopio di 3,6 metri dell'ESO, situato a La Silla in Cile. La figura 1a mostra l'immagine di una coppia di stelle doppie ottenuta con lo stesso telescopio senza e con il sistema di compensazione della turbolenza. La differenza non richiede commenti. Ma come si ottiene questo «miracolo»? Il primo passo consiste nel rendersi conto di come l'atmosfera sciupa le immagini. Essa è costituita da vari strati a diversa temperatura. Il vento li agita e si produce la turbolenza. Si mescolano così delle bolle d'aria a temperature differenti e quindi anche di diverso indice di rifrazione che provocano le deformazioni dell'immagine. La superficie dell'onda luminosa invece di essere piana (come nel caso di oggetti a distanza enormemente grande rispetto alla focale del telescopio) è ondulata in modo continuamente variabile da istante a istante e da luogo a luogo. Il tempo di «coerenza» durante il quale la forma della superficie d'onda non cambia varia molto da un posto all'altro e dipende anche dalla lunghezza d'onda. Per esempio, valori tipici sono 360 millesimi di secondo a 10 micron e 10 millesimi di secondo a 0,5 micron, cioè nel verde-azzurro. Il principio per la correzione della turbolenza consiste nell'analizzare la forma della superficie d'onda e mandare l'informazione agli appoggi di uno specchio molto sottile, che ne modificano la forma in modo da compensare le irre-

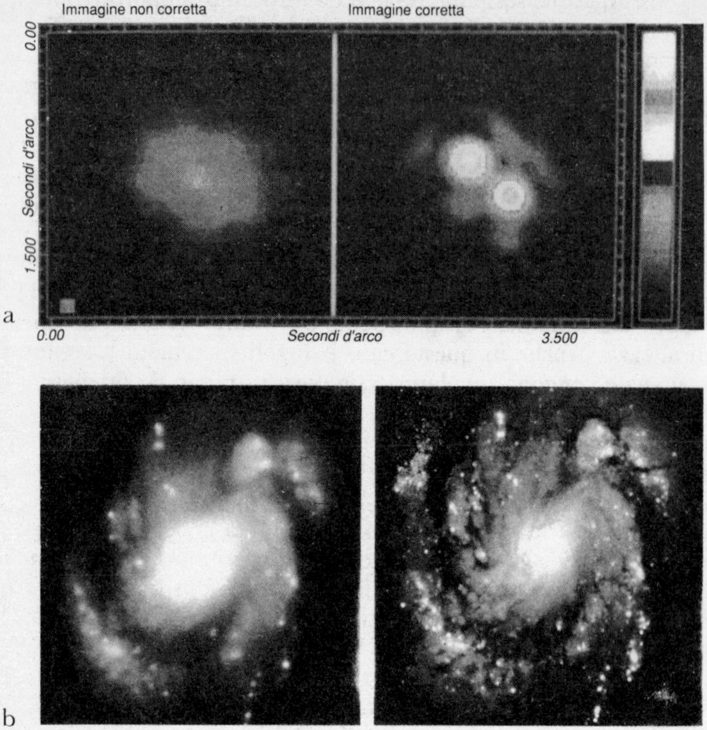

1. Due esempi di come le moderne tecnologie permettano di ottenere immagini eccezionalmente dettagliate di oggetti celesti:
(a) Immagine della stella doppia HR 6658 alla lunghezza d'onda di 3,8 micron. La separazione delle due componenti è di 0,38 secondi d'arco. A sinistra l'immagine ottenuta con un telescopio classico, in condizioni atmosferiche ottime (turbolenza di 0,8 secondi d'arco). A destra la stessa immagine ottenuta con ottica adattiva, applicata al telescopio da 3,6 metri dell'osservatorio europeo a La Silla in Cile.
(b) Immagine della parte centrale della galassia M 100 ottenuta col telescopio spaziale HST prima e dopo la correzione delle ottiche.

golarità della superficie d'onda con altrettante irregolarità di segno opposto, così che quello che ne risulta è la corretta superficie d'onda piana. Quest'operazione va fatta con una cadenza pari al periodo di coerenza della turbolenza. Quindi è molto più facile agire nell'infrarosso che nel visibile. Nel caso illustrato nella figura 1a, l'immagine non corretta è ottenuta in condizioni di turbolenza molto buone (le immagini stellari sono di 0,8 secondi d'arco) mentre quella corretta dà immagini di 0,22 secondi d'arco, e la lunghezza d'onda è di 3,8 micron, quindi nel vicino infrarosso. Va notato che 0,22 secondi d'arco è proprio il limite teorico a quella lunghezza d'onda e per uno specchio di 3,6 metri di diametro posto dalla natura ondulatoria della luce*. Questi sistemi di correzione della turbolenza sono chiamati «ottiche adattive» (Figura 2).

L'altro grande progresso tecnologico riguarda i rivelatori. La lastra fotografica ha ancora largo impiego ma è sempre più spesso soppiantata da vari tipi di rivelatori elettronici.

La fotografia è impiegata quando occorre avere rivelatori di grandi dimensioni. Solo la lastra fotografica può raggiungere le dimensioni di 18 × 18 centimetri. Gli altri rivelatori hanno, per ora, dimensioni di pochi centimetri di lato. Si cerca di ovviare a questo inconveniente costruendo dei mosaici con più rivelatori.

Il vantaggio di questi ultimi è la grande rapidità e la maggior precisione, che consentono di ottenere, con telescopi relativamente modesti, risultati che una volta erano impensabili anche con i più grandi telescopi come quello di Monte Palomar.

IL CIELO NELL'INFRAROSSO

L'infrarosso «vicino», da 0,8 a 20 micron, è solo parzialmente assorbito dall'atmosfera terrestre. In località particolarmente asciutte e ad un'altitudine superiore ai 2000 metri, si può osservare anche da terra attraverso alcune «finestre» semitrasparenti, che cadono a 1,2, a 1,8, a 2,2, a 3,5, a 4,8, a 10 e a 20 micron. Ma se vogliamo arrivare all'infrarosso «lontano», fino a 100 o 200 micron, dobbiamo usare i satelliti. I corpi che emettono soprattutto nell'infrarosso lontano hanno temperature inferiori a qualche centinaio di gradi assoluti, e cioè paragonabili a quelle del telescopio. C'è quindi il problema di non sapere che cosa effettivamente si misura: l'irraggiamento del corpo celeste o quello del tele-

* L'immagine di una sorgente puntiforme non è un punto ma un dischetto il cui raggio angolare (espresso in radianti) è dato da $\frac{1,22\,\lambda}{D}$ con λ lunghezza d'onda della radiazione e D il diametro dello specchio. Per esprimerlo in secondi occorre moltiplicare per il numero di secondi contenuti in un radiante: 206 265″. Quest'angolo misura la capacità del telescopio di vedere i dettagli di un'immagine, e cioè il suo «potere risolutivo», o potremmo anche dire la sua «acuità visiva». Quanto più piccola è la lunghezza d'onda e quanto più grande è il diametro del telescopio, tanto più fini saranno i dettagli che il telescopio è in grado di distinguere.

scopio? o la somma dei due? Per ridurre il contributo del telescopio lo si raffredda, immergendolo in una specie di gigantesco thermos pieno di elio liquido, che ha una temperatura di –270° C, ossia solo 3 gradi sopra lo zero assoluto. Il primo satellite per l'infrarosso, e ancora oggi l'unico, è stato IRAS (Infrared Astronomical Satellite) rimasto in funzione dieci mesi nel 1983, fino alla completa evaporazione dell'elio liquido. Ma in questo breve periodo IRAS ha osservato circa 150 000 stelle, 25 000 galassie, un gran numero di nubi oscure e anche cinque comete. Fra le scoperte più interessanti di IRAS va ricordata l'osservazione di anelli di polvere attorno ad alcune stelle brillanti e relativamente vicine. La prima è stata Vega, la stella più brillante della costellazione della Lira. È possibile che queste configurazioni rappresentino dei sistemi planetari in formazione. Ne parleremo per esteso in uno dei prossimi capitoli. Inoltre ha scoperto un gran numero di galassie, insignificanti nel visibile, ma molto intense nell'infrarosso.

IRAS ha dunque svelato un nuovo universo ma anche posto molti interrogativi. ISO (Infrared Space Observatory) è il prossimo satellite per l'infrarosso il cui lancio è previsto per la fine del 1995. È un progetto tutto europeo. Più sensibile di IRAS, contribuirà forse a rispondere ad alcuni di questi interrogativi.

RAGGI COSMICI

Le prime osservazioni di raggi cosmici risalgono a circa ottant'anni fa. Si tratta perciò del primo modo di osservare l'universo che non sia quello di guardarlo, a occhio nudo o col telescopio.

Inoltre, invece di basarsi sulla recezione di onde elettromagnetiche, questo metodo si basa sulla cattura di particelle cariche, nuclei dei vari elementi presenti nell'universo, prodotti nello spazio extraterrestre, sia planetario che galattico. I raggi cosmici ci offrono perciò il vantaggio, rispetto alle onde elettromagnetiche, di «toccar con mano» materia extraterrestre. Ma le onde elettromagnetiche ci informano della loro direzione di provenienza, e quindi sappiamo quale corpo le ha emesse. Invece le particelle cariche sono deviate dai deboli campi magnetici galattici (circa un milionesimo di gauss) che ne curvano le traiettorie e ce ne nascondono la provenienza. Di conseguenza i raggi cosmici provengono da tutte le direzioni in modo uniforme. Le particelle, inoltre, interagiscono con la nostra atmosfera, dando origine a sciami di particelle secondarie. Lo studio dei raggi cosmici primari viene effettuato perciò da palloni (le prime osservazioni

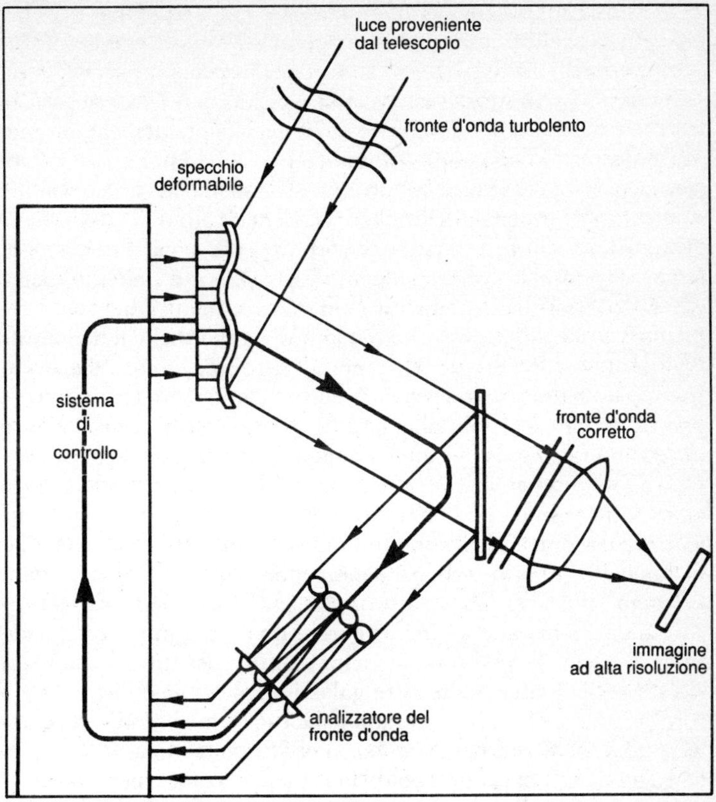

2. Schema ottico dell'ottica adattiva (che compensa la turbolenza atmosferica) applicata al telescopio da 3,6 metri dell'osservatorio europeo a La Silla.

risalgono al 1912) ed ora anche da satelliti e sonde interplanetarie. Il numero di particelle osservate decresce rapidamente al crescere della loro energia (o velocità). Per osservare particelle molto energetiche occorrono dunque rivelatori di grandi dimensioni che, almeno fino ad oggi, non si possono mettere nello spazio. La Luna sarebbe un luogo eccellente, oltre che per le osservazioni astronomiche, per la misura dei raggi cosmici.

I raggi cosmici sono composti per il 2 per cento di elettroni e positroni (particelle di massa pari a circa un duemillesimo quella del nucleo di idrogeno o protone e carica rispettivamente negativa e positiva e di valore assoluto eguale a quella del protone) e per il 98 per cento di nucleoni (atomi dei vari elementi presenti nell'universo, spogliati di parte o tutti i loro elettroni, e perciò carichi positivamente).

Dopo moltissimi voli su pallone e esperimenti su satellite, la NASA ha lanciato nel settembre 1979 un satellite dedicato ai raggi cosmici e alla radiazione gamma: HEAO-3 o High Energy Observatory No. 3. Esso ha lavorato con successo fino al giugno dell'81.

Un gran numero di ricerche è stato dedicato allo studio della composizione chimica. Il fatto più sorprendente, e già noto da molti anni, è l'abbondanza degli elementi rari leggeri, e cioè litio, berillio e boro. Essi sono molto scarsi in natura, mentre nei raggi cosmici sono un milione di volte più abbondanti. Anche il deuterone (o nucleo dell'idrogeno pesante, composto di un protone e un neutrone) e quello dell'elio leggero o elio 3 (composto di due protoni e un neutrone) sono più abbondanti che nelle atmosfere stellari o nel gas interstellare. Qucsta sovrabbondanza si spiega col processo detto di frammentazione: particelle cariche di alta energia e molto abbondanti, come i protoni e i nuclei di elio 4 (due protoni e due neutroni), scontrandosi con atomi abbondanti nel gas interstellare, come ad esempio carbonio e ossigeno, li frantumerebbero dando luogo all'eccesso osservato di elementi rari e leggeri.

Un problema ancora in parte irrisolto è l'origine dei raggi cosmici. È certo che essi sono presenti e diffusi per tutta la galassia, e lo stesso si verifica nelle altre galassie. Infatti ne è testimone la distribuzione delle emissioni radio, che è dovuta ai moti della componente di elettroni nei raggi cosmici attraverso i campi magnetici galattici. Ci sono varie ipotesi per spiegare come e perché queste particelle acquistino energie così alte che le fanno muovere a velocità prossime a quelle della luce.

Si ritiene che esse siano originate sia nelle esplosioni di supernovae, sia nelle corone di stelle normali, di tipo simile al Sole. Nel caso di quest'ultimo, particelle abbastanza energetiche verrebbero prodotte durante certe perturbazioni associate ai campi magnetici delle macchie solari, e poi verrebbero ulteriormente accelerate dalle onde d'urto prodotte da esplosioni di supernovae e anche dalla continua espulsione di gas da parte di stelle di alta luminosità (i venti stellari).

L'UNIVERSO A RAGGI GAMMA

I raggi gamma sono le lunghezze d'onda più corte o, in altre parole, i fotoni di maggior energia che si conoscano. Essi vengono assorbiti dall'atmosfera terrestre, perciò per osservarli occorre mettere dei rivelatori su palloni capaci di raggiungere i 100 chilometri di altezza, e meglio ancora su satelliti orbitanti ad altezze molto maggiori.

I primi tentativi di osservare raggi gamma provenienti da corpi celesti furono fatti negli anni '60 con esito deludente. Solo agli inizi degli anni '70, con la messa in orbita di due satelliti — SAS-2 e COS-B — si ebbe la certezza che aveva senso parlare di astronomia gamma, che alcuni corpi celesti emettevano effettivamente fotoni di così alta energia.

I meccanismi che possono originare raggi gamma sono svariati, e solo conoscendoli è possibile prevedere quali siano i corpi celesti in grado di produrli. La presenza dei raggi gamma dipende dall'esistenza dei raggi cosmici che interagiscono con la materia e con i fotoni di più bassa energia, nonché con i campi magnetici presenti nello spazio galattico. Che questi ingredienti ci siano era noto e provato sia dalle osservazioni di raggi cosmici condotte da quasi ottant'anni, sia dalle osservazioni radioastronomiche che hanno provato la presenza di campi magnetici galattici e hanno anche permesso di misurarne il valore.

Ma ecco l'elenco dei vari possibili processi generatori di raggi gamma:

a) L'interazione fra due protoni oppure fra un protone e un nucleo più pesante, o fra due nuclei. Un protone o un altro nucleo avente velocità prossima a quella della luce urta un protone o un altro nucleo del gas interstellare. Nell'urto si formano delle particelle instabili che dopo un milionesimo di secondo spariscono lasciando al loro posto due fotoni gamma.

b) Quando un elettrone di alta energia interagisce con un fotone di bassa energia (che irraggia cioè nel dominio ottico, o infrarosso o radio), gli trasferisce parte della sua energia trasformandolo in un fotone gamma. È come una boccia che urtando il pallino o un'altra boccia si ferma, trasferendo la sua energia cinetica al corpo urtato.

c) Un elettrone, interagendo con un protone o altro nucleo, è frenato dal campo elettrico di quest'ultimo, e, se la sua energia era sufficientemente alta, irraggia un fotone gamma.

d) Analogamente, un elettrone molto veloce che venga frenato da un campo magnetico emette. Nei campi magnetici galattici di pochi milionesimi di gauss, il fotone emesso è di bassa energia, è un fotone radio; ma nei campi magnetici di molti miliardi di gauss, che si possono trovare in certe stelle estremamente dense (stelle di neutroni) si può produrre un fotone gamma.

e) Infine, anche se meno probabile, si può avere l'interazione fra elettrone e positrone, o fra protone e antiprotone, che si annichilano, producendo raggi gamma.

Il SAS-2 (Small Astronomical Satellite No. 2) lanciato nel 1972 e il COS B lanciato nel 1975 hanno dato i primi risultati attendibili. Mentre SAS-2 ha funzionato per poco più di sei mesi, il COS B ha lavorato egregiamente per più di cinque anni invece dei due previsti. Ambedue i satelliti hanno osservato emissione gamma dal piano dell'equatore galattico, con un massimo in direzione del centro della Via Lattea. La distribuzione della radiazione gamma è strettamente simile a quella della radiazione radio, e questo non meraviglia perché gli stessi elettroni energetici che, frenati dal campo magnetico galattico danno luogo all'emissione radio, interagendo con i fotoni emessi dalle stelle e dalla radiazione diffusa gli cedono energia trasformandoli in fotoni gamma. Sono state poi osservate anche varie sorgenti, molte non identificate con alcun oggetto visibile, altre con nubi, residui di quelle esplosioni stellari note come supernovae e di cui parleremo nei prossimi capitoli, altre con galassie che presentano fenomeni esplosivi.

Infine una classe particolare di sorgenti gamma è stata scoperta nel 1973 da rivelatori a bordo di una serie di satelliti chiamati Vela. Queste sorgenti presentano dei bruschi aumenti di luminosità nel dominio dei raggi gamma, che durano pochi secondi. Fra un «lampo» e l'altro passano tempi lunghi, dell'ordine dell'anno. In media i satelliti Vela ne hanno osservati cinque all'anno, mentre rivelatori più sensibili posti sulle sonde Venera 11 e Venera 12 ne hanno rivelati ottantacinque in due anni. A tutt'oggi ne sono stati osservati parecchie centinaia, ma ancora non se ne conosce l'origine.

L'UNIVERSO VISTO DA OCCHI SENSIBILI AI RAGGI X

La prima conferma che dai corpi celesti proviene radiazione X in quantità misurabile si ebbe nel 1962 quando Riccardo Giacconi e i suoi collaboratori studiarono i dati ottenuti con un rivelatore di raggi X portato fuori dell'atmosfera da un razzo. Si scoprì allora l'esistenza di una radiazione diffusa, proveniente da tutte le direzioni del cielo, e di una sorgente situata nella costellazione dello Scorpione. Il primo satellite per raggi X, Uhuru («libertà» in swahili), fu messo in orbita nel dicembre 1970 dalla piattaforma italiana nel Kenia e tracciò la prima mappa del cielo X, rivelando numerose sorgenti che si stagliavano sopra il fondo diffuso. Seguì Ariel 5, più sensibile di Uhuru ma come questo incapace di segnalare la posizione di una sorgente con una precisione paragonabile a quella ottica; l'incertezza nella posizione di una sorgente era di parecchi gradi. Poiché in un quadrato di cielo avente un grado di lato ci sono centinaia di stelle e galassie, era praticamente impossibile riconoscere quale delle tante sorgenti era responsabile della emissione di raggi X. A questi satelliti per raggi X «molli», cioè di energia abbastanza bassa, al confine con l'estremo ultravioletto, seguì nel 1977 il satellite HEAO-1 per raggi X «duri», ossia al confine con i raggi gamma. Tutti questi satelliti portavano dei «telescopi» per modo di dire. Essi erano dei contatori Geiger capaci di contare i fotoni X ma incapaci di rivelarne la direzione. Infine nel 1978 fu lanciato HEAO-2, più noto come EINSTEIN, che rappresentò un enorme salto di qualità. Esso era un vero e proprio telescopio, con ottiche simili a quelle usate per la regione visibile e ultravioletta. Ma, a causa del bassissimo potere riflettente degli specchi nel dominio X, lavorava con «incidenza radente». I raggi cioè incidevano sulla superficie dello specchio non perpendicolarmente ad essa ma con angoli prossimi a zero. Questo dipende dal fatto che la lunghezza d'onda X è paragonabile alle dimensioni delle molecole della superficie speculare. Raggi incidenti perpendicolarmente «vedono» lo specchio come una superficie scabra, piena di avvallamenti e buche. L'effetto si riduce grandemente per incidenza radente. È esperienza comune che anche una superficie rugosa e irregolare come una strada asfaltata è capace di riflettere la luce del Sole per incidenza radente. Quante volte in macchina succede di vedere in lontananza la strada riflettere come se fosse bagnata (e l'acqua ha proprio la funzione di livellare le asperità), e invece è asciuttissima. È un esempio di riflessione per incidenza radente. Tornando ad EINSTEIN, gli specchi davano delle immagini di qualità non inferiore a quella degli specchi ottici. Era così possibile identificare senza ambiguità le sorgenti responsabili dell'emissione X. Ad EINSTEIN che ha operato con successo dal 1978 fino al 1984, è seguito l'europeo EXOSAT lanciato nel 1983 e in funzione fino al 1986, anch'esso capace di dare ottime immagini. A questi due satelliti si deve la maggior parte delle conoscenze sul cielo in raggi X.

Fra i maggiori risultati va citata la scoperta che quasi tutte le stelle normali emettono raggi X. Poiché le caratteristiche di queste emissioni sono simili a quelle della corona solare, abbiamo la prova che la maggior parte delle stelle ha una corona.

Una classe di sorgenti X intense è costituita da nubi, residui dell'esplosione di supernovae, di cui parleremo più a lungo in seguito.

Numerose sorgenti X sono state identificate con lontane galassie, e specialmente con una classe con proprietà straordinarie — le quasar — su cui ritorneremo.

Infine c'è una radiazione diffusa proveniente da tutte le direzioni del cielo, la cui origine è ancora incerta. Si tratta di una radiazione emessa da un gas rarefatto sparso per l'intero universo, oppure è la somma delle emissioni di lontane galassie che EINSTEIN ed EXOSAT non riescono a vedere come sorgenti distinte?

Una risposta a questo come ad altri quesiti che le osservazioni a raggi X ci hanno posto, la potremo forse avere verso la fine del secolo, quando sarà posto in orbita un satellite a raggi X molto più grande e potente e che dovrebbe scorgere sorgenti X qualche centinaio di volte più deboli di quelle registrate da EINSTEIN e da EXOSAT.

L'UNIVERSO OSSERVATO A MEZZO DELLE ONDE RADIO

Per concludere la nostra carrellata sul panorama celeste rivelato dalle diverse regioni dello spettro elettromagnetico, accenniamo ai mezzi di studio del cielo radio.

La finestra radio, accessibile dal suolo, è limitata dal lato delle onde millimetriche dall'assorbimento del vapor acqueo e delle altre molecole presenti nella bassa atmosfera; dal lato delle maggiori lunghezze d'onda invece non si tratta di assorbimento ma di riflessione totale da parte dell'alta atmosfera, o ionosfera, che si estende al di sopra di circa 300-400 chilometri e, come dice il nome, è composta di particelle di gas ionizzato, ossia carico positivamente. Onde radio più lunghe di circa 50 metri non possono propagarsi in questo mezzo ma vengono riflesse indietro nello spazio interplanetario. Questa proprietà della ionosfera è sfruttata anche per le trasmissioni radio fra due stazioni che non si vedono fra loro a causa della curvatura della terra. Per esempio una trasmittente in Europa invia onde radio verso la ionosfera che le riflette in basso verso la stazione ricevente in America. Oggi l'utilizzo della ionosfera per le trasmissioni a lunga distanza è in gran parte sostituito dai satelliti artificiali, ma va comunque ricordato il grande ruolo che la ionosfera ha giocato nel progresso delle trasmissioni radio.

La radioastronomia si è sviluppata soprattutto dopo la seconda guerra mondiale e a questa branca dell'astronomia si devono alcune delle maggiori scoperte di questo secolo. Il grosso handicap della radioastronomia era la scarsa «acuità visiva» che, come abbiamo visto, è tanto migliore quanto più piccola è la lunghezza d'onda e quanto più grande è il diametro del telescopio. La lunghezza d'onda di 50 centimetri è più lunga di quella visibile di ben un milione di volte. Perciò per vedere gli stessi dettagli che il nostro occhio vede con la sua pupilla di circa 2 millimetri di diametro occorrerebbe un radiotelescopio di 2 chilometri di diametro. Eppure si sono presto escogitate tecniche che hanno permesso di eguagliare e addirittura superare la acuità visiva dei grandi telescopi ottici. Si tratta dei radiointerferometri, sistemi di vari radiotelescopi collegati fra loro o materialmente con cavi o con sistemi più complessi consistenti nel fare interferire le osservazioni fatte in vari luoghi della terra *simultaneamente*, dove ciò significa con differenze di tempo inferiori al milionesimo di secondo. Con questi mezzi l'acuità visiva dell'interferometro risulta pari a quella di un telescopio il cui diametro sia eguale alla distanza dei due telescopi più lontani del sistema. Inoltre si sono affinate le tecniche di ricezione delle microonde. Per esempio con una rete di telescopi posti su vari continenti, e perciò detti interferometri intercontinentali, si hanno dei «diametri equivalenti» pari a più di una decina di migliaia di chilometri. Alla lunghezza d'onda di 2 centimetri, per un radiointerferometro esteso su 20 000 chilometri, si possono scorgere dettagli di due decimillesimi di secondo d'arco. Ciò significa poter scorgere dettagli estesi un anno luce in una galassia posta a un miliardo di anni luce da noi. Si pensi, per rendersi conto di cosa significa un anno luce, che la stella più vicina al Sole, Proxima Centauri, si trova a 4,4 anni luce, e che la nostra Galassia ha un diametro di circa 100 000 anni luce.

Un progetto destinato ad aumentare ancora la capacità di vedere dettagli da parte di un interferometro intercontinentale consiste di un sistema che aggiunge ad un interferometro intercontinentale un elemento situato su un satellite in orbita attorno alla Terra e che all'apogeo si troverebbe a 36 000 chilometri dalla Terra. Questo progetto, chiamato QUASAT, era stato proposto all'agenzia spaziale europea da un gruppo di astronomi europei, americani e australiani. A questo progetto ne è stato preferito un altro rivolto all'esplorazione di Saturno. Ma l'idea è solo rimandata. È probabile che nel prossimo secolo si avranno anche radiointerferometri con una base sulla Luna, e allora il «diametro» del sistema diventerà pari a 380 000 chilometri — la distanza del nostro satellite.

CAPITOLO TERZO

LA SUPERNOVA SN 1987 NELLA GRANDE NUBE DI MAGELLANO: MORTE IN DIRETTA DI UNA STELLA

Il 24 febbraio 1987 si è verificato un avvenimento astronomico che ha messo a rumore tutto il mondo dei fisici e degli astronomi: l'esplosione di una supernova nella Grande Nube di Magellano, distante 160 000 anni luce da noi e quindi avvenuto 160 000 anni fa. Così solo oggi la sua luce è arrivata fino a noi per raccontarci di questo dramma stellare. Si sono già viste altre supernovae, ma è la prima volta nella storia dell'umanità che si osserva l'esplosione di una stella, non solo abbastanza vicina da poterla vedere ad occhio nudo, ma utilizzando anche tutte le più svariate attrezzature che lo sviluppo tecnologico di questi ultimi trent'anni ci ha messo a disposizione.

La supernova SN 1987 nella Grande Nube di Magellano ha soltanto in parte confermato le nostre previsioni teoriche. Infatti la predetta emissione di neutrini c'è stata, ma forse non proprio come ci si attendeva. L'esplosione ha prodotto un'espulsione di gas a velocità di qualche decina di migliaia di km/s come ci si aspettava, tuttavia la stella esplodente non era una gigantesca e rarefatta stella di colore rossastro (e cioè di bassa temperatura superficiale, una gigante rossa) come indicano le più moderne teorie sull'evoluzione stellare, ma una brillante stella azzurra, paragonabile a Rigel, ossia di alta temperatura superficiale.

Questo avvenimento ci conferma quanta importanza abbia lo sviluppo tecnologico nel progresso delle scienze e in particolare di una scienza, come l'astronomia, basata puramente sull'osservazione di avvenimenti che non si possono né provocare, né ripetere. Il progresso strumentale ci dà modo di verificare le nostre teorie, ma ci propone anche nuovi fatti imprevisti che richiedono lo sviluppo di nuove teorie, le quali a loro volta richiedono nuove tecniche sempre più raffinate di osservazione, in un cammino che ci avvicina sempre di più ad una realtà fisica, che forse non raggiungeremo mai completamente. Ma raccontiamo con ordine gli avvenimenti di quella notte del 24 febbraio 1987.

Ian Shelton, dell'Università di Toronto, stava fotografando la Grande Nube di Magellano con un piccolo telescopio di appena 25 centimetri di diametro all'osservatorio di Las Campanas in Cile. Erano le 4 e 20 minuti del 24, tempo di Greenwich (che viene usato dagli astronomi come tempo ufficiale per le loro osservazioni), e cioè le 23 e 20 locali del 23.

Sviluppata la lastra, si accorse subito che c'era qualcosa di nuovo rispetto alle fotografie della sera prima: una stella di magnitudine 5, vicino alla grande nebulosa brillante nota come 30 Doradus (Figura 3). Circa alla stessa ora, un tecnico in servizio presso il riflettore da 1 metro dell'Università di Yale, sempre all'osservatorio di Las Campanas, mentre se ne andava a prendere il caffè, alzò gli occhi al cielo e vide che nella Grande Nube c'era una stella nuova.

Per la prima volta dopo quasi quattro secoli (e cioè dopo la supernova di Keplero del 1604) una supernova era facilmente osservabile ad occhio nudo. (Un'altra supernova, S Andromedae, era apparsa nel 1885 nella galassia di Andromeda, e aveva una

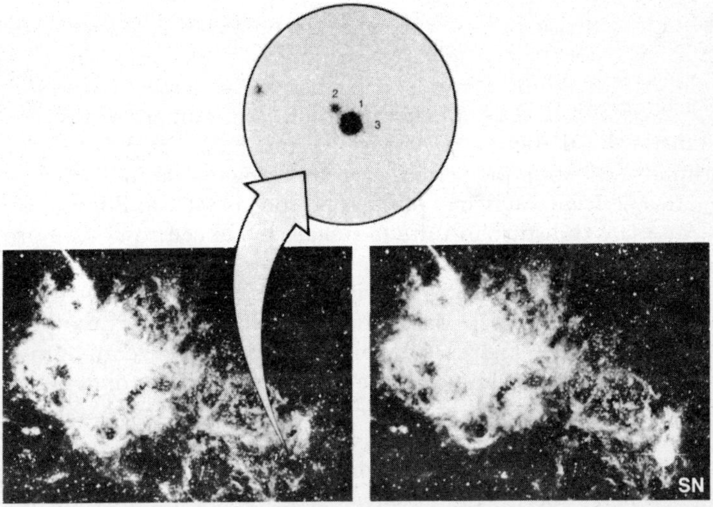

3. La regione della nebulosa Doradus nella Grande Nube di Magellano prima e dopo l'apparizione della SN 1987.
In alto il campo di Sanduleak -69° 202 (indicata con 1) e le sue due compagne (2 e 3, quest'ultima visibile appena come un baffetto sull'immagine di 1). Questa immagine è stata ottenuta nel 1983 col 4 metri dell'osservatorio nazionale americano a Cerro Tololo in Cile da You-Hua Chu dell'Università dell'Illinois.

magnitudine di 5,85; quindi, almeno in teoria doveva essere osservabile ad occhio nudo, ma la vicinanza al nucleo centrale di quella galassia la rendeva difficilmente visibile.)

Cominciava così a svolgersi sotto i nostri occhi il film della morte esplosiva di una stella. Fino ad ora ci eravamo dovuti accontentare di osservarne i resti dopo secoli o millenni dall'esplosione e ricostruire faticosamente il succedersi degli eventi, con l'aiuto della teoria dell'evoluzione stellare. Ora quel laboratorio naturale che è il cielo ci dava la possibilità di confermare o correggere tutte le nostre previsioni teoriche.

E le sorprese — piacevoli e spiacevoli — cominciarono subito.

Nel laboratorio per la rivelazione dei neutrini situato sotto il Monte Bianco ne furono osservati cinque in un intervallo di 7 secondi a partire dalle ore 2 52 minuti e 37 secondi del 23 febbraio, tempo di Greenwich. Un rivelatore di neutrini dell'Università di Tokio (Kamiokande II) ne rivelò otto in 12 secondi a partire dalle ore 7 35 minuti e 35 secondi, sempre tempo di Greenwich; e un terzo rivelatore, l'Irvine-Michigan-Brookhaven (IMB) ne scoprì altri otto in 6 secondi a partire dalle ore 7 35 minuti e 41 secondi.

Ora le teorie prevedevano che durante la fase esplosiva di una supernova si verificasse un gran numero di reazioni nucleari incontrollate — una vera e propria bomba nucleare — e durante queste reazioni si sarebbe prodotto un gran numero di neutrini. Poiché questi non hanno carica e hanno una massa praticamente nulla — e comunque per ora sfuggita ad ogni esperimento di misura — essi interagiscono pochissimo con la materia. Possono così traversare indisturbati tutta la stella, nel cui centro si sono prodotti. E siccome le Nubi di Magellano si trovano nel cielo australe, ciò significa che i neutrini rivelati il 23 febbraio da rivelatori situati tutti nell'emisfero nord hanno traversato indisturbati l'intero diametro terrestre e solo una minima parte — 21 di numero — dello sciame (valutato in qualcosa come 10 miliardi di neutrini per centimetro quadrato) che ha investito la Terra è stata catturata dai nostri rivelatori (Figura 4).

Per la prima volta l'astronomia a neutrini era così diventata una scienza sperimentale. Queste osservazioni rappresentavano la prima misura di neutrini provenienti da una sorgente nota, fuori del sistema solare, addirittura da una sorgente extragalattica. Le teorie erano confermate? Sembrava di sì. Però... c'era un grosso e inaspettato problema. Le rivelazioni del Monte Bianco erano avvenute circa 4 ore e mezza prima delle altre. La teoria sosteneva l'emissione di un unico sciame di neutrini al momento del collasso del nocciolo centrale, poco prima della gigantesca esplosione del resto della stella. Mentre le misure di Tokio e dell'IMB erano in ottima coincidenza temporale e quindi si confermavano reciprocamente, nessun altro rivelatore aveva confermato quelle del Monte Bianco. Sebbene i ricercatori del laboratorio italiano non abbiano potuto trovare alcuna causa di possibile errore, e ritengano reale la loro rivelazione, la quasi totalità della comunità scientifica internazionale ha preferito ignorare questa misura che la teoria attualmente non riesce a spiegare.

Comunque, l'osservazione dei neutrini in concomitanza con l'apparizione della supernova, prova che essi viaggiano a velocità molto prossima o uguale a quella della luce e quindi che la loro massa è molto piccola o addirittura nulla; per ora si può solo dire che è inferiore o uguale ad un centomillesimo della massa dell'elettrone. Infine, essendo giunti a noi dopo un viaggio durato 160 000 anni, ci dicono che la loro vita è almeno altrettanto lunga. Cade quindi una delle ipotesi avanzate per spiegare che i neutrini provenienti dal Sole siano solo un terzo del previsto, e cioè che essi decadano in tempi paragonabili agli 8 minuti circa impiegati nel viaggio Sole-Terra.

Un'altra domanda che non ha trovato subito risposta è stata: ma qual è la stella esplosa? Le prime accurate misure di posizione indicavano che la supernova coincideva con una stellina di magnitudine 12 e di colore blu, indice di una temperatura superficiale di circa 25 000 gradi. Il suo nome era Sanduleak –69° 202

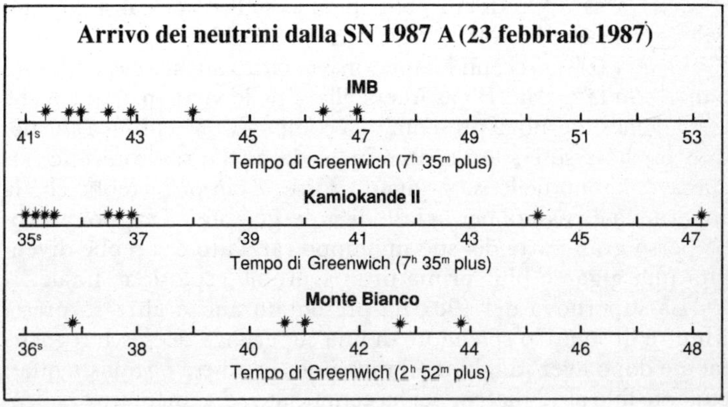

4. I tempi d'arrivo dei neutrini (tempo di Greenwich) ai rivelatori IMB, Kamiokande II e del Monte Bianco. Questi ultimi sono arrivati quattro ore e mezzo prima degli altri due gruppi.

(dal nome dell'autore del catalogo, dalla sua declinazione, o distanza in gradi dall'equatore, e da un numero d'ordine). Però la teoria ci insegna che ad esplodere come supernovae sono le cosiddette supergiganti rosse, stelle di raggio pari a qualche centinaio di raggi solari e temperatura superficiale di circa 3000 gradi, da cui il colore rossastro. Inoltre la stella era passata dalla magnitudine 12 a circa 4,5 al massimo del suo splendore, con una variazione di appena 7,5 magnitudini, mentre in generale le supernovae presentano variazioni superiori alle 10 magnitudini (equivalenti ad un aumento di splendore di 10 000 volte). Infine il loro splendore assoluto, corretto cioè per la distanza, è compreso fra circa 1 e 10 miliardi di volte quello del Sole. La nostra invece aveva raggiunto uno splendore non superiore a 100 milioni di volte quello solare.

Immagini particolarmente buone della regione, ottenute nel 1983 dalla ricercatrice You-Hua Chu dell'Università dell'Illinois al riflettore da 4 metri di Cerro Tololo in Cile, mostrano che Sanduleak –69° 202 aveva due compagne più deboli, una a pochi secondi d'arco ed una appena visibile come un baffetto sull'immagine della stella più brillante (vedi Figura 3 a p. 29). Mentre le prime osservazioni dello spettro ultravioletto delle tre stelle suggerivano che Sanduleak –69° 202 non poteva essere esplosa perché essa sembrava ancora là brillare di luce costante, un'analisi più accurata dei medesimi spettri mostrava che quello che era stato misurato era lo spettro delle due stelle vicine, giacenti ai due lati opposti di Sanduleak –69° 202, la quale invece era effettivamente scomparsa. Quindi era proprio lei la stella esplosa, a dispetto della teoria che la voleva rossa invece che blu.

Osservazioni recenti hanno forse chiarito anche questa discrepanza con la teoria. Il gas interstellare nelle vicinanze di ciò che resta della supernova presenta una composizione chimica che denuncia che esso è stato contaminato da quelle reazioni nucleari che avvengono nelle supergiganti rosse, e ciò proverebbe che la supernova è passata per la fase di supergigante rossa, poi avrebbe perso gran parte del suo inviluppo rarefatto e sarebbe diventata una gigante blu, prima di arrivare all'esplosione finale.

La supernova del 1987 ha presentato anche altre sorprese. Mentre di solito lo splendore di una supernova decresce regolarmente dopo aver raggiunto il massimo, la nostra è rimasta quasi costante fino al 12 marzo, poi ha cominciato ad aumentare di splendore fino a raggiungere la magnitudine 3 alla fine di aprile, e un massimo di 2,9 alla fine di maggio, corrispondente ad uno splendore assoluto di 120 milioni di volte quello del Sole, sempre trop-

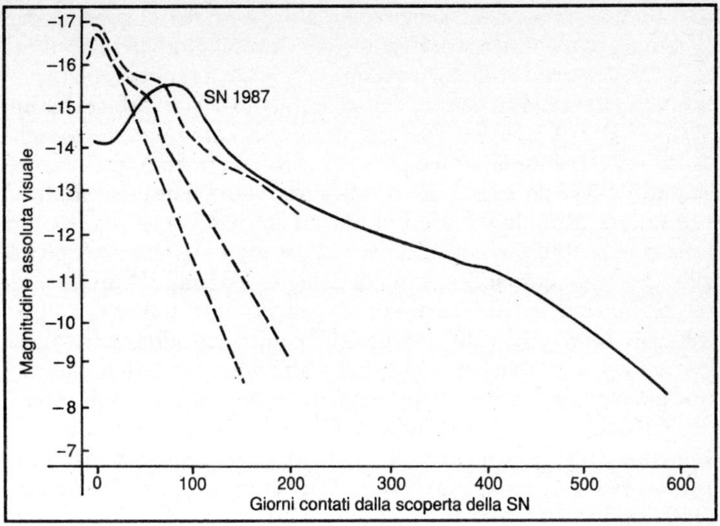

5. Curva di luce della SN 1987, a confronto con quelle (curve tratteggiate) di altre supernovae dello stesso tipo II (questo tipo è più frequente nei bracci delle galassie spirali). Al massimo la magnitudine assoluta di SN 1987 è -15,5, invece di -17. Ciò significa che al massimo di luce è 4 volte meno splendente delle altre supernovae dello stesso tipo.

po basso rispetto a quello delle supernovae tipiche. Infine è cominciato il regolare declino (Figura 5).

Invece il suo spettro è abbastanza in accordo con ciò che ci si aspetta da una supernova: le righe di assorbimento sono molto larghe e spostate verso lunghezze d'onda più corte di quelle di laboratorio. È una conseguenza dell'effetto Doppler*, e indica che l'inviluppo esterno della stella sta espandendo a velocità superiori ai 15 000 km/s e la velocità cresce con l'altezza rispetto al nocciolo centrale.

L'inviluppo della supernova si avviava dunque a diventare sempre più esteso e rarefatto, e quindi anche più trasparente, proprio come quello delle supernovae storiche. È cominciata allora una specie di gara fra gli astronomi per indovinare che cosa sa-

* L'effetto Doppler dice che se una sorgente di onde, sonore o luminose, si allontana o si avvicina all'osservatore, questi riceverà onde di frequenza minore o maggiore, rispettivamente, di quella emessa dalla sorgente e lo spostamento in frequenza sarà tanto maggiore quanto maggiore è la velocità relativa della sorgente rispetto all'osservatore. È ben noto per esempio che il suono del clacson di una macchina che si allontana da noi è più grave, e quello di una che si avvicina è più acuto di quello della macchina su cui ci troviamo.

rebbe successo poi. A un certo momento, stimato da qualche mese a uno o due anni dopo l'esplosione, sarebbe dovuta diventare misurabile la radiazione X e gamma, altamente energetica, prodotta dagli strati più interni e caldi e fino ad ora assorbita dall'inviluppo. E infine si sarebbe dovuto vedere il cuore stesso della supernova: la compatta stella di neutroni. Queste previsioni si sono in parte avverate, ma ci sono stati anche altri fenomeni inattesi. Fra questi ultimi la scoperta in marzo di una debole macchiolina luminosa a 0,057 secondi d'arco. Possono esserci varie spiegazioni per questa macchia: una debole compagna, oppure luce riflessa da parte di addensamenti di polvere interstellare, o l'urto di un fascio di particelle energetiche contro un addensamento di gas e polveri interstellari. Ma se si tratta veramente di una stella, fra qualche anno l'onda d'urto dovuta all'esplosione della supernova la raggiungerà e allora si potrà forse assistere ad un altro cataclisma. I previsti raggi X sono stati effettivamente osservati col satellite giapponese GINGA già alla fine di giugno '87 e l'intensità è andata crescendo da luglio a ottobre; infine anche i raggi gamma sono stati osservati sia dal satellite SMM (Solar Maximum Mission) fra agosto ed ottobre, sia, in novembre, da un pallone lanciato da Alice Springs in Australia.

Un'altra previsione è stata confermata: i raggi provenienti dalla supernova possono giungere direttamente fino a noi, oppure possono essere in parte riflessi da banchi di polvere interstellare frapposti fra noi e la supernova (Figura 6). In tal caso dopo un certo tempo, corrispondente a quello impiegato dalla luce a compiere il cammino più lungo di quello diretto, si dovrebbero vedere degli archi o degli anelli luminosi, regioni di massimo addensamento delle polveri, illuminate dalla luce della supernova. Questi «echi» sono stati davvero osservati il 4 marzo '88 da Arlin P.S. Crott, sotto forma di due archi a 32 e a 47 secondi d'arco dalla supernova. Essi sono prodotti da parte di nubi poste a 440 e 950 anni luce davanti ad essa, e cioè fra noi e la supernova (Figura 7). Se la supernova restasse al suo massimo di luminosità per tempi molto lunghi vedremmo un disco invece di archi sottili. Si può dire che la larghezza degli archi è una misura del tempo in cui la supernova è rimasta al massimo. Via via che la luce della supernova al massimo raggiunge parti della nube più lontane dal cammino diretto si vedono anelli di raggio crescente, e ciò fa sembrare che sia l'anello ad espandere a velocità anche molto maggiore di quella della luce. In realtà si tratta soltanto di parti diverse della nube, che vengono illuminate una dopo l'altra.

Esattamente due anni dopo l'esplosione la supernova è scesa

6. *A destra:* Eco luminosa causata da riflessione su nubi di polvere. Il raggio riflesso compie un cammino più lungo di quello diretto, perciò arriva alla Terra un po' dopo e da direzione diversa da quella della stella. La velocità apparente di espansione può essere maggiore di quella della luce.

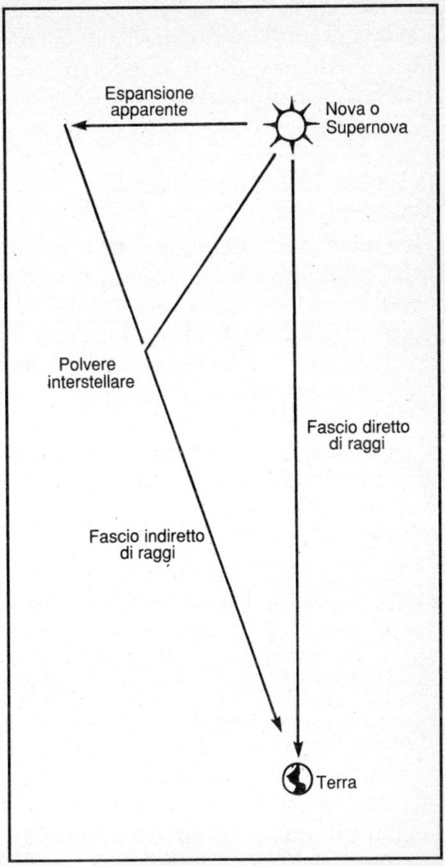

7. *Sotto:* Doppia eco da SN 1987 in luglio 1988 (a sinistra) quando il diametro dell'anello esterno era di circa 140 secondi d'arco, e in febbraio 1989 (a destra) quando il diametro era diventato di 170 secondi d'arco. Poiché il raggio è cresciuto di 15 secondi d'arco in 8 mesi e poiché la distanza della Grande Nube è 170 000 anni luce, si può calcolare l'incremento lineare del raggio, che risulta di 12 anni luce, e dividendo per l'intervallo di tempo trascorso si trova una velocità d'espansione apparente di circa 5.366.000 km/s o 18 volte la velocità della luce.

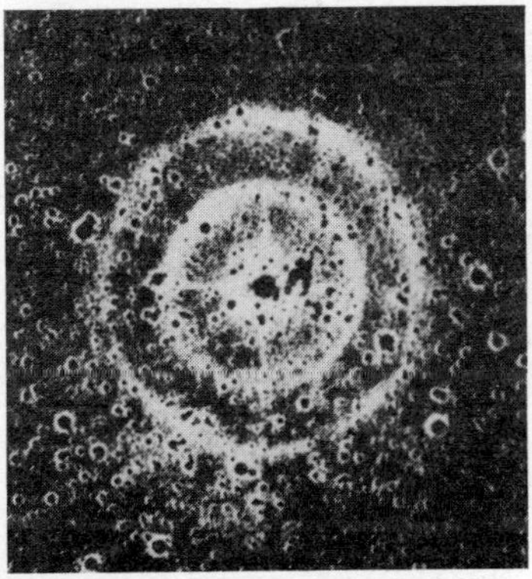

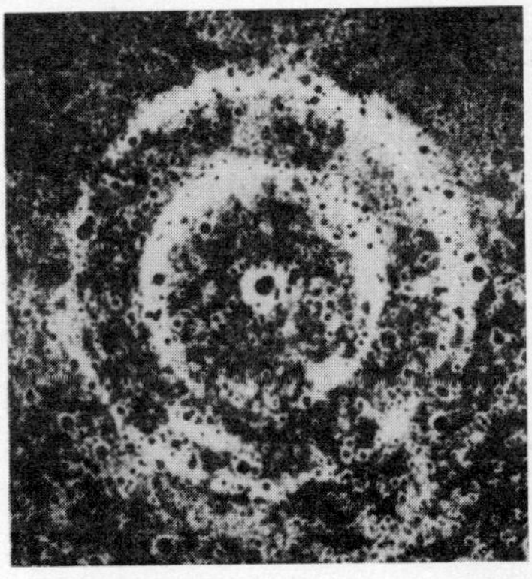

alla magnitudine 10, e dopo le stranezze dei primi mesi, a partire dal 25 giugno '87 ha cominciato a comportarsi come una supernova «perbene», con una regolare decrescita di splendore. Si arriva così senza ulteriori grosse sorprese alla fine dell'88.

IN ATTESA DELLA PULSAR

Una nuova fonte di eccitazione fra gli astronomi scoppiò il 18 gennaio 1989, quando si credette di avere osservato la tanto attesa apparizione del nocciolo centrale della supernova sotto forma di pulsar. John Middleditch e Tim P. Sasseen annunciarono di aver osservato per sette ore consecutive durante la notte del 18 gennaio degli impulsi molto intensi con una periodicità di 120 000 giri al minuto. Il periodo straordinariamente breve fece però sorgere il dubbio che qualcosa non funzionasse bene nell'apparecchiatura di misurazione degli impulsi. Ripetuti tentativi da gennaio ad aprile di osservare ancora la pulsar sono stati negativi. Cosa era successo? la pulsar era sparita? Solo dopo circa un anno è venuta la deludente spiegazione: gli impulsi erano dovuti ad una interferenza fra il rivelatore e il resto dell'elettronica del telescopio. Pazienza; può darsi che la pulsar appaia davvero fra qualche anno. Le osservazioni continuano, e il film della supernova seguita a svolgersi. Non è facile prevedere cosa ci riserverà nei prossimi anni e decenni.

È interessante notare che fino ad agosto del 1989 lo splendore della supernova è andato regolarmente decrescendo, poi ha rallentato e quasi arrestato la sua decrescita, e il suo inviluppo è più brillante di quanto si poteva prevedere, soprattutto nell'infrarosso. Questo fatto può indicare la presenza di una fonte di energia non osservabile prima. Potrebbe trattarsi davvero della prevista pulsar, la cui radiazione sarebbe assorbita e riemessa dalle polveri presenti nella nebulosità formatasi in seguito all'esplosione.

Le osservazioni alla ricerca della pulsar seguitano ancora. Il 17 settembre 1990 c'è stato un altro avvistamento da parte di astronomi brasiliani, F. Jablonski, R. Baptista, C.D. Gneiding, J.E. Steiner e F. Elizalde. Essi hanno osservato delle pulsazioni quasi periodiche, che però non sono quelle tipiche delle pulsar, rigorosamente periodiche. Perciò suggeriscono che quello che osserviamo non sono direttamente gli impulsi della stella di neutroni, ma che essa sia orientata in maniera tale che noi vediamo solo la riflessione degli impulsi da parte di nubi attorno alla stella stessa.

Queste osservazioni però non sono state confermate. Mentre

il primo spurio avvistamento della pulsar era da attribuire all'elettronica del telescopio, poche settimane dopo la notizia del nuovo avvistamento si scoprì che questo secondo fiasco era dovuto a vibrazioni meccaniche del telescopio.

Questi risultati mancati sono una prova di quanto tali osservazioni siano difficili e al limite delle possibilità strumentali, e quanto grande sia il desiderio degli osservatori di arrivare per primi alla scoperta della tanto attesa pulsar.

I maggiori dubbi sulla realtà di questi avvistamenti erano basati sul fatto che dalla fine del 1987 non si sono più osservate emissioni X. Né il satellite giapponese GINGA, né il sovietico GRANAT, né il tedesco ROSAT hanno potuto rivelare emissioni X dalla supernova, come invece ci si aspetterebbe quando del materiale cade, a gran velocità, sopra una stella di neutroni, che a causa della sua compattezza esercita una forte attrazione gravitazionale. Ricordiamo infatti che l'accelerazione di gravità è direttamente proporzionale alla massa e inversamente al quadrato del raggio. Una stella di neutroni di massa pari a quella solare, ha un raggio circa 100 000 volte più piccolo: di conseguenza l'attrazione gravitazionale che esercita è $(100\ 000)^2 = 10$ miliardi di volte maggiore. Questa mancata rivelazione di raggi X indica che l'eventuale stella di neutroni della SN 1987, vecchia di soli tre anni, avrebbe una luminosità pari al massimo a pochi millesimi della luminosità della pulsar presente nella nebulosa del Granchio, un resto di supernova esploso circa mille anni fa, e che di conseguenza dovrebbe essere molto più debole.

Non si può escludere che parte del materiale espulso dall'esplosione formi una densa nebulosità capace di occultare la stella di neutroni. A riprova di questa possibilità sta il fatto che la supernova è più splendente del previsto nell'infrarosso. Ciò indicherebbe la presenza di una sorgente d'energia occultata da una densa nube di polveri che assorbe la radiazione e la riemette nell'infrarosso. In tal caso occorre ancora aspettare che le polveri si dissipino.

È il caso di dire: chi vivrà vedrà.

Un'altra sorpresa è venuta dalle prime osservazioni della SN 1987 fatte col telescopio spaziale Hubble. Malgrado i difetti che affliggevano le sue superfici ottiche, era sempre uno strumento capace di vedere dettagli un po' più fini di quelli osservabili coi migliori telescopi terrestri. Un'immagine ottenuta con lo strumento europeo, la cosiddetta FOC (iniziali di Faint Object Camera o camera per oggetti molto deboli, progettata e realizzata dall'Agenzia Spaziale Europea ESA ed uno dei cinque strumenti nel

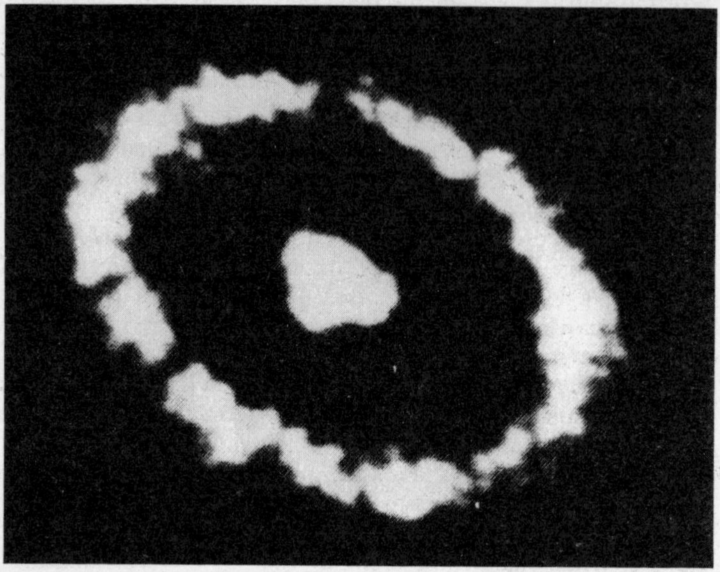

8. L'osservatorio spaziale Hubble con la camera per oggetti deboli (Faint Object Camera o FOC, che è lo strumento progettato e costruito dall'Agenzia Spaziale Europea) ha osservato un misterioso, brillante anello ellittico attorno alla supernova 1987 nella Grande Nube. I dettagli dell'anello indicano un potere risolutivo di 0,1 secondo d'arco, mai raggiunto prima né dallo spazio né da terra.

piano focale del telescopio) mostra un anello ellittico, di splendore paragonabile a quello del residuo della supernova (Figura 8). La sua origine è sconosciuta. Potrebbe essere dovuto a gas espulso dalla supergigante, quando era ancora nella fase, prevista dalla teoria, di gigante rossa. Come si osserva comunemente in questo tipo di stelle, essa avrebbe perso continuamente materia al tasso di circa un decimillesimo di masse solari all'anno (il cosiddetto vento stellare). Se la stella era immersa in una nube di polveri, la sua radiazione l'avrebbe dissipata e il gas avrebbe potuto espandere liberamente fino a una distanza tale dalla stella in cui le polveri residue l'avrebbero frenato. Il gas che continuamente arriva si accumulerebbe a formare l'anello che viene eccitato dalla radiazione energetica emessa dalla supernova. La figura in copertina, ottenuta dalla camera a grande campo di HST il 2 febbraio 1994, mostra lo sviluppo di due anelli che formano una specie di 8 e di un terzo anello centrale più brillante.

Tutto ciò che sapevamo sulle supernovae prima del 23 febbraio 1987 proveniva sia dall'osservazione di supernovae in galassie lontane, sia dalla scoperta e dallo studio dei resti di supernovae apparse nella nostra Galassia secoli fa. Per prima cosa va ribadito che si tratta di un fenomeno raro. In media, dai nostri dati relativi alle altre galassie, si ricava che ne esplode una per galassia ogni 30-50 anni. Da dati storici bene accertati relativi alla nostra Galassia, sappiamo che negli ultimi mille anni ne sono state vedute tre, e dalle osservazioni delle nubi di gas che rappresentano ciò che resta della stella esplosa, si può dedurre che ce ne sono state quattro. Dati meno sicuri relativi agli ultimi duemila anni portano il totale a sette. Quindi, in media, una ogni 285 anni. Però dalla Terra noi non possiamo osservare eventuali supernovae esplose sul piano della Galassia, in vicinanza del centro galattico o al di là di esso, perché le polveri del mezzo interstellare ce le nasconderebbero completamente. Quindi è probabile che il numero di supernovae nella nostra Via Lattea in realtà sia maggiore, all'incirca una ogni cento anni.

Comunque se oggi esplodesse una supernova anche diametralmente opposta a noi, rispetto al centro della Galassia, ora avremmo i mezzi per venirne a conoscenza: infatti il suo sciame di neutrini raggiungerebbe indisturbato la Terra e qualcuno verrebbe catturato dai nostri rivelatori, così come è avvenuto per la supernova del 1987.

Ma c'è anche un altro modo di scoprire l'esplosione di una supernova invisibile, e cioè la rivelazione delle onde gravitazionali che la stella collassante emette. Esso ha dato risultati molto dubbi nel caso della supernova del 1987, anche perché gli strumenti più sensibili a tale scopo non erano in funzione in quel momento. Ritorneremo in un prossimo capitolo a parlare di onde gravitazionali, di cosa sono e di come possono essere prodotte e misurate.

RESTI DI SUPERNOVAE: SULLE TRACCE DI ESPLOSIONI STORICHE E PREISTORICHE

Possiamo immaginare cosa avverrà della supernova della Grande Nube di Magellano, andando ad esaminare i resti di supernovae storiche, e cioè quella del 185 d.C., osservata solo dagli astronomi cinesi; quella del 1006 osservata da cinesi, giapponesi, coreani, arabi ed anche in Europa; quella del 1054, che, vedremo, è di gran lunga la più famosa e costituisce un prezioso laboratorio per gli astronomi, osservata soltanto dai soliti cinesi e dai giapponesi; quella del 1572, nota anche come supernova di Tycho Brahe, e quella del 1604 o di Keplero. Infine la più forte sorgente radio, nella costellazione di Cassiopea e nota come Cassiopeia A, ha dato prove inequivocabili (noduli e filamenti gassosi aventi alte velocità, emissioni radio ed X) di essere ciò che resta di una supernova esplosa attorno al 1667, con un'incertezza di otto anni in più o in meno, e passata del tutto inosservata.

Anzi, è stato proprio con Cassiopeia A e con la radiosorgente Taurus A, identificata con la nebulosa del Granchio, la quale a sua volta offre numerose prove di essere ciò che resta della supernova del 1054, che è iniziata la caccia ai resti di supernova da parte dei radioastronomi.

Va infine ricordata la bella nebulosa a forma di arco, nota come nebulosa Velo nella costellazione del Cigno: dalla velocità e direzione del suo moto di espansione si può dedurre che essa è il residuo di una esplosione avvenuta fra 20 000 e 30 000 anni fa.

Una «stella ospite» — come la chiamavano i cinesi — apparve nella costellazione del Centauro il 7 dicembre 185 d.C.: «Era grande come mezza stoia, mostrava i 5 colori e scintillava; poi diventò gradualmente più piccola e scomparve nel sesto mese dell'anno seguente».

Ovviamente le stelle sono sempre puntiformi, date le grandi distanze, anche di quelle più vicine a noi; perciò le dimensioni indicate dall'astronomo cinese sono in realtà un'indicazione dello splendore, e della scintillazione dovuta alla turbolenza atmosferica che, diffondendo attorno la luce, ci fa vedere un dischetto. Questa turbolenza doveva essere molto forte perché dalla latitudine di circa +34° del luogo di osservazione, la costellazione del Centauro si vede molto bassa sull'orizzonte. Inoltre, per un effetto in parte fisiologico e in parte psicologico, una stella sembra tanto più grande quanto più è splendente.

Ci sono ben quattro radiosorgenti angolarmente vicine al punto in cui esplose la supernova del 185: due però sono troppo lontane da noi per essere compatibili col grande splendore della supernova al suo massimo, un'altra non coincide in posizione con nessun filamento di gas; la quarta è ritenuta il più probabile residuo della supernova, perché coincide con una serie di filamenti ad arco tipici di un inviluppo in espansione.

Altre due possibili supernovae sarebbero apparse nel 386 e nel 393, sempre secondo le osservazioni di astronomi cinesi.

Devono passare ben sei secoli prima che si abbia notizia attendibile di un'altra supernova. Apparve alla fine di aprile o ai primi di maggio del 1006 e doveva essere estremamente brillante (quasi come la Luna al primo quarto), a giudicare dal gran numero di descrizioni fattene sia in Europa e in Arabia che nell'Estremo Oriente. Documenti egiziani la descrivono come un po' più brillante della Luna al primo quarto. In particolare gli annali del monastero di Santa Sofia a Benevento parlano dell'apparizione di questa stella «clarissima», a cui seguirono tre mesi di grande siccità. Altri annali (Laubiensis e Leodiensis) riportano l'apparizione della stella nel 1006 e una concomitante grande carestia. Molte descrizioni parlano di una cometa, cui, come è noto, veniva attribuito il ruolo di messaggera di sciagure, ma la concomitanza delle date fa ritenere che si trattasse sempre della supernova. La costellazione in cui era apparsa è quella australe del Lupo, e quindi dall'Europa e dalla Cina doveva essere visibile solo molto bassa sull'orizzonte. Lo confermano le numerose descrizioni della sua luce scintillante, a causa della forte turbolenza atmosferica.

La ricerca di una radiosorgente all'incirca nell'area in cui è apparsa la supernova fu coronata da successo nel 1965; sempre in quella regione, undici anni dopo, sono stati trovati anche filamenti e brandelli di gas emittenti radiazione visibile. Confrontando questa immagine con un'altra ottenuta nel 1987 si vede che un sottile filamento di gas si è spostato di circa metà del suo spessore in undici anni (Figura 9). Non si è trovata nessuna stella, residuo dell'esplosione. Invece, dietro la nebulosità lasciata dalla supernova, c'è una debole stellina, la cui luce è assorbita dal resto della supernova. Gli assorbimenti indicano la presenza di atomi di ferro, ossigeno, silicio, zolfo. Tutta questa materia, come pre-

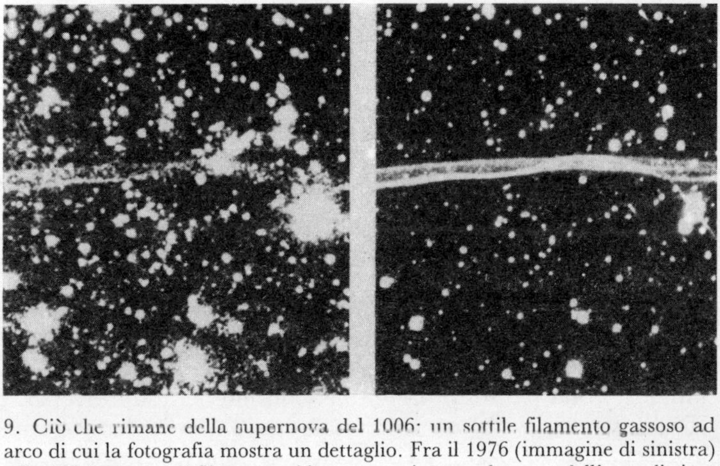

9. Ciò che rimane della supernova del 1006: un sottile filamento gassoso ad arco di cui la fotografia mostra un dettaglio. Fra il 1976 (immagine di sinistra) e il 1987 (a destra) il filamento si è spostato rispetto al centro dell'arco di circa la metà del suo spessore, come si può vedere confrontando la posizione relativa del filamento con quella delle stelle.

detto dalla teoria, è ricca di questi elementi pesanti, formatisi nel corso delle reazioni nucleari incontrollate che accompagnano l'esplosione.

LA NEBULOSA DEL GRANCHIO

Dopo le supernovae che abbiamo descritto, ambedue apparse nel cielo australe, e quindi osservabili dal nostro emisfero solo molto basse sull'orizzonte, nel 1054 esplode una supernova nella costellazione del Toro, nel cielo boreale. La data del primo avvistamento è incerta; ci sono discordanze fra cinesi e giapponesi, ma la più attendibile sembra essere il 4 luglio. La supernova rimase visibile in pieno giorno per ventitré giorni, e quindi doveva essere brillante quanto o più di Venere. Stranamente, non c'è nessuna testimonianza, nessun documento europeo che parli di questa apparizione. Forse perché, malgrado il Toro sia una costellazione boreale, in luglio tramonta all'inizio della notte e riappare ad est solo verso la mattina, quando il cielo estivo è già chiaro. Però i cinesi l'avevano vista anche di giorno. E comunque dalle Alpi, dove il cielo è più terso, era stata pure osservata la supernova del 1006, seppur bassissima sull'orizzonte. A maggior ragione si sarebbe dovuta vedere la supernova del 1054.

Sebbene esplosa quasi mille anni fa e apparentemente non di eccezionale splendore per una supernova, essa riveste un'importanza enorme ed è quella che ci ha dato il maggior numero di informazioni sull'evoluzione di una supernova.

Vari testi cinesi riportano che la supernova apparve molto vicino alla stella Zeta della costellazione del Toro. Nella stessa posizione oggi si osserva una nube nota come la «nebulosa del Granchio» perché è caratterizzata da una tenue nebulosità diffusa solcata da ramificazioni di gas emittente lo spettro dell'idrogeno, che somigliano vagamente alle zampe di un granchio (Figura 10a). Lo spettro emesso dalla nebulosità diffusa è caratteristico e diverso da quello delle altre nubi galattiche. Infatti non è spiegabile come emissione di un gas caldo (quella che si chiama emissione termica e che spiega l'emissione delle stelle e della maggior parte delle nubi galattiche, che sono riscaldate dalle stelle in esse immerse), ma piuttosto da un meccanismo del tutto diverso, e che si riscontra anche nei sincrotroni: qui le particelle accelerate a velocità prossime a quella della luce vengono frenate dai potenti campi magnetici del sincrotrone, e perdendo energia cinetica emettono uno spettro detto appunto di sincrotrone. La nebulosa del

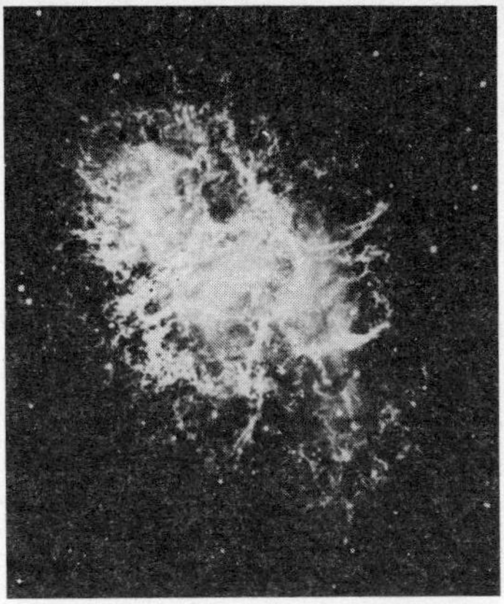

a

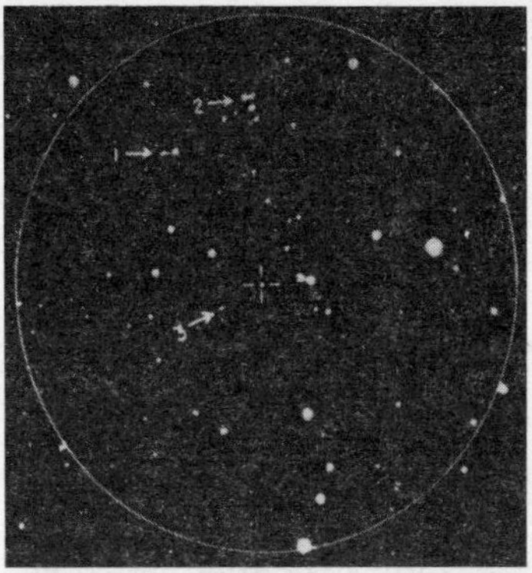

b1

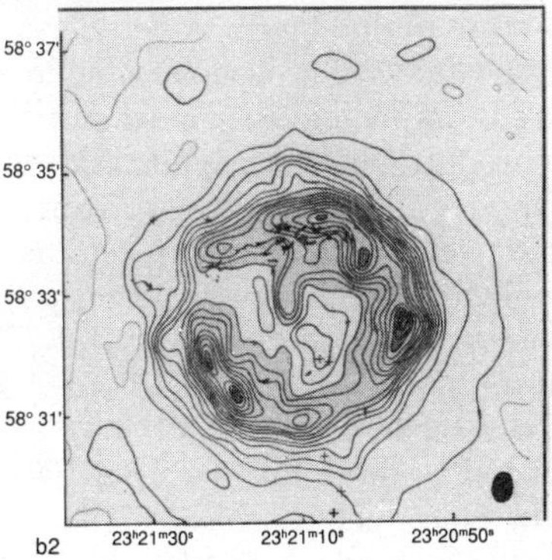

b2

b3

10. Immagini di altri resti di supernova: (a) la nebulosa del Granchio; (b) la regione della radiosorgente Cassiopeia A a lunghezze d'onda radio, X e visibile (b_1 ottico, b_2 radio, b_3 x); (c) la nebulosa a velo.

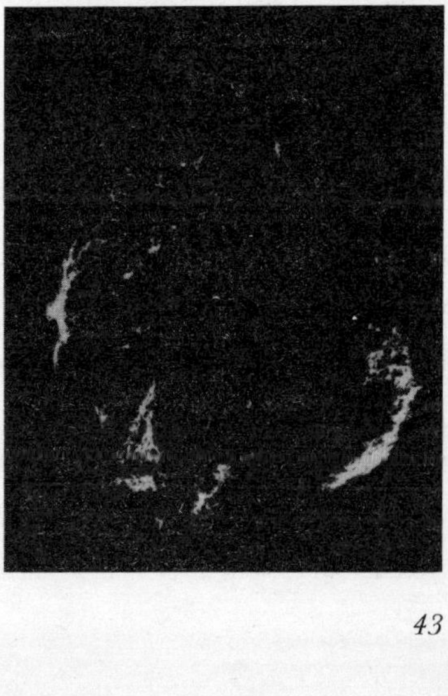

c

Granchio è una specie di sincrotrone naturale che emette sia radiazione ottica, sia gamma, X e radio, e ciò indica la presenza di particelle molto energetiche e di un campo magnetico. Questo è stato poi misurato direttamente ed è una cinquantina di volte più intenso del campo magnetico generale della Galassia (quest'ultimo pari a un milionesimo di gauss).

Ma anche lo spettro emesso dalle zampe del granchio è molto interessante. Il gas idrogeno ed elio dà luogo ad alcune emissioni caratteristiche a lunghezza d'onda nota. Sono le cosiddette righe di emissione. Lo spettro dei filamenti presenta tutte le righe sdoppiate per effetto Doppler, con una componente spostata verso il violetto e l'altra verso il rosso, rispetto alla posizione normale. Ciò indica che una parte della nebulosa si avvicina a noi a una velocità di circa 1000 chilometri al secondo e l'altra si allontana circa alla stessa velocità.

Questo fatto può essere interpretato in due modi: la nebulosa sta espandendo e quindi le righe spostate verso il violetto sono prodotte dalla parte anteriore, che è in moto verso di noi, mentre quelle spostate verso il rosso sono prodotte dalla parte posteriore che si sta allontanando da noi. Oppure, la nebulosa si sta contraendo, e in tal caso le righe spostate verso il rosso sono prodotte dalla parte anteriore e quelle verso il violetto dalla parte posteriore. Per capire come stavano le cose si confrontarono fotografie della nebulosa prese a distanza di molti anni. Si vide così che il diametro della nebulosa cresce di 0,2 secondi d'arco all'anno, e perciò la velocità di 1000 chilometri al secondo misurata dall'effetto Doppler indica espansione. Ma allora, nell'ipotesi assai plausibile che l'espansione avvenga più o meno alla stessa velocità in tutte le direzioni, si può con un semplice calcolo ricavare distanza e dimensioni della nebulosa*.

La distanza risulta di circa 3600 anni luce, e di qui e dal diametro angolare misurato si risale a quello lineare che è poco più di sei anni luce. Per passare dalle dimensioni di una stella, anche

* L'angolo di 0,2″ espresso in radianti (che si ottiene dividendo 0,2″ per 206 265″, numero di secondi contenuti in un radiante) sarà uguale alla distanza percorsa in un anno dal bordo in espansione della nebulosa diviso per la distanza d: $\frac{0{,}2''}{206\ 265''} = \frac{1000\ \text{km/sec} \times 31\ 557\ 000}{d}$, dove 31 557 000 è il numero di secondi contenuti in un anno. Si trova così $d = 3{,}25 \times 10^{16}$ km, pari a circa 3600 anni luce. Nota la distanza e il raggio angolare della nebulosa, che è circa 3′, si ricava che il raggio lineare è 3,14 anni luce o $2{,}8 \times 10^{13}$ km. Alla velocità di espansione di 1000 km/s la supernova avrebbe impiegato a raggiungere le dimensioni attuali circa 900 anni.

di una delle più grandi come le supergiganti rosse, che possono raggiungere un raggio di 100 milioni di chilometri, al raggio attuale della nebulosa di 28 000 miliardi di chilometri, espandendo alla velocità di circa 1000 km/s sono occorsi appunto 900 anni. Questa è la più bella riprova che la nebulosa del Granchio è proprio ciò che resta della supernova esplosa nel 1054. Infine il fatto che la nube emetta uno spettro sincrotrone che va dalle energetiche radiazioni gamma fino alle onde radio, richiede una sorgente capace di produrre elettroni aventi velocità prossime a quella della luce, elettroni che irraggiando perderebbero rapidamente la loro energia. Di qui la necessità di postulare l'esistenza di una sorgente che ancora oggi accelera queste particelle. E la sorgente è una stella di neutroni che ruota con un periodo di 34 centesimi di secondo e che è stata trovata quasi al centro della nebulosa, nel 1968, grazie all'osservazione dei suoi impulsi radio. Poi, impulsi con la stessa periodicità sono stati trovati anche da satelliti per raggi gamma ed X, e da terra in radiazione visibile.

LE SUPERNOVAE DI TYCHO BRAHE E DI KEPLERO

Se per tutto il Medio Evo gli astronomi cinesi furono di gran lunga migliori e più attenti osservatori degli europei, la situazione si inverte durante il Rinascimento. Infatti la supernova del 1572 fu osservata sia da astronomi cinesi e coreani, sia in Europa da una persona della statura di Tycho Brahe. Gli annali cinesi e coreani non indicano alcun progresso rispetto a quelli di cinquecento o mille anni prima. Le osservazioni di Tycho Brahe possono invece definirsi moderne, anche se sempre fatte ad occhio nudo. Dovevano infatti passare ancora quarant'anni prima che Galileo applicasse il cannocchiale allo studio del cielo.

La stella apparve nella costellazione di Cassiopea, fra il 3 e il 6 novembre 1572. Era magnificamente osservabile dall'Europa, perché era quasi allo zenit e, al momento dell'esplosione, splendente come Venere. Stando alle osservazioni di Tycho Brahe, dopo tre mesi e mezzo era brillante circa come Sirio, e dopo quasi sei mesi come Vega. Era ancora al limite di visibilità ad occhio nudo dopo 457 giorni. Sempre le indicazioni di Tycho Brahe hanno permesso di stabilire con buona precisione la posizione della supernova, tanto che proprio là è stata trovata una radiosorgente con una struttura ad anello, caratteristico risultato di un'esplosione, e una debole sorgente di raggi X. Invece non c'è traccia del residuo stellare, e le osservazioni ottiche hanno con gran fatica individuato dei tenui filamenti di gas.

Erano passati solo trentadue anni dalla supernova di Tycho Brahe, che un'altra ne apparve nel 1604, tre anni dopo la morte di Tycho. E questa volta fu il suo successore Keplero a lasciarci osservazioni altrettanto dettagliate di questa supernova (che ha preso il suo nome), malgrado fosse osservabile solo molto bassa sull'orizzonte poco dopo il tramonto. La scoperta avvenne la sera del 9 ottobre sia in Europa che nell'Estremo Oriente. Un po' più debole di Venere al momento dell'esplosione, rimase visibile per circa un anno. Questa è stata l'ultima supernova galattica osservata. Essa ha lasciato come residuo solo una radiosorgente non troppo intensa, senza nessuna emissione ottica o in raggi X.

LA RADIOSORGENTE PIÙ POTENTE DI TUTTO IL CIELO

Abbiamo però la certezza che un'altra supernova è esplosa nella nostra Galassia, nella costellazione di Cassiopea, circa 320 anni fa, anche se nessuno ne ha riportato notizia. Essa ci ha lasciato come residuo la più intensa fra tutte le radiosorgenti, e coincidente con una forte sorgente X e con brandelli di filamenti luminosi, che si muovono in modo turbolento a velocità di circa 2000 km/s. Ha un diametro angolare di circa 6 primi d'arco, meno di un quinto del diametro angolare del Sole o della Luna. Dalla sua posizione nella Galassia, al di là di due bracci spirale, di cui si conosce la distanza, si può stabilire che la nebulosa radioemittente si trova ad almeno 9000 anni luce da noi. Questo ci permette di calcolarne le dimensioni e, dalla velocità di espansione osservata, risalire all'epoca in cui deve essere avvenuta l'esplosione. Si trova appunto circa 300 anni fa (Figura 10b, a p. 43).

È difficile spiegare come mai nessuno l'abbia notata. Se, come la supernova della Grande Nube di Magellano, raggiunse al massimo soltanto uno splendore pari a 100 milioni di volte quello del Sole, a una distanza di 9000 o 10 000 anni luce la si sarebbe vista brillante più o meno come Giove. È possibile che addensamenti di polveri ne abbiano ridotto lo splendore, ma anche in questo caso avrebbe dovuto essere paragonabile per lo meno a Vega.

Nella nostra Galassia ci sono molte altre radiosorgenti che hanno caratteristiche tali da far supporre che siano resti di supernova. Sono tutte radiosorgenti la cui emissione indica trattarsi di sincrotroni naturali, e quando si riesce ad individuarne la controparte ottica, si notano sempre strutture più o meno circolari, a volte ad anello, a volte gusci sferici, ma regolarmente in espansione rispetto a un punto più o meno al centro della struttura. Dalle dimensioni e dalla velocità di espansione, si può dedurre che alcune di queste sono resti di supernovae esplose in epoca preistorica (Figura 10c, a p. 43).

Abbiamo descritto che cosa si vede quando esplode una supernova e cosa resta di essa dopo centinaia o addirittura migliaia di anni.

Ma perché una stella esplode? Per capirlo occorre raccontare come si svolge la vita di una stella. Abbiamo cominciato dalla sua morte catastrofica. Andando a ritroso, lasceremo per ultima la descrizione della sua formazione, che è anche la fase meno ben compresa, e diremo invece come si svolge la sua vita, dalla «adolescenza» alla «maturità» e infine alla sua «morte», che può essere catastrofica, se la stella ha una massa dieci o più volte quella del Sole, o molto più tranquilla nel caso di stelle di piccola massa.

CAPITOLO QUARTO

LA PREISTORIA DELLA FISICA STELLARE

Solo nel 1838 Bessel misurò la prima parallasse stellare, risalendo così alla distanza e quindi allo splendore assoluto (indipendente dalla distanza) di una stella. Si tratta di 61 Cygni, una debole stella rosso-arancio, che si sposta di circa 5 secondi d'arco all'anno sulla volta celeste. Questo suo forte moto proprio (la maggioranza delle stelle ha moti propri di qualche frazione di secondo) stava ad indicare che doveva essere fra le più vicine a noi. Per fare un'analogia, immaginiamo di osservare un piccolo aereo da turismo che voli a bassa quota e un potente jet a 10 000 metri. Il primo sembrerà muoversi più rapidamente del secondo, sebbene sappiamo che in realtà la sua velocità è molto minore di quella del jet. 61 Cygni era dunque il candidato ideale per misurarne la parallasse. È questa un'operazione che i geometri eseguono regolarmente sulla terra, tutte le volte che vogliono misurare una distanza grande rispetto ad una più piccola detta base. Si misura la base — di qualche decina di metri — con la rotella metrica, e dagli estremi della base, con un goniometro si misura l'angolo formato dalla base e dalla direzione «estremo della base-oggetto lontano». Si ripete l'operazione dall'altro estremo della base. Saranno così noti la lunghezza della base e i due angoli alla base. Questi tre elementi, come sappiamo dalla geometria elementare, ci permettono di «risolvere» il triangolo avente per vertici le due estremità della base e l'oggetto lontano. Ma risolvere un triangolo significa che quando sono noti un lato e i due angoli adiacenti, si può facilmente risalire alle dimensioni degli altri due lati e al valore del terzo angolo, oltre che all'altezza relativa alla base, e cioè la distanza dell'oggetto lontano. Gli astronomi fanno proprio questa operazione: conoscendo la base, che è il diametro dell'orbita della Terra attorno al Sole, misurano la posizione sulla volta celeste della stella ad una certa epoca dell'anno e ripetono poi la misura sei mesi dopo quando la Terra si è portata in posizione diametralmente opposta rispetto al Sole. La difficoltà consiste nel fatto che la dimensione della base — circa 300 milioni di chilometri — è molto più piccola delle distanze delle stelle, anche le più vicine; per esempio 61 Cygni è a circa 100 000 miliardi di chilometri. Il triangolo da risolvere avrà dunque una base piccolissima rispetto agli altri due lati, e di conseguenza i due angoli alla base differiranno pochissimo da 90 gradi, mentre l'angolo al vertice sarà una frazione di secondo. Si definisce parallasse la metà di quest'ultimo. Nel caso di 61 Cygni la parallasse è 0,3 secondi d'arco, nel caso della stella più vicina, Proxima Centauri, 0,7 secondi d'arco. Questo spiega quanto sia difficile misurare le distanze stellari. In pratica non si fanno misure assolute, ma si confronta la posizione di una stella, supposta vicina in base al suo moto proprio, o al suo splendore apparente, o ad ambedue questi indizi, con quelle di varie stelle di sfondo, ossia angolarmente vicine alla stella da misurare ma da vari segni (moto proprio non misurabile e debole splendore) ritenute molto più lontane dall'osservatore.

Nella prima metà del secolo scorso le misure di parallasse diventarono più numerose e precise. È chiaro quanto sia importante conoscere le distanze stellari: senza di esse noi possiamo solo misurarne lo splendore apparente; conoscendo la distanza, invece, possiamo immaginare di portarle tutte ad una stessa distanza standard e calcolarne lo splendore intrinseco, corretto cioè per l'effetto della distanza. Lo splendore intrinseco è la spia di ciò che succede nell'interno della stella, è quello che può rivelarci quali meccanismi la fanno risplendere.

PADRE ANGELO SECCHI E LE PRIME CLASSIFICAZIONI SPETTRALI

Proprio in quegli anni, forse in conseguenza dei successi di Bessel, il filosofo francese Auguste Comte affermava: «Gli astronomi potranno ottenere misure sempre più precise della posizione e distanza degli astri, ma non saranno mai in grado di stabilirne la natura fisica e la composizione chimica». Si sbagliava di grosso; già nel 1802 Joseph von Fraunhofer aveva separato la radiazione solare bianca nelle sue componenti elementari, sfruttando il fatto che la velocità della luce nel vetro dipende dalla lunghezza d'onda, e mezzo secolo dopo il gesuita padre Angelo Secchi aveva applicato lo stesso metodo a tutte le stelle più brillanti del nostro emisfero. Lo intuì padre Secchi e lo dimostrarono fisici e chimici verso la fine del secolo scorso: in quelle strisce colorate solcate da righe scure — quelli che noi chiamiamo gli spettri stellari — era la chiave per capire struttura fisica, composizione chimica, fonti dell'energia stellare, e in una parola tutto lo svolgersi della vita delle stelle. Ma per risolvere questo rebus ci vollero ancora molti decenni.

Secchi osservò che sebbene ci siano innumerevoli stelle, i loro spettri possono essere raggruppati in un numero molto piccolo di classi: quelle bianco azzurre, solcate da poche e forti righe scure, come ad esempio Rigel o Vega; quelle gialle, come il Sole o Procione o Alpha Centauri, il cui spettro è solcato da numerosissime e sottili righe scure; le rosso-arancio come Aldebaran o Antares in cui dominano bande oscure delimitate nettamente verso il violetto e sfumate verso il rosso. Infine un gruppo scarsamente popolato di stelle rosse, per lo più di debole splendore apparente, in cui le bande sono nettamente delimitate verso il rosso e sfumate verso il violetto. Secchi mise poi in un quinto tipo tutte quelle poche che non rientravano nei quattro precedenti, perché, oltre alle righe scure, presentavano delle righe più brillanti del fondo continuo. Lo definì un tipo «assai bizzarro e vario». Sebbene questa classificazione fosse puramente basata su dati osservativi, senza nessun tentativo di interpretazione fisica, Secchi capì che il colore doveva essere un indice della temperatura stellare. Come un metallo portato all'incandescenza diventa prima rosso cupo, poi rosso chiaro, infine giallo, e bianco azzurro al crescere della temperatura, così le stelle bianco azzurre devono essere più calde di quelle rosse.

Il diverso aspetto delle righe scure associato ai diversi colori delle stelle restava però inspiegabile. Cosa significassero quelle righe scure lo si cominciò a capire verso la fine del secolo, grazie anche a una legge scoperta dal chimico tedesco Gustav Kirchhoff e che si può riassumere così: uno spettro continuo è prodotto da un solido o da un liquido o da un gas molto denso e in grande estensione; uno spettro di righe di emissione (le righe brillanti) da un gas rarefatto; le righe di assorbimento (quelle scure) da un gas rarefatto frapposto fra una sorgente di spettro continuo e l'osservatore. Ma Kirchhoff fece un'altra importantissima osservazione. Se per esempio portiamo ad alta temperatura del gas sodio, vediamo che le radiazioni più intense che emette sono due righe gialle. Ora poniamo dietro la nube di gas una sorgente di spettro continuo, per esempio un metallo incandescente, a temperatura più alta di quella del gas: nello spettro continuo appariranno due righe scure proprio nella stessa posizione in cui cadevano le righe gialle. Ciò significa che un gas può assorbire proprio quelle radiazioni che è in grado di emettere. Questa scoperta è stata la chiave per interpretare gli spettri stellari. La prima spiegazione fu la seguente: la stella è costituita da una superficie di gas caldo e denso che dà luogo allo spettro continuo (la cosiddetta fotosfera) ed è circondata da un'atmosfera meno calda e più rarefatta che assorbe quelle radiazioni caratteristiche dei gas ivi presenti. Oggi sappiamo che non c'è nessuna separazione fra fotosfera e atmosfera, e che le righe scure sembrano tali perché il gas, alle lunghezze d'onda caratteristiche di un dato elemento, è molto più assorbente che alle lunghezze d'onda adiacenti. Di conseguenza, in corrispondenza delle righe, riceviamo radiazione solo dagli strati superficiali più freddi di quelli che contribuiscono al continuo adiacente.

È evidente l'enorme importanza delle osservazioni di Kirchhoff: esse ci davano modo di fare un'analisi chimica qualitativa delle atmosfere stellari. Cominciò così una serie di ricerche di laboratorio per conoscere gli spettri caratteristici di tutti gli elementi, portati allo stato gassoso. Dal confronto degli spettri di laboratorio con quelli stellari ebbe inizio il paziente lavoro di identificazione delle righe scure. Molte di queste furono facilmente attribuite a elementi comuni come l'idrogeno, il carbonio, l'azoto, l'ossigeno, il calcio, il silicio, il ferro, ecc. Altre righe intense presenti soprattutto nelle stelle bianco azzurre — le più calde — non erano facilmente identificabili. Solo più tardi si capì che erano prodotte da gas ionizzato, ossia da atomi che avevano perso uno o più elettroni, o da gas come l'elio, che richiede alte temperature, difficilmente riproducibili in laboratorio, per dare righe osservabili nello spettro ottico, oppure righe che possono apparire solo in gas estremamente rarefatti, come quello delle nubi interstellari. Si scoprì anche che le bande presenti nelle stelle rosse erano dovute a ossidi del titanio, del vanadio, oppure di elementi rari come lantanio o zirconio, e in altre da composti del carbonio. La semplice classificazione di Secchi, basata su osservazioni visuali degli spettri, non era più sufficiente a descrivere tutti i dettagli che apparivano sulle lastre fotografiche.

LA CLASSIFICAZIONE DI HARVARD: UN CENSIMENTO DI 350 000 STELLE

Una classificazione, largamente usata ancora oggi, e includente più di 350 000 stelle, è quella dell'Osservatorio di Harvard, a Cambridge nel Massachusetts; le stelle sono indicate con un numero d'ordine preceduto dalle lettere HD, iniziali di Henry Draper, un mecenate che aveva finanziato questa gigantesca opera, in grandissima parte dovuta al lavoro di Ann J. Cannon (Figura 11).

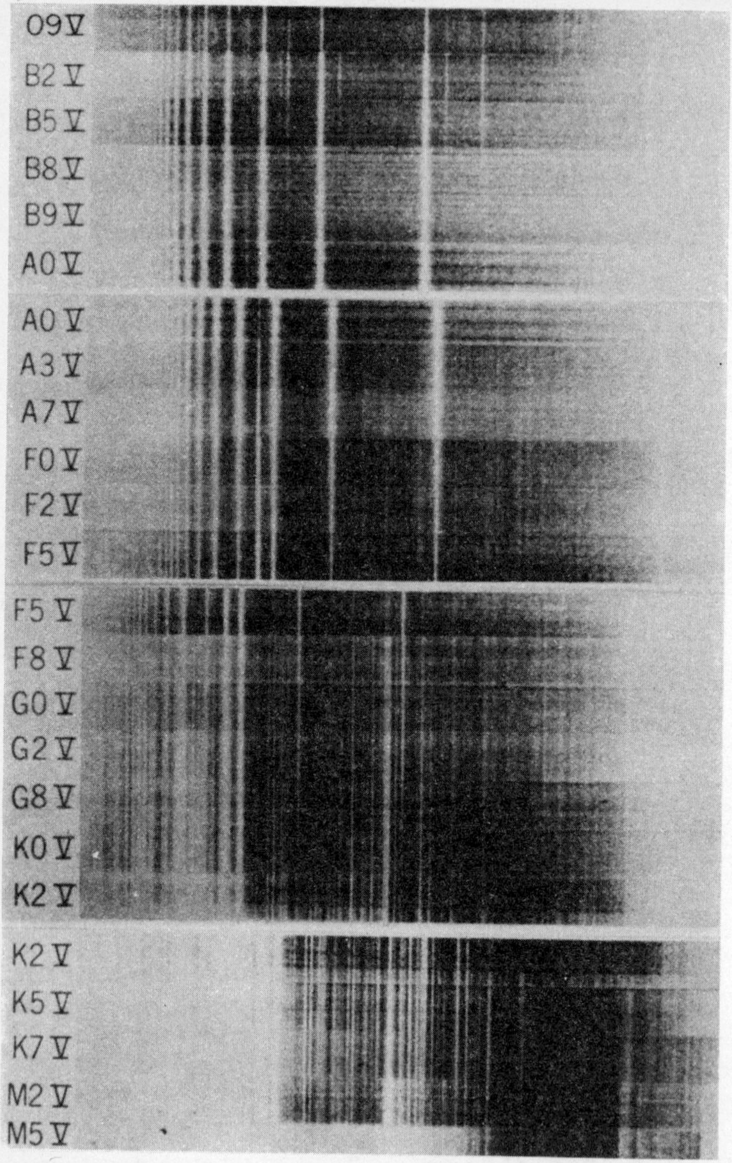

11. Spettri stellari e classificazione di Harvard. Con la lettera O sono indicate le stelle più calde (temperatura superficiale di circa 30 000 gradi), con M le più fredde (temperatura superficiale circa 3000 gradi). Il Sole ha un tipo spettrale G2 e temperatura superficiale di quasi 6000 gradi.

Con l'identificazione delle righe spettrali, ci si rese conto che le righe presenti nelle stelle azzurre erano soprattutto di elio e idrogeno, nelle stelle bianche idrogeno, nelle gialle dominavano le righe dei metalli, soprattutto ferro, e infine nelle più fredde, le stelle rosse, c'erano tre gruppi, uno caratterizzato da bande dell'ossido di titanio, uno da bande dell'ossido di lantanio e uno da bande di composti del carbonio. Si cominciò a parlare di stelle di elio, stelle di idrogeno, stelle di metalli, come se a una diversa temperatura corrispondesse anche una diversa composizione chimica.

Un grande contributo alla soluzione del rebus degli spettri lo dette nel 1913 il fisico danese Niels Bohr, basandosi sulla teoria quantistica proposta nel 1900 dal fisico tedesco Max Planck, e l'opera fu completata dal fisico indiano Megh Nad Saha nel 1920-21. Grazie a Bohr fu possibile cominciare a spiegare almeno le caratteristiche principali degli spettri dei vari elementi, e rendersi conto che essi potevano emettere solo certe determinate frequenze, purché l'energia fornita all'atomo fosse sufficientemente alta. Saha mostrò che gli atomi vengono ionizzati (perdono cioè uno o più elettroni, diventando così particelle cariche) in percentuale tanto maggiore quanto maggiore è la temperatura e quanto più bassa è la densità di elettroni liberi. Così all'inizio degli anni '30 appariva ormai chiara la dipendenza dello spettro di righe dalle condizioni fisiche dell'atmosfera stellare — temperatura e densità — e dalla misura dell'intensità delle righe si poteva calcolare il numero di atomi — neutri e ionizzati — che concorrevano a produrla. Da una semplice analisi chimica qualitativa, si era passati ad una analisi quantitativa.

Il risultato più interessante di questa serie di ricerche fu che non ci sono stelle di elio, o idrogeno, o ferro, ma che tutte hanno circa la stessa composizione chimica, e il diverso aspetto dei loro spettri di righe dipende esclusivamente dai diversi valori della temperatura e della densità atmosferiche.

LA RELAZIONE FRA SPLENDORE ASSOLUTO E TEMPERATURA (IL DIAGRAMMA HR) E FRA SPLENDORE ASSOLUTO E MASSA DELLE STELLE

Per completare la descrizione delle scoperte che ci hanno permesso di capire la struttura interna e l'evoluzione delle stelle, vanno ricordati tre nomi famosi: Henry Norris Russell, Ejnard Hertzsprung e Arthur Stanley Eddington. I primi due, indipendentemente, nel 1911 e nel 1913, scoprirono l'esistenza di una relazio-

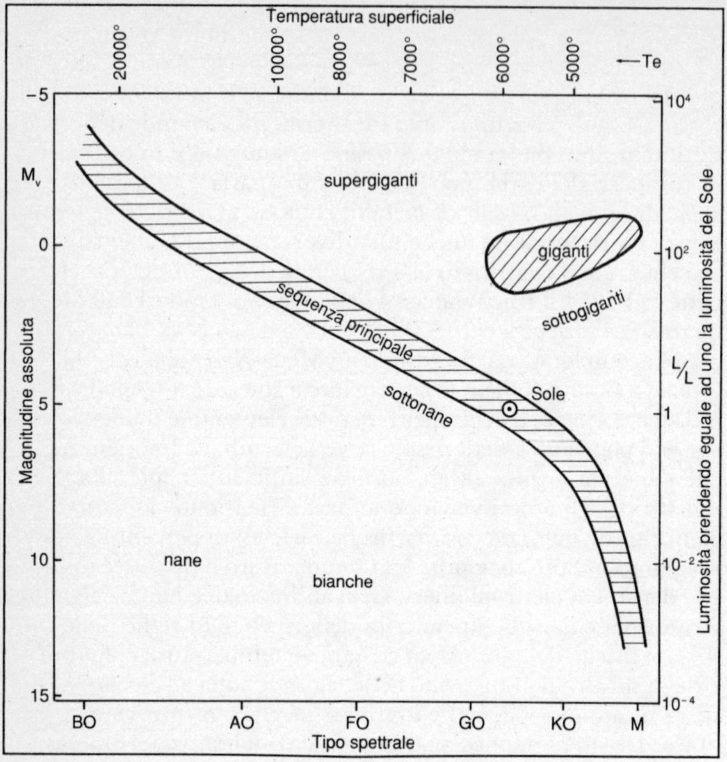

12. Diagramma HR: in ordinate a sinistra le magnitudini assolute e a destra la luminosità, prendendo il Sole eguale ad 1. In ascissa i tipi spettrali di Harvard in basso e le temperature superficiali in alto.

ne fra splendore assoluto e temperatura superficiale. Riportando in un grafico le magnitudini assolute di tutte le stelle per cui era nota la distanza, in ordinate, e le rispettive temperature in ascisse, si vide che la grande maggioranza delle stelle si pone su una ristretta fascia che va dalle più luminose e calde (le stelle azzurre) a quelle più deboli e fredde (le nane rosse). Il Sole si situa su questa fascia (detta sequenza principale) circa a metà. Un numero più piccolo di stelle si trova in una regione grossolanamente parallela all'asse delle ascisse e di splendore pari a circa 100 volte quello del Sole. Poiché, a parità di temperatura, sono più luminose di quelle sulla fascia principale, vuol dire che la loro superficie raggiante, e quindi i loro raggi, sono molto più grandi. Perciò questa regione fu chiamata la retta delle giganti. Ancora più luminose sono le supergiganti che occupano una zona che si estende dalle stelle azzurre alle stelle rosse e hanno splendori pari a circa 10 000 volte quello del Sole. Infine c'è un piccolo gruppetto di stelle di alta temperatura e debole splendore, che per queste caratteristiche furono chiamate nane bianche (Figura 12).

Sempre in quegli anni, grazie a una serie di osservazioni di stelle doppie, per cui era possibile una determinazione diretta delle masse dai loro moti orbitali attorno al baricentro del sistema, fu scoperta l'esistenza di una relazione fra splendore assoluto e massa: in formula si trovava che la luminosità era proporzionale ad una potenza della massa compresa fra circa 3 per le stelle più luminose e circa 5 per quelle come il Sole (Figura 13): Eddington ne tro-

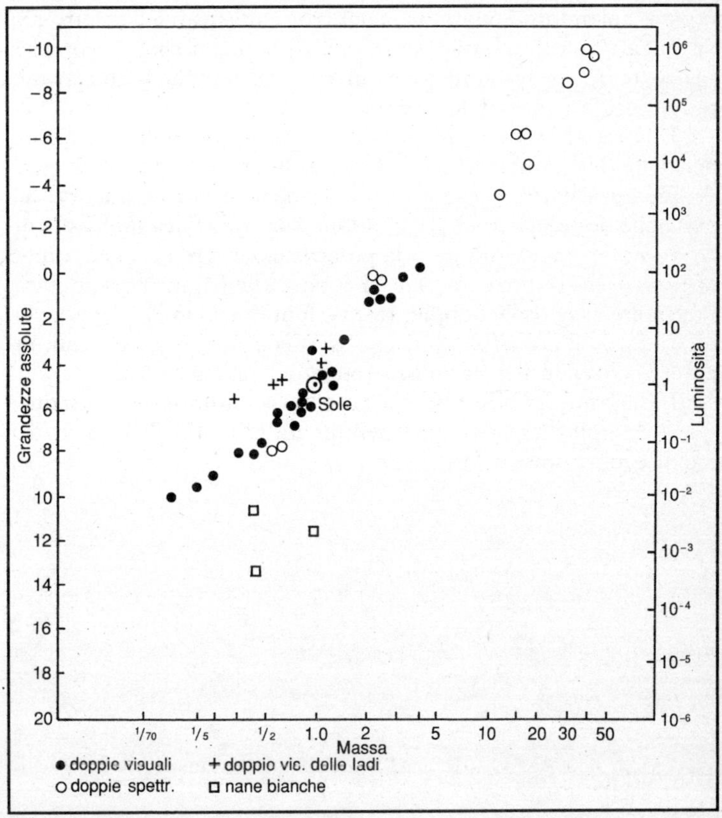

13. Relazione fra masse (presa eguale ad 1 la massa solare) e magnitudini assolute (magnitudine assoluta del Sole pari a 4,8).

vò la spiegazione teorica, ponendo le basi per la conoscenza della struttura interna delle stelle, vale a dire variazione della temperatura, densità e stato della materia dal centro alla superficie.

L'importanza pratica di queste due relazioni si comprende facilmente. Noi possiamo misurare soltanto le parallassi di stelle più vicine di circa un migliaio di anni luce; per le altre i valori sono troppo piccoli. Le caratteristiche spettrali dipendono soprattutto dalla temperatura, ma anche dallo splendore assoluto delle stelle. Ciò era stato trovato empiricamente confrontando stelle della fascia principale del diagramma Hertzsprung-Russell (per brevità noto come il diagramma HR), dette anche stelle nane, con quelle giganti o supergiganti di egual colore. Ecco che, dall'esame del tipo spettrale, si poteva stabilire lo splendore assoluto, e quindi, noto lo splendore apparente, facilmente misurabile, risalire alla distanza. Questo metodo, detto delle parallassi spettroscopiche, permette di determinare la distanza di stelle anche lontanissime, purché se ne conosca lo spettro.

L'altra relazione — nota come relazione massa-luminosità — permette di risalire dallo splendore assoluto alla massa. Una grandezza, quest'ultima, che è possibile misurare direttamente solo per stelle doppie, e anche per queste, solo se sufficientemente vicine a noi e lontane fra loro da poterne osservare i rispettivi moti attorno al baricentro e purché si conosca la distanza del sistema. Per molte altre stelle doppie, troppo lontane da noi e troppo vicine fra loro, si possono, salvo casi particolarmente favorevoli, ottenere solo valori della massa totale del sistema.

Il diagramma HR e la relazione massa-luminosità sono dunque i due pilastri su cui si è sviluppata la teoria della struttura e dell'evoluzione stellare.

CAPITOLO QUINTO

LA VITA DELLE STELLE

Noi siamo abituati a considerare il Sole e le stelle come eterne; le stesse costellazioni che brillano nel nostro cielo sono state cantate da Saffo; i moti dei pianeti e le eclissi di sole e di luna che oggi sappiamo essere fenomeni normali, hanno spaventato e incuriosito gli uomini delle caverne. Eppure anche i corpi celesti hanno una loro vita; alcune stelle nascono e muoiono nel giro di pochi milioni di anni, come la brillante e azzurra Rigel, altre seguiteranno a brillare per molte decine di miliardi di anni e saranno ancora praticamente immutate quando la specie umana sarà forse scomparsa da tempo.

Che le stelle si formino da addensamenti della materia interstellare è accertato, sebbene siano ancora in gran parte oscuri i dettagli di come questo avvenga. Si pensa che nello spazio interstellare, dove vagano gas e minuscole particelle solide (le cosiddette polveri interstellari), si formino casualmente delle concentrazioni di materia 10, 100 o anche 1000 e 10 000 volte più dense. Sono le nubi interstellari, che si manifestano o come chiazze luminose, che diffondono la luce delle stelle che vi sono immerse, o come macchie scure che assorbono completamente la luce delle stelle retrostanti (Figura 14). Anche queste nubi, confrontate con il vuoto che noi sappiamo produrre artificialmente, sono molto più «vuote». Però in esse si possono formare, sempre casualmente, delle condensazioni di materia un po' più dense del mezzo circostante. Queste condensazioni attraggono con la loro forza di gravità altra materia. La piccola condensazione iniziale cresce e più cresce più aumenta la sua forza di attrazione gravitazionale; altra materia le cade addosso e in qualche decina o centinaia di migliaia di anni essa raggiunge una massa «stellare». Durante le prime fasi di contrazione la materia è ancora rarefatta e trasparente; il calore prodotto dalla compressione viene rapidamente dissipato nel mezzo circostante. Ma, con l'aumentare della densità, il mezzo diventa opaco, e il calore non sfugge più così facilmen-

14. Nubi oscure (Testa di cavallo, in Orione). Si noti la luce delle stelle retrostanti diffusa dalla nube a forma di testa di cavallo.

te. Il gas si riscalda e arriva un momento in cui la temperatura è abbastanza alta da permettere che l'idrogeno (che costituisce il 70 per cento in massa dell'universo) si trasformi in elio. Infatti alta temperatura vuol dire alta velocità o grande energia cinetica delle particelle. Solo grazie a questa energia più particelle positive come i protoni possono vincere la forza repulsiva che agisce su particelle dello stesso segno e fondersi a formare un nucleo più pesante. Quattro nuclei di idrogeno (o protoni) a temperature che variano fra i 5 e i 50 milioni di gradi (circa 1000 volte la temperatura superficiale), a seconda della massa che si condensa, si uniscono a formare un nucleo di elio (o particella alfa).

Ma la massa della particella alfa è di sette millesimi più piccola della somma dei quattro protoni. Questa esigua quantità di materia si è trasformata in energia, un'energia pari al prodotto della massa scomparsa per il quadrato della velocità della luce. In formula abbiamo la celebre relazione di Einstein $E = mc^2$. Quando questo avviene, la stella inizia la fase più lunga e stabile della sua vita. Infatti ha raggiunto una condizione di equilibrio fra due forze opposte: la forza di gravitazione che tenderebbe a schiacciarla sotto il proprio peso, e la forza esercitata dalla pressione del gas, che tenderebbe a farla espandere e disperdere nello spazio interstellare.

Il procedere delle reazioni nucleari con trasformazione di idrogeno in elio mantiene costante la temperatura del centro della stella e costante resta anche la pressione del gas che è dovuta proprio al moto casuale delle singole particelle, moto che è tanto più rapido quanto maggiore è la temperatura del gas. In realtà questa costanza è mantenuta grazie ad una specie di «termostato» naturale. Se, per esempio, il tasso a cui si verificano le reazioni nucleari rallenta, la temperatura diminuisce; e di conseguenza diminuisce anche la pressione che non sarà più in grado di equilibrare la forza di gravitazione. Si avrà allora una compressione con conseguente riscaldamento del gas. Questo aumento di temperatura provoca un aumento di energia prodotta dalle reazioni nucleari e l'equilibrio si ristabilisce. Analogamente, se il tasso di reazioni cresce troppo, e la temperatura aumenta tanto che la pressione del gas supera la forza di gravitazione, si avrà un'espansione con conseguente raffreddamento e l'equilibrio verrà ristabilito.

Così, una stella spende la maggior parte della sua vita consumando l'idrogeno contenuto nella sua parte centrale più calda, producendo energia in maniera costante — grazie al suo termostato — e irraggiando nello spazio l'energia prodotta.

Nel corso di queste reazioni vengono prodotti anche dei neutrini, i quali, a causa della loro pressoché nulla interazione con la materia, traversano indisturbati il raggio della stella e continuano il loro viaggio nello spazio interstellare.

Nel caso del Sole i neutrini prodotti nel centro raggiungono la superficie in poco più di due secondi (ma ci sono dei problemi a riguardo dei neutrini solari, come vedremo). Invece i fotoni, cioè l'energia raggiante prodotta dalle reazioni nucleari, subiscono innumerevoli diffusioni, assorbimenti e riemissioni da parte delle particelle di gas e raggiungono la superficie dopo un tempo di circa 10 milioni di anni. Tutta l'energia prodotta al centro, sotto forma di fotoni gamma ed X, esce dalla superficie della stella. In queste interazioni fra materia e fotoni, l'energia di questi ultimi viene degradata, e nello spazio sfugge un gran numero di fotoni di bassa energia, ottici e infrarossi, ma il bilancio è in pareggio: tanta energia è prodotta, tanta ne sfugge dalla superficie.

Ma arriverà un momento in cui tutto l'idrogeno del nocciolo centrale sarà stato trasformato in elio. E allora cosa succede? e quando questo succede?

Il «quando» dipende dalla massa della stella. Le osservazioni indicano che quanto maggiore è la massa di una stella, tanto maggiore è la sua luminosità. Le stelle di massa più piccola che si conoscano hanno massa pari a qualche centesimo della massa solare e sono quasi un milione di volte meno luminose; all'altro estremo abbiamo stelle con masse di circa cento volte quella del Sole e circa un milione di volte più luminose. Allora, le stelle di piccola massa dispongono di un combustibile nucleare cento volte più piccolo del Sole, ma lo consumano anche un milione di volte più lentamente. Sono stelle povere di capitale energetico, ma dispongono delle loro fonti con molta parsimonia. Perciò queste deboli stelline, chiamate anche nane rosse per il loro colore rossastro, avranno disponibilità di idrogeno per un tempo diecimila volte più lungo che non il Sole (la cui disponibilità di idrogeno può durare circa 10 miliardi di anni, ed avendo ora un'età di 5 miliardi di anni, seguiterà a risplendere all'incirca come oggi per altri 5 miliardi di anni). Alcuni esempi di nane rosse sono Proxima Centauri, (la compagna di α Centauri), che è anche la stella più vicina a noi, oppure Barnard $+4°$ 3561: ambedue circa diecimila volte meno splendenti del Sole e di α Centauri (che può essere considerata una gemella del Sole), e 61 Cygni, undici volte più debole del Sole.

Al contrario, le stelle di grande massa come Rigel, settantacinquemila volte più luminosa del Sole, o Spica, quasi diecimila volte lo splendore del Sole, pur avendo combustibile rispettivamente venti e dodici volte superiore al Sole, lo sperperano rapidamente e lo consumeranno in un tempo pari a 2,6 decimillesimi e 1 millesimo del corrispondente tempo solare. Ossia avranno idrogeno da «bruciare» rispettivamente per circa 3 milioni e 12 milioni di anni.

Tali stelle di grande massa, caratterizzate anche da un'alta temperatura superficiale (20 000-30 000 gradi) che le fanno apparire di un colore azzurrastro (e perciò chiamate anche stelle azzurre), sono sempre immerse in nubi di materia interstellare. Là dove la materia interstellare non c'è, mancano pure le brillanti stelle azzurre. Questa è la riprova che le stelle nascono dalle nubi di materia interstellare. Infatti, le stelle di grande massa durante la loro brevissima vita (in scala di tempi astronomici) non hanno il tempo di lasciare la «culla» in cui sono nate.

Nelle nubi abbondano anche stelle di piccola massa, quasi sicuramente giovani; molte altre si trovano nelle più svariate regioni della Galassia, prive di nubi. Si tratta probabilmente di stelle di antica formazione.

Ma torniamo alla nostra prima domanda: cosa succede quando l'idrogeno del nocciolo centrale si è tutto trasformato in elio, dopo circa 10 milioni di anni per le stelle più massicce, o dopo 10 miliardi per stelle come il Sole, mentre per le stelle di piccola massa questo avverrà fra 1000 o 10 000 miliardi di anni, un tempo ben più lungo dell'attuale età della Galassia?

VERSO UNA MORTE VIOLENTA

Le risposte sono diverse, e dipendono dalla massa della stella. Se questa ha una massa una decina di volte quella solare, quando l'idrogeno del nocciolo è consumato, viene a mancare la fonte d'energia che manteneva la temperatura e quindi una pressione centrale del gas sufficientemente alta da equilibrare la forza di gravitazione. Allora, la stella comincia a contrarsi. Negli strati immediatamente a contatto col nocciolo, dove l'idrogeno è ancora presente, la contrazione fa aumentare la temperatura e l'idrogeno prende a trasformarsi in elio. Però ciò non è sufficiente per raggiungere l'equilibrio. La contrazione rallenta ma non cessa; il processo continua fino a che la temperatura del nocciolo non raggiunge quei 100 milioni di gradi circa che sono sufficienti per far reagire l'elio: tre particelle alfa danno luogo ad un nucleo di carbonio, con liberazione di energia. Segue tutta una serie di vicende analoghe: l'elio si consuma, la stella si contrae e si riscalda, il carbonio dapprima inerte reagisce con un nucleo di elio e forma un nucleo di ossigeno e così via. Ad ogni esaurimento di combustibile nucleare, seguono una contrazione ed un aumento di temperatura e densità del nocciolo. Inoltre, ad ogni contrazione delle parti interne corrispondono, per ragioni di equilibrio della stella nel suo complesso, un'espansione e raffreddamento degli strati superficiali. Si ha la cosiddetta gigante rossa. Questo avviene perché, quando si innesca il bruciamento dell'elio, la produzione di energia nucleare aumenta. Difatti nella fase di bruciamento dell'idrogeno la temperatura centrale è compresa fra circa 10 e 40 milioni di gradi e l'energia liberata è proporzionale a una potenza della temperatura compresa fra 6 e 20. Quando inizia il bruciamento dell'elio la temperatura supera i 100 milioni di gradi e l'energia liberata è proporzionale a una potenza della temperatura di circa 30. Per restare in equilibrio la stella deve dissipare nello spazio circostante tutta l'energia prodotta nel suo interno. Di conseguenza, deve aumentare la superficie di dissipazione, e questo lo fa espandendo.

In breve, arriverà un momento in cui il nocciolo è costituito essenzialmente di nuclei di ferro, la temperatura ha raggiunto valori dell'ordine dei 10 miliardi di gradi e densità dell'ordine di un miliardo di volte quella dell'acqua. In tali condizioni, i nuclei di ferro si trasformano in elio. Questa reazione però, a differenza delle precedenti svoltesi durante tutta la vita della stella, invece di produrre energia, ne assorbe. E ciò ha l'effetto di raffreddare bruscamente il nocciolo. Al corrispondente brusco calo della pressione, segue una caduta della materia circostante verso il centro con due conseguenze: *a*) il nocciolo centrale viene compresso a densità pari a molte migliaia di miliardi di volte la densità dell'acqua, col risultato che elettroni c protoni vengono compattati a formare dei neutroni; *b*) le parti più esterne, compresse durante la caduta libera verso il centro, si riscaldano a molti milioni di gradi. Ma siccome in quelle parti più esterne abbondano ancora nuclei in grado di dar luogo a reazioni nucleari produttrici di energia, queste si scatenano nel giro di poche decine di minuti. La stella, invece di produrre tanta energia quanta è in grado di dissiparne dalla sua superficie sotto forma di energia raggiante, ha una tale superproduzione da provocarne l'esplosione. Da macchina produttrice di energia nucleare controllata, diventa una vera e propria bomba nucleare.

Quegli inviluppi di gas in espansione che ancora oggi si osservano là dove mille o più anni fa esplosero delle supernovae, sono il resto di quell'immane catastrofe. Invece, il nocciolo è diventato una stella di neutroni, che, nella sua rapida rotazione, dà luogo a emissioni con dei massimi regolari ogni volta che qualche sua zona perturbata è diretta verso l'osservatore, e con periodi di qualche frazione di secondo. Infatti, come abbiamo già detto, in qualche caso immersa nella nube, residuo della supernova, si osserva una pulsar.

Si conoscono almeno due tipi di supernovae e anche tre tipi di resti di supernovae. Le supernovae di tipo I sono più frequenti nelle galassie ellittiche e negli aloni delle galassie spirali. Al massimo di luce raggiungono tutte lo stesso splendore assoluto, pari a quasi 6 miliardi di volte quello del Sole. Ciò significa che se la supernova e il Sole fossero posti alla stessa distanza da noi, ci vorrebbero 6 miliardi di Soli per eguagliare lo splendore della supernova.

Quelle di tipo II si trovano sempre nei bracci delle galassie spirali. Al massimo di splendore sono una decina di volte meno luminose delle supernovae di tipo I, però la loro luminosità diminuisce più lentamente, cosicché alla fine del fenomeno l'energia irraggiata complessivamente dalla supernova di tipo II è da dieci a cento volte maggiore di quella prodotta dal tipo I. La variazione luminosa nel tempo (quella che gli astronomi chiamano la curva di luce) è più regolare per il tipo I che per il II, come mostra la figura 15. Ma oltre alle differenze di splendore e di curva di luce, c'è anche un'importante differenza negli spettri: il tipo II presenta righe dell'idrogeno, che invece mancano nel tipo I.

Mentre sembra assodato che le supernovae di tipo II rappresentino il risultato dell'evoluzione catastrofica di stelle di grande massa, che abbiamo descritto sopra, non è altrettanto chiara l'origine delle supernovae di tipo I. La loro presenza in galassie ellittiche, in cui mancano stelle di grande massa, fa ritenere che non possano subire la sorte di quelle di tipo II. La mancanza di idrogeno indica che debba trattarsi di stelle già molto evolute che l'hanno ormai esaurito. Esse possono diventare instabili ed esplodere in conseguenza di un meccanismo su cui ritorneremo parlando delle cosiddette stelle novae.

I resti di supernova a loro volta vengono suddivisi in tre classi: i cosiddetti «plerioni» (dal greco πληρης = pieno, colmo), che come la nebulosa del Granchio hanno l'aspetto di una nebulosa più o meno uniformemente riempita di materia (se ne conosce solo una decina di esemplari); quelli a forma di guscio vuoto, che presentano una regione emittente anulare (di questo tipo si conoscono circa duecento esemplari); e infine una classe intermedia con alcune caratteristiche della prima e della seconda classe (anche di questa si conoscono solo una decina di esemplari).

La stella di grande massa, nell'intero corso della sua vita, ma soprattutto negli ultimi istanti durante l'esplosione, produce, a partire dall'idrogeno, tutti gli elementi che oggi troviamo in natura. Questi vengono in piccola parte espulsi nel gas interstellare durante le fasi precedenti, sotto forma di vento stellare. Si tratta di una lenta e regolare perdita di massa, qualche decimilionesimo della massa della stella per anno. Sono particelle sospinte dalla pressione di radiazione della stella o aventi velocità di agitazione termica superiore alla velocità di fuga dalla stella. Il meccanismo non è ben compreso, ma è un dato certo di osservazione. Però la parte maggiore, corrispondente alla quasi totalità della massa stellare, viene espulsa durante l'esplosione. Dalla determinazione della composizione chimica delle stelle formatesi in varie

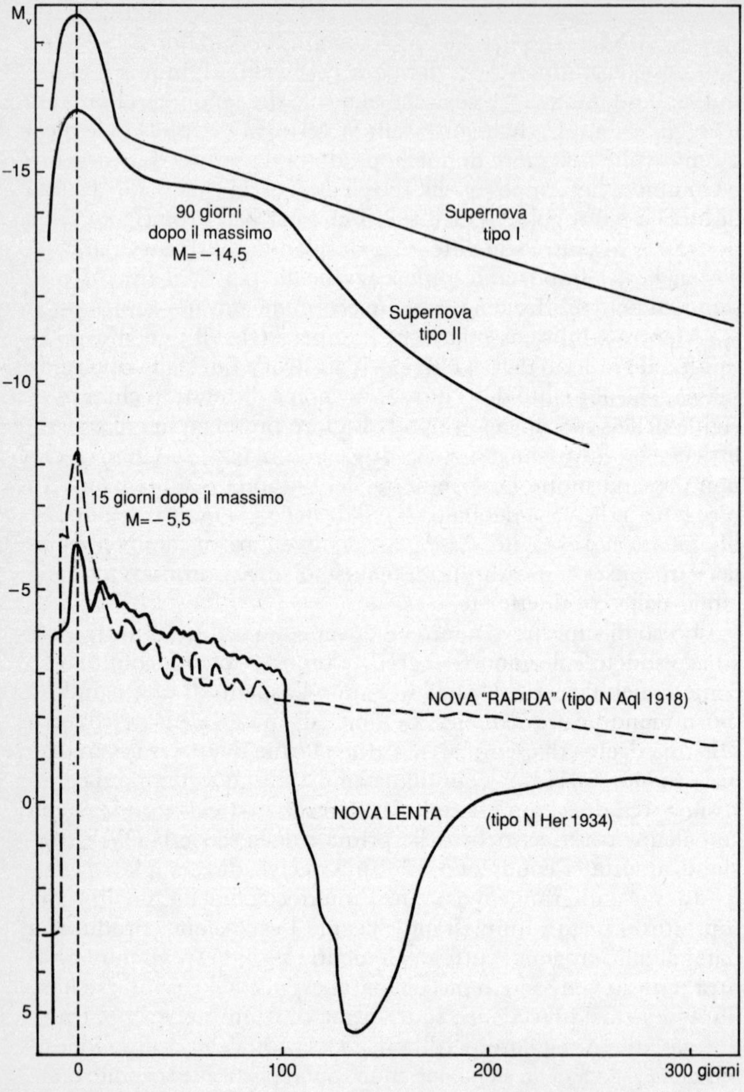

15. Curve di luce di supernovae di tipo I e II e, per confronto, quelle di novae rapide e lente. Le supernovae di tipo I raggiungono, al massimo di luce, la magnitudine -19 (pari a 3 miliardi di volte lo splendore del Sole); quelle di tipo II sono tre magnitudini più deboli, mentre le novae sono circa 10 magnitudini più deboli delle supernovae.

epoche, si può cercare di ricostruire la storia della nostra Galassia e la rapidità con cui si sono formati gli elementi più pesanti di idrogeno ed elio. Ma su questo torneremo in un prossimo capitolo. Vediamo invece qual è la sorte delle stelle di massa pari a quella del Sole o anche molto più piccola.

VERSO UN LENTO, GRADUALE SPEGNIMENTO

Il gas delle stelle di grande massa si trova sempre in condizioni dette di «gas perfetto». Questo significa che le dimensioni delle singole particelle sono trascurabili rispetto alle cosiddette celle dello «spazio fase», che dipendono non solo dalle distanze medie relative delle singole particelle (e quindi dalla densità del gas) ma anche dalla velocità di agitazione termica delle stesse. Le celle a disposizione di ogni singola particella sono tanto più grandi quanto più alta è la velocità e quindi la temperatura del gas. In stelle di grande massa le temperature raggiunte dal nocciolo sono tali, che anche a quelle altissime densità il gas si comporta come un gas perfetto. Ciò significa che la pressione del gas è direttamente proporzionale alla temperatura.

Invece, in stelle di piccola massa, già dopo la prima compressione che segue l'esaurimento dell'idrogeno nel nocciolo, il gas non è più «perfetto» ma parzialmente o totalmente «degenerato». Il risultato di questa condizione è che la pressione del gas dipende molto meno o addirittura non dipende dalla temperatura, per cui quel meccanismo termostatico di cui abbiamo parlato prima, funziona poco o non funziona più. La stella subisce varie fasi sia di squilibri interni, che vengono però smorzati dalla massa di gas sovrastante, sia dei mutamenti macroscopici, come un'espansione che ne dilata il raggio di un centinaio di volte il valore iniziale e ne riduce la temperatura superficiale, ottenendo quella che è chiamata una «gigante rossa»: gigante per le sue dimensioni, rossa per la sua temperatura di 2000 o 3000 gradi, che la mostra di un colore rossastro. La densità dell'atmosfera di questa gigante rossa è molto bassa e l'attrazione gravitazionale del nocciolo centrale non è sufficiente a trattenerla a lungo. Essa «evapora» lentamente nello spazio circumstellare, formando una specie di guscio attorno al nocciolo, le cui caratteristiche — alta temperatura superficiale, piccolo raggio — ce lo fanno identificare con una classe di stelle chiamate «nane bianche». Quest'ultime sono stabili solo se la loro massa non supera 1,4 volte la massa del Sole. Ma su questa caratteristica, e soprattutto su cosa può accadere quando la nana bianca ha una compagna molto vicina, quasi a contatto, torneremo in un prossimo capitolo.

Quella che crediamo essere la fase finale della vita di una stella di piccola massa è una stella calda e piccola, di bassa luminosità, formata da gas parzialmente o completamente degenerato e ravvolta in un inviluppo gassoso in lenta espansione che col tempo si dissipa completamente.

Questi gusci, il cui gas eccitato dalla stella centrale emette le radiazioni caratteristiche degli elementi che lo compongono, sono stati chiamati «nebulose planetarie». È chiaro che non hanno nulla a che fare con i pianeti, ma il loro nome deriva dal fatto che, con i modesti telescopi del secolo scorso, apparivano come dischetti simili ai pianeti. Il loro spettro invece è in tutto simile a quello delle nubi di gas interstellare, caratterizzato dalle emissioni dell'idrogeno, elio, carbonio, azoto, ossigeno, e cioè degli elementi più abbondanti nell'universo (Figura 16).

La nana bianca potrebbe essere definita, un «cadavere ancora caldo». Essa infatti non ha più fonti d'energia. Non disponendo più di un termostato regolatore non può contrarsi e riscaldarsi tanto da far entrare in gioco i potenziali combustibili nucleari di

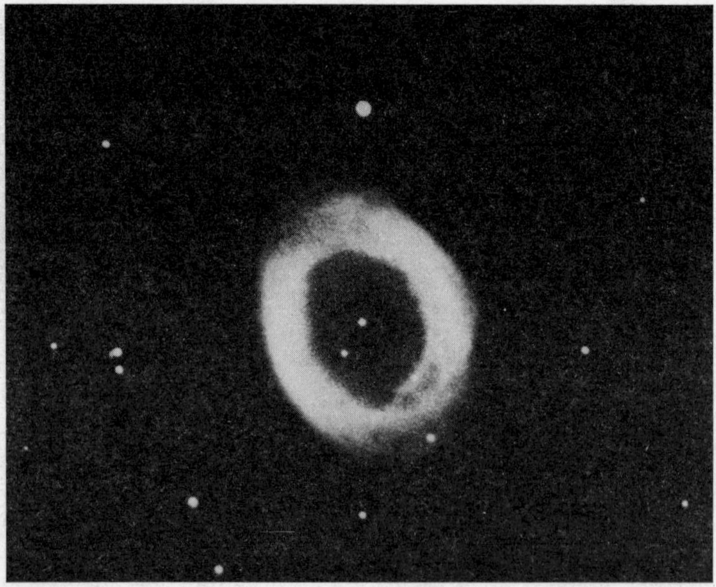

16. La nebulosa planetaria nella costellazione della Lira, detta anche Nebulosa ad anello.

cui dispone. Tuttavia, essendo un corpo caldo, essa seguita ad irraggiare e quindi a raffreddarsi. Ma ci vorranno miliardi di anni perché si raffreddi tanto da non irraggiare più e da «nana bianca» trasformarsi in «nana nera». Quindi, una fine ultralenta e non catastrofica come è invece quella delle stelle di grande massa.

Se tutte le stelle di massa superiore a 1,4 masse solari finissero la loro vita con violente esplosioni, le supernovae dovrebbero essere molto più numerose di quanto invece si osservi. Si ritiene perciò che le stelle di massa intermedia perdano gradualmente, attraverso i cosiddetti «venti stellari» e nel corso di tutta la loro vita, gran parte della massa, fino a ridursi alla massa limite per una nana bianca.

Di fatto, soprattutto grazie alle osservazioni nell'ultravioletto e nell'infrarosso, è stato accertato che stelle di massa superiore a tre o quattro volte quella solare perdono ogni anno da un centomilionesimo a un miliardesimo della loro massa.

Possiamo anche spiegarci perché non si conoscono stelle con masse molto maggiori di una cinquantina, forse cento volte la massa del Sole, e, all'altro estremo, stelle con masse più piccole di qualche centesimo di quella solare. In stelle di grande massa la temperatura è tanto alta che la pressione è dovuta soprattutto ai fotoni invece che al gas e ciò fa sì che la stella diventi instabile, perché la forza di gravitazione non è più sufficiente a controbilanciare la somma delle pressioni del gas e della radiazione.

Le stelle di piccola massa, invece, condensandosi non raggiungono una temperatura sufficiente all'innesco delle reazioni nucleari e diventano qualcosa di simile al nostro Giove.

Abbiamo così descritto — a grandi linee — come si svolge la vita di una stella. È questo un campo dell'astrofisica abbastanza ben compreso; le teorie trovano valide conferme nelle osservazioni, anche se alcuni dettagli sono ancora incerti (vedasi per esempio il caso dei neutrini solari). Esso ci serve di base per andare più avanti e cercare di conoscere la prima fase di formazione delle stelle, che ci è ancora molto oscura. Le osservazioni più recenti, che i telescopi su satelliti e quelli più moderni a terra hanno reso possibili in questi ultimi dieci anni o poco più, ci hanno fatto fare progressi insperati anche in questo campo.

IL PROBLEMA DEI NEUTRINI SOLARI

Sebbene lo svolgersi della vita stellare sia ben compreso, come è confermato dal buon accordo fra osservazioni e previsioni teoriche, c'è un punto assai oscuro e disturbante che riguarda proprio il Sole, ossia la stella di cui sappiamo più di tutte le altre. È il problema dei neutrini solari. Abbiamo visto che l'esplosione della supernova nella Grande Nube di Magellano ha in gran parte confermato le nostre aspettative sull'emissione di neutrini. Ma non solo le supernovae, bensì tutte le stelle nel corso della loro vita dovrebbero emettere una gran quantità di neutrini, prodotti durante le reazioni nucleari che avvengono nel loro interno. Così nel caso del Sole si può calcolare quanti neutrini dovrebbero giungere alla Terra, dopo aver traversato, praticamente indisturbati, tutto l'emisfero solare rivolto verso di noi. Eppure sono oltre vent'anni che si dà la caccia ai neutrini solari, e se ne trova da un mezzo a due terzi meno del previsto. Bisognerebbe ammettere che le condizioni nell'interno siano molto diverse da quanto prevede la teoria; ma in tal caso anche la radiazione uscente dal Sole sarebbe molto diversa da quella che osserviamo.

Catturare neutrini è un'impresa estremamente difficile, come abbiamo già visto a proposito della supernova nella Grande Nube di Magellano. Raymond Davis ci sta tentando da venti anni. Il rivelatore di neutrini è una vasca piena di un liquido contenente elementi i quali, colpiti da neutrini, si trasformano in elementi radioattivi, che sono facilmente rivelabili. Tuttavia molte altre particelle, costituenti i raggi cosmici, possono avere lo stesso effetto. Solo che tutte le altre particelle hanno massa e generalmente anche carica, e di conseguenza interagiscono con la materia che incontrano sul loro cammino. Per isolare l'effetto dei neutrini da quello delle altre particelle, le vasche piene di liquido rivelatore sono sempre sistemate o in profonde miniere o sotto alte montagne. Quella impiegata da Davis era posta a 1500 metri sotto terra in una miniera d'oro del Sud Dakota. Il rivelatore italiano attualmente in funzione si trova sotto il Monte Bianco, ed un altro più potente ha appena cominciato a lavorare sotto il Gran Sasso.

Il rivelatore impiegato da Davis consiste di una vasca contenente 380 000 litri di percloroetilene (più comunemente noto come trielina) formato di due atomi di carbonio e quattro di cloro. Circa un quarto degli atomi di cloro è composto dell'isotopo di peso atomico 37 (esso è costituito da un nucleo di 17 protoni e 20 neutroni, circondato da 17 elettroni). Quando questo viene colpito da un neutrino, emette un elettrone trasformandosi così nell'elemento dello stesso peso atomico ma con nucleo di carica 18, che è l'isotopo instabile dell'argo. Dalla misura della radioattività si risale al numero di neutrini, in media uno ogni qualche giorno. Questo risultato è stato confermato dal rivelatore di Kamiokande in Giappone, che si basa su un principio completamente diverso che permette di stabilire anche la direzione di provenienza dei neutrini. Consiste di 680 tonnellate di acqua, ed è in grado di rivelare gli elettroni urtati dai neutrini. Poiché gli elettroni, come bocce urtate dal pallino, mantengono più o meno la stessa direzione che aveva quest'ultimo, si può accertare che i neutrini provengono proprio dal Sole. Ma come spiegare che sono meno numerosi di quanto si poteva prevedere? Ciò può essere dovuto al fatto che nell'esperimento di Davis vengono catturati solo neutrini aventi energie superiori a 0,86 milioni di eV (o 0,86 MeV), che vengono prodotti in una reazione molto rara, in cui l'idrogeno si trasforma in elio tramite decadimento radioattivo dell'isotopo del boro, di peso atomico 8.

Invece la reazione più comune, detta protone-protone, dà luogo a neutrini di energia inferiore a 0,4 MeV. Tenuto conto di ciò, americani e sovietici hanno cominciato da un anno a cercare neutrini solari con un rivelatore situato sotto le montagne del Caucaso, e consistente in 30 tonnellate di gallio liquido. Come nel caso del cloro, un atomo di gallio, colpito da un neutrino, emette un elettrone e si trasforma in un isotopo del germanio rivelabile per la sua radioattività. Questa trasformazione avviene con neutrini di energia più bassa rispetto a quelli necessari nel caso del cloro. L'esperimento, chiamato SAGE (Soviet-American-Gallium Experiment), ha dato per ora risultati completamente negativi. Secondo i calcoli, basati su un modello solare che spiega perfettamente la radiazione ultravioletta, ottica e infrarossa uscente dalla superficie solare, si sarebbero dovuti produrre sei atomi di germanio ogni cinque giorni. Ma per ora il risultato è zero. Un simile esperimento è iniziato nel nuovo grandioso laboratorio sotto il Gran Sasso. Speriamo ci dia risultati più conclusivi.

Ma qual è la ragione di questo difetto di neutrini, e soprattutto di quelli di minor energia, che per essere prodotti nella reazione più comune dovevano anche essere i più abbondanti? Piccole modifiche al modello solare, come l'assunzione di una temperatura centrale un po' più bassa, ma tale da essere compatibile con quello che si osserva alla superficie, non sono sufficienti a colmare il divario fra neutrini osservati e previsti. Una spiegazione è stata proposta da S.P. Mikhayev, Alexei Smirnov e Lincoln Wolfenstein, chiamata anche per brevità effetto MSW. Come vedremo in uno dei prossimi capitoli sulla cosmologia, esistono tre specie di neutrini, il neutrino elettronico, di massa praticamente nulla o comunque inferiore a un decimillesimo di quella dell'elettrone, che è quello prodotto nelle reazioni nucleari all'interno del Sole, e i neutrini muonico e tauonico di massa maggiore e che vengono prodotti artificialmente nelle macchine acceleratrici. È da supporre, secondo MSW, che il neutrino elettronico, nel suo viaggio attraverso il Sole, possa cambiarsi nelle altre due specie, non rivelabili coi rivelatori per neutrini elettronici, e che questo cambiamento avvenga in misura maggiore per i neutrini di più bassa energia, così da spiegare il risultato negativo di SAGE. Se così fosse, vorrebbe dire che il neutrino elettronico ha una massa, sia pure piccolissima, ma sempre maggiore di zero. Solo in questo caso, infatti, potrebbe interagire con la materia all'interno del Sole, trasformandosi nelle altre due forme di neutrini.

CAPITOLO SESTO

NASCITA NELL'OSCURITÀ

La nascita di una stella è la fase meno conosciuta della vita stellare. Il fatto che tutte le stelle giovani siano immerse in nubi di gas e polveri, e che esse manchino laddove mancano le nubi ci fa arguire che le stelle nascano da condensazioni formatesi casualmente entro le nubi stesse. Ma come si svolge nei dettagli questo processo? Qual è il ruolo dei moti turbolenti del gas, quello delle polveri e quello dei campi magnetici?

Le nubi contengono materia sufficiente per formare molte migliaia di stelle. È probabile perciò che da una nube si formino interi gruppi di stelle, chiamati ammassi stellari, oppure associazioni a seconda che siano più o meno strettamente addensate nello spazio.

Avendo temperature molto basse, vicine allo zero assoluto, le nubi non emettono luce; è quindi difficile capire cosa succede in quelle oscure profondità. Inoltre, esse assorbono completamente la luce che le stelle in formazione potrebbero irradiare. Anche a quelle basse temperature comunque i corpi emettono onde elettromagnetiche, a lunghezze d'onda molto maggiori di quelle visibili, e cioè nel lontano infrarosso (da qualche decina a qualche centinaio di micron) e addirittura microonde (qualche millimetro); e queste sono molto meno o addirittura per nulla assorbite dalle polveri. Questo perché la loro lunghezza d'onda è molto maggiore delle dimensioni dei granelli di polvere.

È stato proprio il progresso tecnico raggiunto nel campo dei ricevitori a microonde, e le osservazioni fatte dal primo e per ora unico satellite per l'infrarosso, l'IRAS (Infrared Astronomical Satellite), a darci una messe di dati su queste prime misteriose fasi della vita stellare.

Negli ammassi e nelle associazioni sono presenti sia stelle di grande massa, sia, in gran maggioranza, stelle di piccola massa.

Ma qual è il processo che determina la formazione di stelle di massa diversa? Ed è proprio vero che le stelle di piccola massa sono sempre e ovunque le più numerose?

Sembrerebbe infatti che non in tutte le nubi si abbia più o meno la stessa proporzione fra stelle di grande e piccola massa, ma che nelle nubi più grandi e soprattutto verso il loro centro più denso si riscontri un eccesso di stelle di grande massa. Nella nostra Galassia una delle «culle» stellari più estesa è la nebulosa di Orione. Ma in altre galassie (come per esempio la nebulosa Tarantola, chiamata anche 30 Doradus, nella Grande Nube di Magellano) ci sono addensamenti di gas di gran lunga maggiori. Proprio al centro di 30 Doradus si pensava si trovasse una stella di enorme massa, circa mille volte la massa del Sole. Solo recentemente, grazie a una tecnica fra le più nuove e sofisticate, resa possibile dall'impiego di grandi telescopi e sensibilissimi rivelatori, si è potuto vedere in dettaglio la struttura del centro di 30 Doradus: invece di una sola stella supermassiccia, c'è un ammasso molto compatto di stelle azzurre, ciascuna delle quali ha una massa stimata pari a 10 o 20 masse solari. Sembrerebbe quindi che in quelle galassie che contengono grandi addensamenti di gas, sia favorita la formazione simultanea di stelle di grande massa. Un risultato questo che può essere di vitale importanza per capire l'evoluzione chimica della nostra e delle altre galassie.

Infatti, nella loro breve vita queste stelle fabbricano tutti gli elementi a partire dall'idrogeno e poi li sparpagliano nel mezzo interstellare nell'ultima fase esplosiva della loro esistenza.

L'arricchimento più o meno rapido in elementi pesanti dipende perciò dal maggiore o minore numero di stelle di grande massa formatesi in una data galassia.

Sempre nella nebulosa Tarantola sono state trovate due stelle di grande massa che hanno appena finito il loro processo di formazione, come indica il fatto che sono ancora circondate da una nebulosità, residuo di quel bozzolo di polvere entro cui sono nate. A sud di queste due giovanissime stelle si trova un ammasso compatto contenente molte stelle brillanti che perdono continuamente materia. L'insieme di questi venti stellari ha spazzato via il gas nella regione circostante spingendolo a formare archi e inviluppi là dove esso incontra zone più fredde. Queste collisioni fra «caldo» vento stellare (dove caldo significa alta velocità delle particelle gassose) e dense, oscure regioni circostanti favoriscono la formazione di piccoli addensamenti, i quali cominceranno a contrarsi e ad aggregarsi altro gas sotto l'azione della loro propria forza gravitazionale e quindi a dar vita ad altre stelle.

Recenti osservazioni ottiche, rese possibili dai moderni rivelatori elettronici noti col nome di CCD (Charge Coupled Devices), hanno rivelato dei dettagli insospettati sulla nascita di una stella, e sulle interazioni che questa comporta col mezzo circostante. Dalle nascenti stelle fuoriescono getti di gas in due opposte direzioni e a velocità di parecchie centinaia di chilometri al secondo. È stata una sorpresa poiché si pensava che il gas si contraesse a formare la stella, ma non si sospettava che allo stesso tempo si avesse anche il fenomeno opposto dell'espulsione di gas (Figura 17a).

Ecco alcuni esempi. Nella nebulosa di Orione c'è un complesso di addensamenti più o meno brillanti fra cui uno noto come HH 34 (dove HH sta per le iniziali di due astronomi che hanno dedicato la vita allo studio delle stelle neonate: George Herbig, statunitense, e Guillermo Haro, messicano). Herbig aveva notato già nel 1974 quella piccola nube brillante che si affacciava dalla grande nebulosa oscura L 1641, ove era immersa (e qui L è l'iniziale dell'astronoma Beverly Lynds, autrice di un esteso catalogo di nebulose oscure).

Si riteneva allora che gli oggetti Herbig Haro fossero agglomerati di gas in contrazione, sulla via di divenire protostelle e poi stelle. Oggi ci si rende conto invece che essi sono soltanto associati a stelle neonate, e prodotti dall'interazione fra gli addensamenti di materia nelle nubi e quegli insospettati getti di gas emessi dalle stelle medesime. Nell'immagine del campo di HH 34 si vede che sulla retta che la congiunge con una stellina di magnitudine 19 (quasi 150 milioni di volte più debole di Sirio), ma il cui splendore, se essa fosse portata alla stessa distanza del Sole, sarebbe pari ad un mezzo di quest'ultimo, si trova allineato un getto brillante di gas, formato da più condensazioni. L'evidenza è che la stella ha espulso gas, in modo discontinuo, così da formare successivi addensamenti. Il getto, avanzando, ha prodotto una cavità nella nube e la nebulosa brillante è il risultato dello scontro del getto con la superficie della cavità, dove si è addensato il gas spazzato via dal getto. Lo prova anche la forma di HH 34, simile a quella prodotta nell'acqua dalla prua di una nave. La distanza angolare fra la stella e la nube HH 34 è di 2 minuti d'arco. Poiché il complesso di Orione si trova a circa 1500 anni luce da noi, 2 minuti d'arco corrispondono a un po' meno di un anno luce. HH 34 si trova a sud della stella. Le immagini fornite dal CCD indicano l'esistenza di un'altra nebulosità più debole disposta

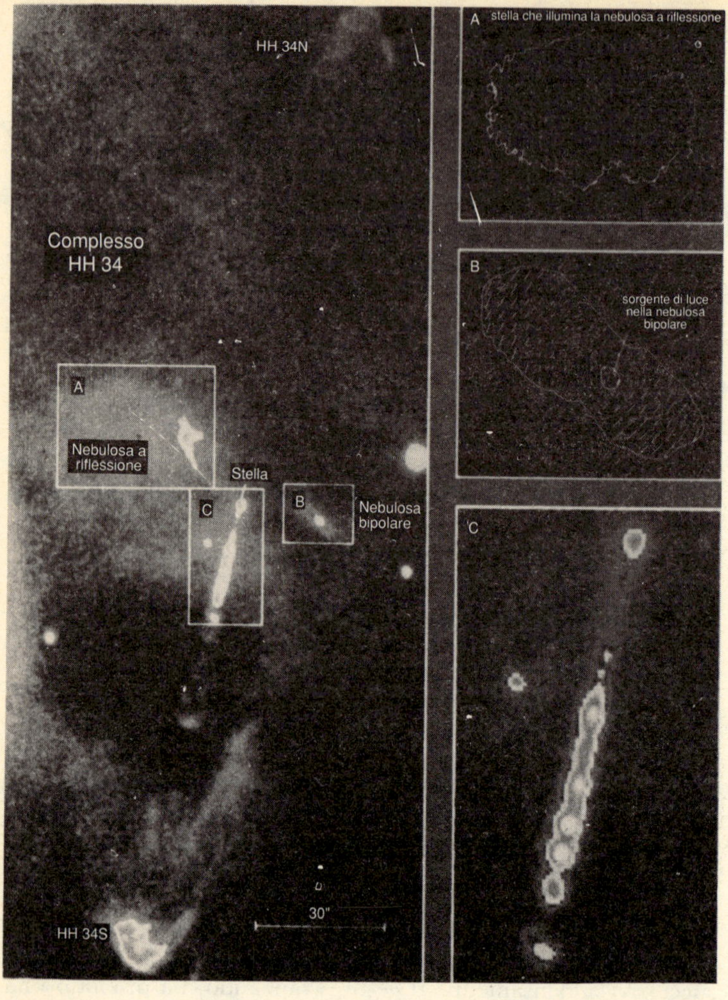

17a. Un getto espulso da una stella neonata produce il brillante oggetto Herbig Haro HH 34S. HH 34N deve essere prodotto da un altro getto espulso in direzione opposta, ma invisibile, perché oscurato dalle polveri.

simmetricamente rispetto alla stella, e cioè a circa 2 minuti d'arco a nord. Abbiamo così HH 34 Sud e HH 34 Nord. Però il getto in direzione nord non è visibile, probabilmente perché nascosto da dense condensazioni di polvere. Anche HH 34 Nord è in gran parte oscurata dalle polveri.

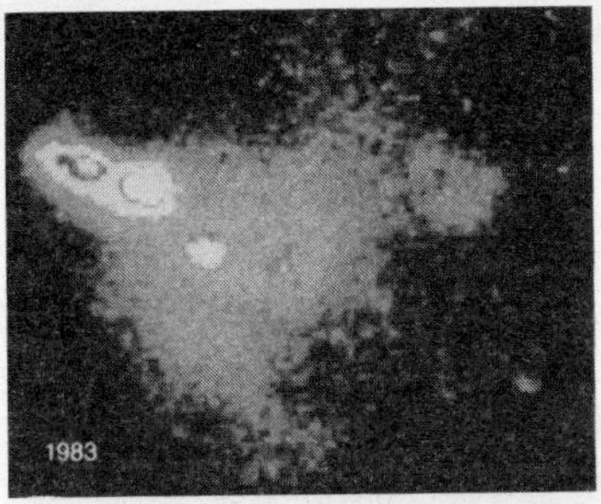

17b. Un getto e una nebulosa a forma di aereo supersonico sono associati alla stella neonata L1551 IRS 5.

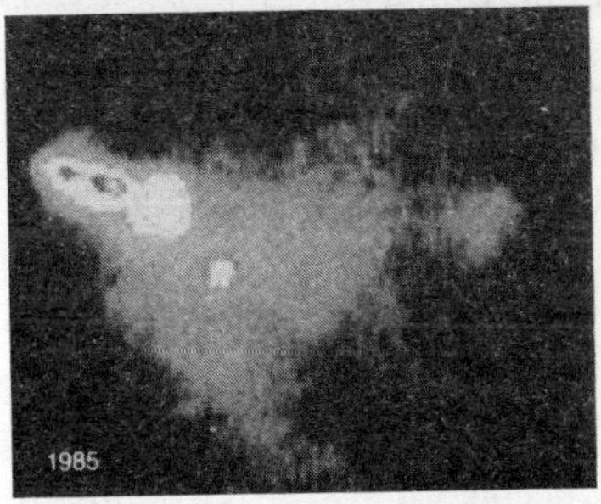

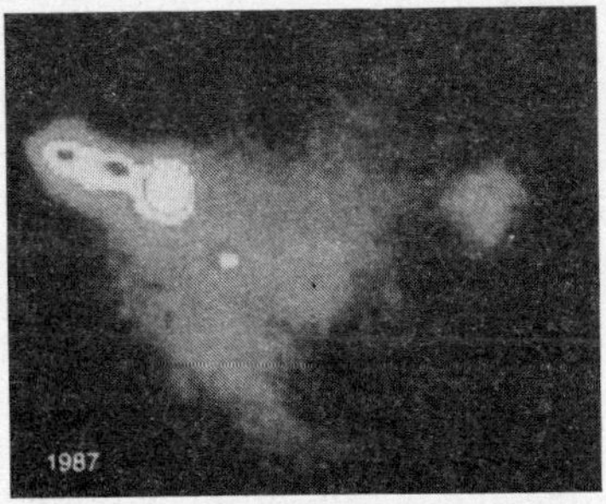

Ma la luce emessa dalla stella, dal getto e dalla nube HH 34 Sud ci dà anche altre informazioni. Il getto e HH 34 Sud emettono luce propria e cioè le radiazioni caratteristiche dei vari atomi di gas; questo perché il getto è eccitato sia dalla radiazione stellare sia dalle forze meccaniche che lo hanno prodotto. Invece, a est e a ovest della stella ci sono altre due piccole nubi che riflettono soltanto la luce della stella e non emettono luce propria, un po' come la Luna e i pianeti riflettono la luce del Sole. Ma ancora più interessante è il fatto che la luce della stella è in parte polarizzata. In generale le stelle emettono luce non polarizzata. Ciò significa che i singoli atomi, che tutti insieme contribuiscono all'emissione della luce stellare, irradiano in direzioni qualsiasi, e quindi nessuna direzione risulta privilegiata. Si può avere polarizzazione (e cioè che tutti o una certa percentuale degli atomi irraggi in una data direzione) quando la stella è circondata da un disco di polvere. I granuli, di forma oblunga, lasciano passare più luce nel senso del loro asse minore che non in quello dell'asse maggiore, producendo così una polarizzazione della luce. Per allineare gli assi maggiori dei granuli in una certa direzione occorre postulare la presenza di un campo magnetico; ipotesi più che naturale, dato che questi esistono e sono misurabili sia nel Sole che negli spazi interstellari della Galassia. Il disco, la cui presenza è stata rivelata in parecchie stelle dalle osservazioni fatte col satellite IRAS, è verosimilmente disposto lungo l'equatore dell'ammasso di gas che si contrae a formare la stella. Esso perciò impedisce la fuoriuscita di materia lungo l'equatore e questa può uscire solo lungo l'asse polare, a velocità di qualche centinaio di km/s, dando luogo ai getti.

Un altro bell'esempio dell'attività che si verifica nelle stelle neonate e loro dintorni ci è offerto da una sorgente infrarossa — IRS 5 — immersa nella nube oscura L 1151 nella costellazione del Toro a circa 500 anni luce da noi. Immagini prese fra il 1983 e il 1987 mostrano addirittura l'evoluzione del fenomeno. Nella nebulosa oscura, la cui forma triangolare ricorda quella di un aereo supersonico, si notano un getto brillante e, più in basso, una piccola concentrazione luminosa. La stella eccitatrice è invisibile, nascosta dalla nube oscura, in alto presso il muso dell'«aereo». Nel 1983 il getto era formato da due condensazioni, una più brillante ed estesa ed una minore più vicina al muso dell'«aereo». Nel 1985 i noduli erano diventati tre, e la piccola nube luminosa si era ridotta. Nel 1987 i due noduli più in alto sono diventati più deboli e più distanti fra loro e la piccola nube si è indebolita ancora. La distanza angolare della punta superiore del getto dalla piccola nube è di 11 secondi d'arco, che, alla distanza di 500 anni luce da noi, corrispondono a meno di 3 centesimi di anno luce. Fra il 1983 e il 1987 il nodulo centrale si è spostato rispetto a quello più in alto alla velocità di circa 400 km/s. Queste osservazioni lasciano sbalorditi anche gli addetti ai lavori. Infatti il processo di formazione di una stella prende da parecchie decine a parecchie migliaia di anni a seconda della maggiore o minore massa (Figura 17b).

Riuscire a cogliere quelli che sono solo attimi nella vita di una stella ha veramente del sorprendente. Nessuno, alcuni anni fa, sperava di poter arrivare a tanto.

Un altro bellissimo esempio di getto con relativa nube formata dall'onda d'urto è HH 111 nella costellazione di Orione. La stella eccitatrice non si vede, ma IRAS ha individuato una sorgente infrarossa proprio sul prolungamento del getto, in direzione opposta a quella in cui si trova la nube brillante prodotta dall'onda d'urto (Figura 17c e d).

Da tutte queste osservazioni si ricava un modello molto plausibile del modo in cui nasce una stella. L'ammasso di materia in contrazione formatosi entro una nube (la quale ha un suo moto di rotazione), si accresce via via che acquista altra materia dalla nube, mentre dai frammenti della stessa nube eredita la velocità di rotazione che aumenta con la contrazione, per una legge della fisica nota come conservazione del momento angolare. La protostella acquista la forma di un disco, da cui, per la rapida rotazione, si distaccano due bracci spirali che infine formano un anello attorno alla concentrazione centrale. L'anello, dal quale si potrebbe poi formare anche un sistema planetario, impedisce l'uscita, lungo l'equatore del sistema, del gas che è costretto ad incanalarsi lungo l'asse di rotazione a formare due getti in direzione opposta.

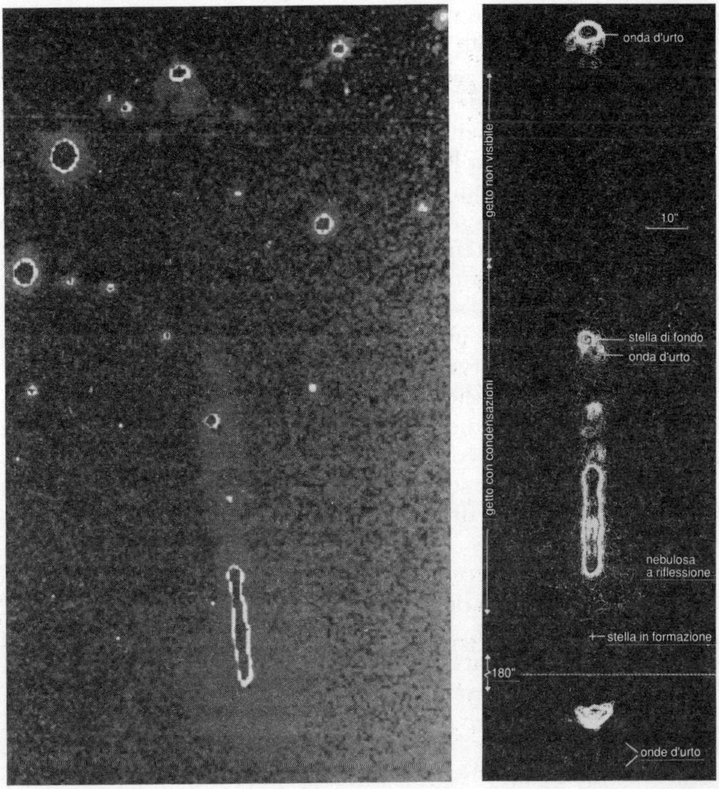

17c e d. Un altro oggetto Herbig Haro, HH 111. Si notano bene le nebulosità prodotte dall'onda d'urto causata dal getto. La stella infrarossa che produce il getto è invisibile nell'ottico.

Se i dischi e gli anelli circumstellari rappresentano davvero la prima fase di formazione di un sistema planetario, la loro scoperta potrebbe darci informazioni realistiche sulla percentuale di sistemi solari nella nostra Galassia.

Il satellite IRAS ha trovato una cinquantina di stelle che emettono più radiazione infrarossa di quanto ci si poteva aspettare, e ciò è stato interpretato come prova dell'esistenza di materiale solido e relativamente freddo attorno alla stella — dove materiale solido può voler dire grani di polvere o addirittura pianeti. Per capire come si possa arrivare a questa interpretazione occorre aprire una parentesi.

Le stelle emettono radiazione dal rosso al violetto con un andamento rappresentato da una curva a campana, l'emissione tendendo a zero sia dal lato delle lunghezze d'onda più brevi — i raggi gamma — sia dal lato di quelle più lunghe, le onde radio; e con un massimo di emissione a lunghezze d'onda tanto più brevi quanto maggiore è la loro temperatura superficiale. Il Sole per esempio con la sua temperatura superficiale di circa 6000 gradi, ha un massimo di emissione nel verde giallo; una stella come Betelgeuse, che ha una temperatura di circa 3000 gradi, ha un massimo nel rosso; una come Rigel, con una temperatura di 20 000 gradi circa, ha un massimo nell'ultravioletto. A ogni data temperatura corrisponde una e una sola curva ben definita (Figura 18). Quindi dall'osservazione del solo dominio ottico, si può prevedere quale dovrebbe essere l'irraggiamento nell'infrarosso. Un eccesso infrarosso indica che, oltre all'irraggiamento stellare si osserva quello di un corpo più freddo e la cui area è anche più estesa di quella della stella. Infatti a parità di area il corpo più caldo emette sempre di più di quello più freddo a qualsiasi lunghezza d'onda.

Fra le stelle con eccesso infrarosso osservate dal satellite IRAS la stella australe Beta della costellazione del Pittore (Beta perché è la seconda in splendore in quella costellazione), posta a cinquanta anni luce da noi, è stata osservata anche da terra con una tecnica particolare. Cioè, l'immagine della stella è stata occultata con un dischetto opaco situato nel piano focale del telescopio, altrimenti la stella avrebbe annegato nella sua luce tutti i particolari circostanti. Così, siamo riusciti a scorgere un debole disco esteso per circa 100 miliardi di chilometri da ambo i lati della stella, ossia con un diametro pari a circa otto volte quello del nostro sistema solare. Ulteriori immagini ottenute a diverse lunghezze d'onda

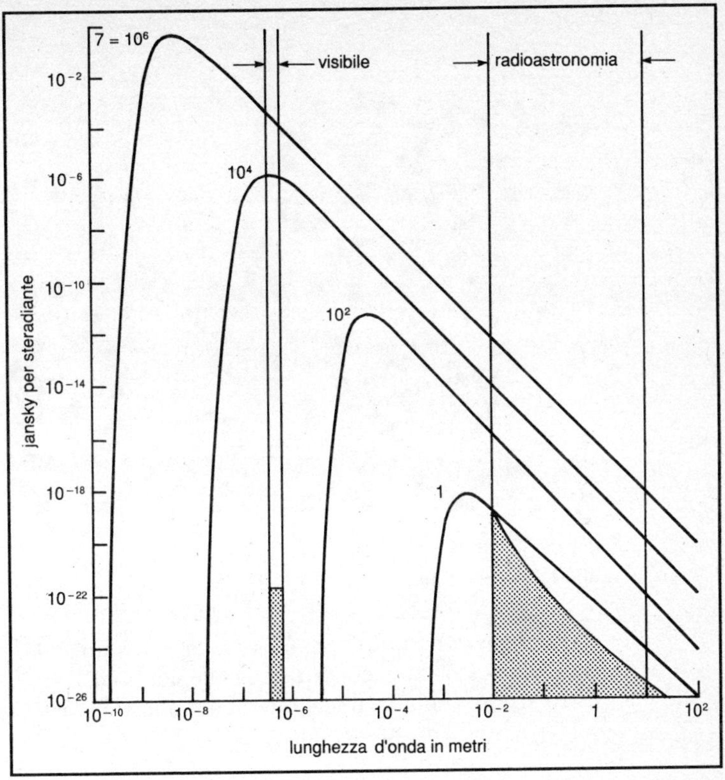

18. Le curve di irraggiamento (planckiane) di corpi neri a varie temperature.

hanno mostrato che il disco riflette ugualmente la luce della stella a tutte le lunghezze d'onda. Ciò indica che le dimensioni degli agglomerati solidi formanti il disco sono almeno dieci volte maggiori di quelle tipiche della polvere interstellare. Potrebbero essere grani di qualche micron di diametro o rocce, se non addirittura pianeti; oppure polveri simili a quelle espulse dalle comete che traversano il nostro sistema solare (Figura 19).

Intorno ad un'altra stella, HL Tauri, nella costellazione del Toro, a circa 500 anni luce da noi, molto più giovane di Beta Pictoris, è stato trovato un altro anello di polveri riflettenti la luce della stella, ma dalle caratteristiche della riflessione si può dedurre che i grani di polvere sono molto più piccoli di quelli attorno a Beta Pictoris, e mescolati a gas. A quelle basse temperature il gas che emette di più è il monossido di carbonio. Dagli sposta-

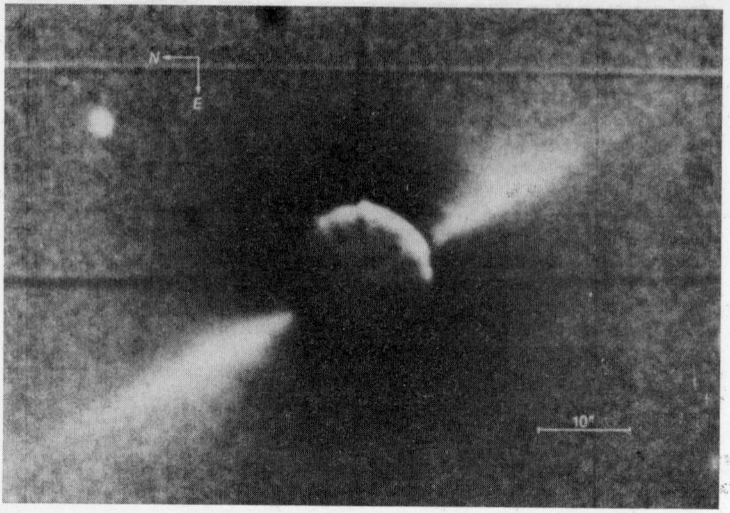

19. Il disco che circonda Beta Pictoris e si estende per circa 100 miliardi di chilometri da ambo i lati della stella.

menti Doppler del gas contenuto nell'anello a varie distanze dalla stella si è visto che esso ruota con una legge kepleriana. E cioè, come nel nostro sistema solare, il gas più vicino alla stella ruota più rapidamente di quello più lontano.

CAPITOLO SETTIMO

UN CAMPIONARIO DI STELLE PIÙ O MENO STRANE

Ricordate *Guerre stellari*, dove al bar intergalattico si potevano incontrare alieni e robot dagli aspetti più strani e diversi, dal nano rotondeggiante allo spilungone filiforme, dal robot a rotelle a una specie di mostruoso e gigantesco ragno? Ecco, se potessimo raccogliere in una mostra di un immaginario museo cosmico tutti i tipi di stelle, giovani e vecchie, neonate o morenti, sole o a coppie, troveremmo una varietà ancora maggiore.

Anche limitandoci alle sole stelle dette normali, che hanno terminato la loro fase prenatale e sono nel pieno svolgimento della fase più lunga, quella in cui la loro energia raggiante è fornita dalla trasformazione di idrogeno in elio, troveremo stelline rossastre, come la stella di Barnard il cui raggio è paragonabile a quello di Giove; e stelle azzurre, tipo Rigel, che entro la loro superficie conterrebbero ottomila stelle come il Sole. Ma oggetti ben più strani si incontrano sia nelle fasi iniziali che in quelle finali della vita di una stella.

Abbiamo visto come si svolge l'esplosione di una supernova e le violente onde d'urto fra la superficie esplodente e il mezzo interstellare, i cui effetti sono ancora visibili dopo migliaia e decine di migliaia di anni; e abbiamo assistito anche ai violenti sussulti di una stella in formazione, che scaraventa via parte del suo stesso corpo.

Ma ora vogliamo passare in rassegna altri oggetti ancora più strani, quali le stelle di neutroni e le pulsar; oggetti come i buchi neri e le nane brune, di cui tutti affermano l'esistenza, ma che nessuno ha ancora individuato con certezza. E infine tutte quelle coppie di stelle che trascorrono insieme la loro vita, unite dal legame gravitazionale, e che, come le coppie umane, convivono a volte in quiete, a volte in preda ad episodi burrascosi che addirittura sfociano nel cannibalismo.

Abbiamo visto che le nane bianche rappresentano la fase finale della vita delle stelle di piccola massa o comunque di quelle che nel corso della loro vita hanno perso abbastanza massa tramite i venti stellari da evitare la morte catastrofica delle supernovae. Le nane bianche sono numerosissime. Infatti, se ne sono scoperte a centinaia, nonostante che, a causa della loro bassa luminosità, si possano scorgere solo quelle entro poche centinaia di anni luce da noi. La loro struttura fisica era ben compresa già dagli inizi degli anni '30, soprattutto grazie ad un famoso fisico teorico indiano, il premio Nobel Subrahmanyan Chandrasekhar. Egli scoprì che il collasso di una stella come il Sole, una volta esaurite le sue fonti di energia nucleare, viene arrestato dalla pressione di un gas degenerato di elettroni; e che questo gas può sopportare la massa sovrastante soltanto se questa massa è inferiore a 1,44 volte la massa del Sole (limite di Chandrasekhar).

Apriamo qui una breve parentesi. Chandrasekhar è stato allievo di uno dei più famosi astrofisici di questo secolo, sir Arthur Eddington. È rimasta famosa la disputa fra l'allievo e il maestro a proposito della massa limite delle nane bianche. Eddington arrivava alla stessa conclusione a cui arriviamo oggi, e cioè a quella già espressa da Chandrasekhar: l'esistenza di un limite superiore per la massa di una stella di gas degenerato (sia gas di elettroni, e allora abbiamo una nana bianca — sia gas di neutroni, e allora abbiamo una stella di neutroni) ha per conseguenza che stelle di massa maggiore dovrebbero finire come buchi neri. Solo che Eddington non riusciva a digerire questa deduzione, tanto da esprimere tutta la sua incredulità con aperto sarcasmo e in modo del tutto irrazionale: «... discutendo con lui (Chandrasekhar) sono arrivato alla conclusione che questo risultato diventa quasi una *reductio ad absurdum* della formula della degenerazione relativistica. Vari fenomeni possono intervenire per salvare la stella, ma io voglio una protezione maggiore di questa. Io credo che ci debba essere una legge di natura che impedisca alla stella di comportarsi in questa assurda maniera!». Eddington non era il solo a pensarla così, se alcuni anni dopo un altro famoso teorico e cosmologo, Hermann Bondi, a proposito dei buchi neri affermava: «Questo giocare a nascondino, questa massa che si richiude senza alcuna possibilità di comunicare con l'esterno, che inghiotte tutto quanto (particelle e radiazione) gli si avvicini, questo intenso campo gravitazionale *senza causa*, poiché non può essere attribuito a un oggetto visibile, tutti questi aspetti sono *altamente ripugnanti*».

Data la grande abbondanza di nane bianche si ritenne che le stelle di massa maggiore di questo limite dovessero in qualche modo espellere la massa eccedente. Però c'era anche chi faceva l'ipotesi che una stella di massa superiore al limite di Chandrasekhar potesse collassare lo stesso e si chiedeva cosa sarebbe successo in questo caso. Agli inizi degli anni '30 Oppenheimer suppose che la stella collassante, non più ostacolata dalla insufficiente pressione del gas di elettroni, avrebbe potuto continuare la sua caduta verso il centro indefinitamente, tendendo a ridursi ad un punto, mentre la sua densità sarebbe diventata infinitamente grande. Di conseguenza anche la velocità di fuga* da un simile straordinario oggetto avrebbe dovuto essere infinitamente grande, col risultato che nemmeno la luce avrebbe potuto uscirne. È questo il concetto di «buco nero».

Ma già nel 1795 il matematico francese Pierre Simon Laplace aveva calcolato che la luce non sarebbe potuta uscire da un corpo sufficientemente massiccio e sufficientemente piccolo.

Intanto nel 1932 nei laboratori di fisica fu scoperta una particella di massa quasi eguale a quella del protone e carica zero, che fu chiamata neutrone. Nel 1934 due astronomi di Pasadena, Walter Baade e Fritz Zwicky fecero l'ipotesi che una stella di massa superiore al limite di Chandrasekhar, collassando, prima di raggiungere quelle condizioni estreme prospettate da Oppenheimer, arrivi a densità tali che elettroni e protoni siano impacchettati insieme, formando dei neutroni. Si potrebbe allora avere un gas degenerato di neutroni in grado di opporsi al collasso con la sua pressione, e capace di sopportare masse maggiori di quelle sopportate dal gas degenerato di elettroni. In conclusione, secondo Baade e Zwicky si sarebbero potute avere due specie di «cadaveri stellari»: le nane bianche e le stelle di neutroni. Ma per molti anni questa ipotesi non venne presa in considerazione dalla maggioranza degli astronomi. Anzi, il fatto che uno dei proponenti fosse Zwicky non la faceva prendere troppo sul serio. Infatti Zwicky aveva la fama di essere per lo meno un tipo strano, se non del tutto matto. In realtà, molte delle sue ipotesi sembravano proprio strampalate. Eppure, buona parte di esse sono state verificate molti anni dopo, grazie anche ai progressi strumentali.

Certo l'ipotizzata stella di neutroni aveva delle caratteristiche davvero sorprendenti, tali da giustificare l'incredulità dei colle-

* La velocità di fuga, e cioè la velocità necessaria per sfuggire all'attrazione gravitazionale di un corpo di massa m e raggio r è data da $v = \sqrt{\frac{2Gm}{r}}$ con G costante di gravitazione. Per r tendente a 0, v tenderebbe all'infinito.

ghi. Per trasformare protoni ed elettroni in neutroni occorreva una densità pari a centomila miliardi di volte la densità dell'acqua. In altre parole un centimetro cubo di materia di una stella di neutroni portato sulla terra peserebbe 100 milioni di tonnellate. Una stella come il Sole, per passare dalla sua densità media di 1,4 volte la densità dell'acqua alla densità di una stella di neutroni dovrebbe contrarre il suo raggio dal valore attuale di 700 000 chilometri a uno di soli 16 chilometri.

Così le stelle di neutroni rimasero per molti anni qualcosa di completamente ipotetico, su cui alcuni teorici si divertivano a fare i loro calcoli. Tutto cambiò quando nel 1967 una dottoranda inglese — Joceline Bell —, allieva del radioastronomo A. Hewish scoprì che da una data direzione del cielo, verso cui era puntata l'antenna del radiotelescopio, proveniva una serie di impulsi a intervalli regolari di un secondo e un terzo circa o più precisamente di 1,3373011 secondi. Ci fu anche chi pensò che potesse trattarsi di segnali artificiali, inviati da qualche popolazione galattica desiderosa di mettersi in contatto con noi. La scoperta di molte altre pulsar fece cadere presto questa fantascientifica supposizione. L'ipotesi che nel collasso precedente l'esplosione di una supernova potesse formarsi una stella di neutroni e che questo e non altro fossero le pulsar, era la più attendibile. Questa ebbe la sua più bella conferma quando si scoprì che al centro della nebulosa del Granchio, resto della supernova esplosa nel 1054, c'era proprio una pulsar con un periodo di soli 33 centesimi di secondo.

Ma ci si chiederà: perché questa identificazione delle stelle di neutroni con le pulsar? È una conseguenza dei brevissimi periodi di queste ultime. Si può dimostrare facilmente — e le osservazioni ce lo confermano — che quanto maggiore è la densità media di una stella tanto più corto è il suo periodo di variabilità, sia che questa variabilità sia dovuta a pulsazioni, sia che sia legata in qualche modo alla sua rotazione. Già nel 1968, pochi mesi dopo la scoperta della prima pulsar, l'astrofisico teorico T. Gold chiariva che pulsar e stelle di neutroni dovevano essere la stessa cosa. Questo perché la durata dei singoli impulsi — pari ad una piccola frazione del periodo — indica che la regione emittente deve avere un'estensione non superiore al cammino che la luce percorre in quel tempo; inoltre, se si tratta di oscillazioni, il periodo deve essere più o meno eguale al periodo di rotazione della stella perché questa possa vibrare e oscillare senza rompersi; infine la costanza del periodo indica che l'oggetto deve essere estremamente compatto.

La spiegazione più probabile del meccanismo di emissione degli impulsi è il cosiddetto «modello faro». Le stelle, tutte le stelle, come pure la Terra e gli altri pianeti, hanno un loro moto di rotazione attorno ad un asse. Il Sole ruota a 2 km/s, altre stelle più calde e brillanti ruotano molto più rapidamente, anche a 200 km/s. Ma via via che la stella collassa, per la legge della conservazione del momento angolare, aumenta la sua velocità di rotazione. È la stessa legge che un pattinatore utilizza per accelerare o rallentare la sua piroetta, stringendo o allargando le braccia. Quindi ci si aspetta che le stelle di neutroni abbiano alte velocità di rotazione. Inoltre stelle come il Sole, ma probabilmente tutte le stelle, hanno anche un campo magnetico. Esso è sparpagliato su tutta la superficie della stella, ma quando questa nel collasso si riduce di circa un miliardo di volte, il campo diventa un miliardo di volte più intenso. Perciò una stella di neutroni è in rapida rotazione attorno al suo asse, il quale in generale sarà più o meno inclinato rispetto all'asse magnetico (lo stesso avviene per il Sole, la Terra e molti pianeti, e molte stelle di cui si può misurare il campo magnetico). Il forte campo e la rapida rotazione fanno sì che la stella di neutroni si comporti come un gigantesco generatore di energia elettrica. I protoni e gli elettroni che ancora si trovano liberi alla superficie della stella, dove la pressione non è sufficiente per impacchettarli in neutroni, vengono incanalati lungo le linee di forza del campo e accelerati dando luogo a due fasci di radiazione grazie allo stesso meccanismo che si trova nei sincrotroni. A causa della rotazione stellare, questi due fasci diretti lungo l'asse magnetico spazzano il cielo proprio come il fascio luminoso di un faro. Ogni volta che uno di questi è diretto verso la Terra noi osserviamo un impulso.

Ma perché la stella sia stabile occorre che la forza centrifuga all'equatore, che tende a sfasciarla, sia più piccola della forza di gravitazione, che è invece quella che la tiene compatta. Si avrà la rottura quando queste due forze si eguagliano*. Da questa egua-

* La forza centrifuga è data da $\frac{v^2}{r}$ e quella di gravitazione da $\frac{Gm}{r^2}$ dove al solito m è la massa della stella, r il raggio e G la costante di gravitazione. Dall'eguaglianza delle due forze si ricava la velocità di rottura $v = \sqrt{\frac{Gm}{r}}$ Segue di qui che il minimo valore accettabile del periodo P debba essere appena superiore a $\frac{2\pi r}{v}$. Ma poiché $v = \sqrt{\frac{Gm}{r}}$ e la massa è data dal prodotto del volume per la densità ϱ, potremo scrivere

$$P > \frac{2\pi\, r}{\sqrt{G \frac{4}{3} \pi \varrho\, r^2}}$$

e semplificando $P > \frac{\sqrt{3\pi}}{\sqrt{G\varrho}}$. Un periodo di 0,033 secondi come quello della pulsar nella nebulosa del Granchio implica una densità pari a 100 miliardi di volte la densità dell'acqua.

glianza si ricava subito che il periodo di rotazione deve essere dell'ordine del secondo o meno.

La maggior parte delle pulsar emette solo impulsi radio, ma alcune, come quella della nebulosa del Granchio o un'altra trovata nel resto di supernova nella costellazione della Vela, emettono anche impulsi nel dominio ottico, UV, X e gamma, sempre con lo stesso periodo. Ciò significa che l'energia delle particelle e l'intensità del campo magnetico sono più grandi che nella maggioranza delle altre pulsar, e di conseguenza anche la radiazione prodotta è più energetica.

Ci si aspetterebbe che entro ogni resto di supernova ci sia una pulsar, e che le pulsar siano sempre immerse in un resto di supernova. Invece non è così. Solo la nebulosa del Granchio, quella della Vela e altri tre resti di supernovae galattiche, più una nella Grande Nube di Magellano, confermano le nostre aspettative; invece sono state scoperte ormai centinaia di pulsar nella nostra Galassia che non sono apparentemente associate ad alcun resto di supernova. La scarsità di pulsar dentro ai resti di supernova si può spiegare col fatto che gli impulsi sono osservabili solo se il fascio del faro nella sua rotazione spazza la Terra; la mancanza di resti di supernovae attorno alle pulsar può significare che si tratta di supernovae esplose molte centinaia di migliaia o milioni di anni fa, e quindi la nebulosa risultante dall'esplosione è ormai svanita nello spazio interstellare.

BUCHI NERI

Se le nane bianche rappresentano l'ultimo stadio di una stella di piccola massa e le stelle di neutroni quello delle stelle di grande massa, compresse dall'esplosione sotto forma di supernovae, che cosa sono i buchi neri? Esistono veramente?

Sebbene non se ne sia trovato con certezza nemmeno uno, ci sono almeno tre coppie di stelle doppie (due nella nostra Galassia e una nella Grande Nube di Magellano) che potrebbero contenere un buco nero. È poi molto probabile che al centro delle galassie esistano delle concentrazioni di massa pari a molti milioni di stelle in volumi così piccoli da rispondere alla nostra definizione di buco nero: velocità di fuga superiore alla velocità della luce cosicché nemmeno questa può uscirne. Torneremo su questi quando parleremo delle galassie. Occupiamoci invece dei buchi neri con masse stellari.

Si può benissimo ipotizzare che quando la stella collassante è tanto massiccia che nemmeno il gas degenerato di neutroni è in grado di arrestarne la caduta verso il centro, il suo fato finale sia il buco nero. Ma qual è l'origine di questo nome? L'aggettivo «nero» sta ad indicare che non esce radiazione, e quindi si potrebbe proprio dire che è così nero che più nero non si può. Il sostantivo «buco» dipende dalla concezione einsteiniana dello spazio, che viene deformato là dove si trova una concentrazione di materia. Si forma come un imbuto gravitazionale, per cui un corpo o un fascio di radiazione che si trovino a passare sui bordi dell'imbuto vengono necessariamente deviati dalla linea retta, mentre se la loro traiettoria passa per il centro dell'imbuto vi cadranno dentro.

Non è facile rappresentarsi un buco nero. Si potrebbe dire che, a causa dell'enorme forza di gravità alla superficie della stella collassante, lo spazio si richiude sopra la stella, che sparisce dal nostro universo ma che si fa comunque sentire con la sua attrazione gravitazionale. Fasci di radiazione che si trovino a passare a migliaia di chilometri di distanza dal buco nero vengono deviati in modo impercettibile dalla loro traiettoria rettilinea. Ma via via che si considerano fasci che passano più vicino al buco nero, la deviazione diventa più sensibile, e addirittura possono essere costretti a circumnavigarlo invertendo la loro traiettoria, o, se ancora più vicini, essere intrappolati e costretti a descrivere orbite circolari attorno ad esso, senza poter più sfuggire, o infine essere inghiottiti dal buco.

È possibile che negli spazi interstellari si aggirino parecchi buchi neri, orbitanti, come le altre stelle, attorno al centro della nostra Galassia. Ma poiché la distanza media fra stella e stella è di qualche anno luce (pari a molte decine di migliaia di miliardi di chilometri), la distorsione prodotta dal buco nero non sarà sensibile, e sarà altamente improbabile che una stella venga a passare tanto vicino al buco nero da subirne gli effetti gravitazionali. Non c'è dunque nessuna speranza di poter scoprire l'esistenza dei buchi neri. A meno che la stella collassata non abbia una compagna normale; ossia, che il buco nero faccia parte di un sistema doppio e che esso e la sua compagna orbitino attorno ad un comune baricentro. Allora sì che l'effetto del buco nero si farà sentire sulla compagna. Però, pure in questo caso, vedremo che anche una stella di neutroni provoca circa gli stessi effetti sulla compagna normale e non è affatto semplice distinguere fra stella di neutroni e buco nero. Ma ne riparleremo quando si tratterà delle coppie di stelle.

Tornando alla stella collassante, quando questa avrà raggiunto una contrazione tale che nessuna radiazione ne possa uscire, diremo che è caduta sotto il suo «orizzonte degli eventi». Un termine che sta proprio ad indicare che nessun evento che avvenga sotto tale orizzonte potrà mai essere visto all'esterno: perciò l'orizzonte degli eventi si può considerare la superficie del buco nero. Il raggio dell'orizzonte degli eventi dipende dalla massa collassata; tanto più grande è la massa, tanto più grande è anche questo raggio*.

Per esempio, per una massa pari a 10 masse solari il raggio sarà di circa 35 chilometri; ma per una massa pari a 100 milioni di masse solari, il raggio sarà di circa 350 milioni di chilometri.

COPPIE DI STELLE E COPPIE DI PULSAR

Una buona metà e forse più delle stelle fanno parte di sistemi doppi. Ossia abbiamo un sistema di due stelle legate gravitazionalmente, che ruotano attorno al baricentro comune. Un sistema doppio, anche se non stellare, è quello formato dalla Terra e dalla Luna. Poiché la Terra ha una massa 81 volte quella della Luna, il baricentro del sistema si trova dentro la superficie terrestre a circa 4700 chilometri dal centro della Terra. Di conseguenza mentre la Terra oscilla attorno a questo punto, la Luna gli descrive attorno la sua orbita.

Fra le coppie stellari incontriamo una gran varietà di esemplari: molte sono composte di due stelle separate da una distanza pari a centinaia o anche migliaia e più volte la somma dei loro raggi: le due stelle si muovono sotto l'azione della loro reciproca attrazione gravitazionale, ma non v'è alcuna interazione fisica. In altre parole non sono per nulla distinguibili dalle stelle singole, per quanto riguarda la loro struttura. Ma quelle più interessanti e di cui vogliamo occuparci sono le cosiddette doppie strette o binarie interagenti. Sono coppie di stelle la cui distanza è di poco superiore alla somma dei loro raggi. In questi casi le stelle non solo orbitano attorno al comune baricentro (cioè interagiscono gravitazionalmente) ma interagiscono anche fisicamente, perché possono sollevare enormi maree l'una sulla superficie dell'altra e può aversi anche scambio di materia, tanto da stravolgere tutta la loro evoluzione nel tempo. Se poi una delle due stelle è una nana

* Se c è la velocità della luce, quando la velocità di fuga è eguale a c, avremo $c = \sqrt{\frac{2Gm}{r}}$, da cui r per ogni dato valore di m: $r = \frac{2Gm}{c^2}$.

bianca, oppure una stella di neutroni o addirittura un buco nero, si assisterà a tutta una serie di fenomeni capaci di produrre radiazioni molto energetiche come quelle ultraviolette, ed i raggi X e gamma, che solo le osservazioni da satelliti hanno potuto rivelare.

Poiché l'attrazione gravitazionale è tanto più grande quanto maggiore è la massa e più piccolo il raggio della stella, in coppie formate da stelle più o meno della stessa massa, di cui una è una stella «normale» come il nostro Sole o anche più piccola e meno luminosa (una nana rossa) e l'altra una nana bianca o una pulsar, è evidente che questa stella superdensa eserciterà un'attrazione gravitazionale sulla compagna tale da succhiarne via gli strati superficiali. Siccome la stella normale ha una sua propria velocità di rotazione, la materia che le sfugge non cadrà direttamente sulla compagna compatta, ma le spiralerà attorno in orbite sempre più strette. Si forma quindi un disco di materia attorno alla stella compatta, dove le parti più esterne sono più fredde e ruotano più lentamente, quelle più interne sono più calde e ruotano più rapidamente. Il disco diventa così denso e opaco che ci nasconde completamente la stellina all'interno. Ne consegue che ciò che possiamo osservare è solo il disco. Per attrito fra le varie parti orbitanti a diversa velocità, il disco si riscalda tanto da raggiungere nelle sue regioni più interne temperature anche di un milione e più gradi, ed emettere radiazione X e gamma. La presenza di queste radiazioni così energetiche è proprio la firma della stella di neutroni, mentre le nane bianche in generale daranno soprattutto radiazioni ultraviolette a temperature di qualche centinaio di migliaia di gradi.

E se, invece della stella di neutroni, al centro del disco si nascondesse un buco nero?

Gli effetti osservabili sarebbero praticamente gli stessi: emissione di raggi X. L'unico modo sicuro di distinguere la stella di neutroni dal buco nero sarebbe quello di determinarne la massa. Difatti come il gas di elettroni al centro della nana bianca non è in grado di sopportare una massa superiore a 1,4 masse solari, così il gas di neutroni non sopporta una massa superiore a circa 2,5 masse solari. Perciò una stella che abbia una massa superiore a questo limite, o riesce ad espellere l'eccesso attraverso una catastrofica esplosione come supernova o durante successivi ripetuti episodi più o meno violenti, oppure dovrebbe necessariamente finire come buco nero. Tuttavia misurare la massa di una stella non è cosa semplice. Se si tratta di una stella isolata, nessuna misura diretta della massa è possibile. Se invece si tratta di una stella doppia, in cui tutte e due le componenti siano osservabili, si possono ricavare i valori delle due masse. Se invece, e questo è il caso nostro, si vede una sola componente, dalla misura del suo moto orbitale si può ricavare soltanto una indicazione sulla massa globale del sistema, e quindi, facendo delle ipotesi sulla massa della stella osservabile, è possibile stimare la massa della compagna superdensa. Per stelle normali la massa è legata da una relazione ben definita alla sua luminosità. Purtroppo questa relazione non vale per stelle che hanno una compagna superdensa che ne perturba la superficie e ne aspira parte della massa riducendola ad una specie di pallone gonfiato. Come si può capire, decidere se la stella superdensa nascosta dentro il disco sia una stella di neutroni o un buco nero è tutt'altro che semplice. Come abbiamo già accennato, si conoscono, però, almeno tre casi in cui sembra molto probabile che la compagna invisibile sia un buco nero. Si tratta delle stelle doppie Cygnus X-1 (la prima sorgente X scoperta nella costellazione del Cigno) e LMC X-3 (la terza sorgente X scoperta nella Grande Nube di Magellano: LMC dalle iniziali di Large Magellanic Cloud). Ambedue sono intense sorgenti di radiazione X, e la compagna visibile in ambedue i casi è una stella azzurra la cui alta temperatura superficiale (circa 20 000 gradi) e altre caratteristiche dello spettro fanno ritenere molto probabile (ma non assolutamente certo) che si tratti di stelle di massa superiore alle 10 masse solari. Se così è, anche la massa del compagno invisibile supera di gran lunga il limite delle 2,5 masse solari, e quindi deve proprio trattarsi di un buco nero.

La terza stella doppia è una sorgente X chiamata A 0620-00 (dove A sta per Ariel 5, il satellite britannico che l'ha scoperta, e i numeri indicano la sua posizione nella costellazione dell'Unicorno). A differenza delle altre due, la compagna normale è una nana rossa, mentre la stella compatta ha una massa di 9 masse solari.

Molti teorici si sono sbizzarriti a studiare le proprietà dei buchi neri. In tali condizioni estreme non è più possibile trattare la fisica di questi oggetti utilizzando quella approssimazione dello spazio-tempo che è lo spazio euclideo, così soddisfacente per i nostri sensi e la nostra esperienza di tutti i giorni. Lo spaziotempo della relatività generale teorizzata da Einstein costituirebbe invece l'esperienza diretta di un essere che venisse a trovarsi nei dintorni di un buco nero. E ciò che a noi appare paradossale sarebbe normale per lui. Secondo la fisica classica, lo spazio newtoniano è perfettamente uniforme, e il tempo fluisce in modo costante dal passato verso il futuro. Noi possiamo muoverci in tutte le direzioni, ma non possiamo invertire il senso del fluire del tempo.

Una stella morente di massa superiore a quel limite di 2,5 masse solari che la sua materia, ridotta ad un gas di neutroni, è in grado di sopportare, precipita inesorabilmente verso il suo centro. La densità cresce e il raggio si riduce. Quando la contrazione è giunta a un punto tale che la velocità di fuga dalla stella eguaglia quella della luce, la stella sparisce dall'universo osservabile tramite la radiazione elettromagnetica, ma la sua massa si fa comunque sentire per la distorsione che esercita sullo spazio-tempo. Tale posizione nello spazio, per cui la velocità di fuga eguaglia quella della luce, definisce l'orizzonte degli eventi. Come già detto, questo è anche considerato il raggio del buco nero, o raggio di Schwarzschild, dal nome dell'astrofisico tedesco Karl Schwarzschild che applicò la relatività generale a questi strani oggetti. Lo spazio-tempo è così distorto nelle vicinanze del buco nero da assumere l'aspetto di un profondo imbuto entro cui scompare la materia. Ma a poca distanza dal buco nero lo spazio-tempo ritorna piano e l'approssimazione euclidea rimane valida. Un pianeta orbitante intorno ad una stella di 10 masse solari, potrebbe vederla sparire dal suo cielo, pur seguitando a orbitarle attorno per effetto della sua attrazione gravitazionale.

Ma dentro al buco nero lo spazio-tempo è così distorto, che diviene impossibile muoversi in una qualsiasi direzione, tranne verso quel punto che, con un nome molto appropriato, è chiamato «singolarità», dove il volume occupato tende a zero e la densità a valori infinitamente grandi. Le leggi della fisica non valgono più dentro il buco nero, ma poiché niente può uscirne, questa situazione non influenza il mondo esterno.

L'orizzonte degli eventi non solo ci impedisce di osservare la «singolarità», ma ci impedisce anche di conoscere qualsiasi proprietà della materia inghiottita dal buco nero: sia che la stella collassante sia composta tutta di atomi di ferro, o di elio o di qualsiasi altra sostanza, ciò che la caratterizza è la sua massa. Oltre alla massa ci sono altre due caratteristiche misurabili: la carica elettrica e la rotazione. La carica elettrica di un buco nero è comunque zero, perché, se anche per ipotesi avesse un eccesso di particelle positive, attrarrebbe un numero altrettanto grande di elettroni dal mezzo interstellare, che neutralizzerebbero la sua carica.

Invece, la stella collassante ha un suo moto di rotazione e di conseguenza anche il buco nero, per la solita legge di conservazione del momento angolare, ruoterà molto rapidamente. La teoria di Einstein predice che questa rapida rotazione del buco nero ha per effetto di trascinare con sé lo spazio-tempo. La rotazione di un buco nero ha due strane conseguenze: una subito fuori dell'orizzonte degli eventi e una nella singolarità. Nella regione intorno all'orizzonte degli eventi, dove lo spazio-tempo è trascinato dalla rotazione del buco nero, è impossibile stare fermi in un dato posto. Questa regione è chiamata ergosfera. La singolarità, che in un buco nero non ruotante è un punto in cui tutto viene inghiottito, in un buco nero ruotante è un anello giacente in un piano perpendicolare all'asse di rotazione. Le equazioni di questo spaziotempo dicono che un oggetto che cada sulla singolarità muovendosi nel piano dell'anello viene inghiottito, ma se viaggia in un piano formante un angolo con l'anello passa attraverso la singolarità ed entra in quello che è stato chiamato spazio negativo, dove, invece della gravità, agisce l'antigravità. Questo ed altri sorprendenti risultati ci suggeriscono che forse non comprendiamo ancora bene la fisica dei buchi neri e che qualcosa manca nelle nostre equazioni.

C'è una certa ripugnanza da parte di molti fisici ad accettare questa singolarità a densità infinita e raggio zero, dove le leggi della fisica non valgono più. E difatti c'è una buona ragione per essere scettici. L'esistenza dei buchi neri è una conseguenza della teoria della relatività generale. Essa ci dice che c'è un limite alla pressione che una stella può sopportare. Oltre quel limite c'è il collasso verso la singolarità. La teoria della relatività generale ha avuto numerose conferme osservative, ma tutte in condizioni di gravità debole o relativamente debole. Alle condizioni che si hanno all'orizzonte degli eventi di un buco nero, dove la gravità è milioni di volte più alta di quella normalmente sperimentata, la teoria è ancora valida? È possibile che, come la teoria di Newton costituisce una prima approssimazione della legge di gravitazione, la teoria di Einstein costituisca una seconda approssimazione valida alle gravità usualmente trovate alla superficie di stelle più o meno normali, ma che anch'essa vada modificata in condizioni di gravità eccezionalmente grande.

La fisica delle particelle elementari suggerisce che la fine di una stella di grande massa possa essere un'altra: quando la materia raggiunge densità pari a una decina di volte la densità di un nucleo atomico (la cui massa è dell'ordine di 10^{-24} grammi e il cui raggio 10^{-13} centimetri e di conseguenza la densità è di circa 10^{15} grammi per centimetro cubo, o un milione di miliardi la densità dell'acqua) si potrebbero formare altri tipi di particelle chiamate iperoni, che in condizioni di densità normali sono estremamente instabili, ma che potrebbero essere abbondanti in una stella di neutroni in fase di collasso. Protoni, neutroni e iperoni comincerebbero a fondersi insieme formando particelle sempre più massicce. Se queste reazioni producono sufficiente energia, la stella potrebbe esplodere, invece di scomparire in un buco nero. E questa è una possibilità meno sconvolgente per il nostro senso comune.

SS 433

Ma usciamo dal paese delle meraviglie di un'Alice astronoma e occupiamoci di oggetti ancora strani, ma forse molto meno del buco nero.

Una stella binaria scoperta nel 1978 ma che ancora oggi è rimasta unica nel suo genere, è SS 433 (e cioè la stella N. 433 di un catalogo di stelle per qualche verso inusuali, compilato da Bruce Stephenson e Nicholas Sanduleak). Era l'autunno del 1978 quando Bruce Margon e collaboratori osservavano lo spettro di questa stella, caratterizzato da emissioni di straordinaria intensità dell'idrogeno e dell'elio. Il fatto più sorprendente che balzò subito ai loro occhi fu che lo spettro conteneva tre serie di righe spettrali: una serie le cui righe erano tutte spostate verso il rosso rispetto alla posizione di laboratorio, indicante che il gas che le emetteva stava allontanandosi dall'osservatore ad una velocità di circa un sesto di quella della luce; un'altra serie spostata di quasi altrettanto verso il violetto, indicante la presenza di gas che invece stava avvicinandosi a circa la stessa velocità; ed infine una terza serie di righe molto simili a quelle che si trovano nelle binarie emittenti raggi X e in variabili soggette a improvvisi aumenti di splendore, e perciò chiamate «variabili cataclismiche». Le prime composte, come abbiamo visto, di una stella normale e di una stella compatta di neutroni (o forse anche buco nero) e le variabili cataclismiche da una stella normale e da una nana bianca. La terza serie di righe, detta anche stazionaria, presenta in realtà un'oscillazione di 120 km/s con un periodo di 13 giorni che è proprio l'indicazione che la stella fa parte di un sistema binario. Le altre due serie di emissioni si spostano anch'esse ma con un periodo di 164 giorni passando da circa 50 000 km/s di allontanamento a 30 000 di avvicinamento. Nessun'altra binaria, sia essa composta di stelle normali o contenente una stella compatta, presenta questo fenomeno. Tutte mostrano moti orbitali a velocità che al massimo possono raggiungere i 300 o 400 km/s. La spiegazione di questo fenomeno è illustrata nella figura 20. Una stella normale sotto l'azione gravitazionale della compagna di neutroni perde materia che va a formare un disco di accrescimento attorno a quest'ultima. E fin qui niente di eccezionale. Si conoscono molte centinaia di coppie di stelle dello stesso tipo. Le due serie di righe di emissione a velocità comparabili a quelle della luce sono spiegate dalla presenza di due fasci di materia emessi in direzioni opposte e perpendicolari al disco. Se il disco è inclinato rispetto al piano dell'orbita, l'attrazione gravitazionale della stella normale provoca un moto di precessione dei due fasci con un periodo di 164 giorni. Il fenomeno è lo stesso che causa il moto di precessione dell'asse terrestre attorno ad un asse perpendicolare al piano dell'orbita della Terra attorno al Sole, e fa sì che il polo terrestre descriva un intero circolo in circa 26 000 anni. Ma qual è la causa che origina la straordinaria caratteristica di SS 433, e cioè i due getti di materia? Se il trasferimento di materia dalla stella normale al disco attorno alla stella di neutroni avviene ad un tasso abbastanza lento, il gas della parte più interna del disco si tra-

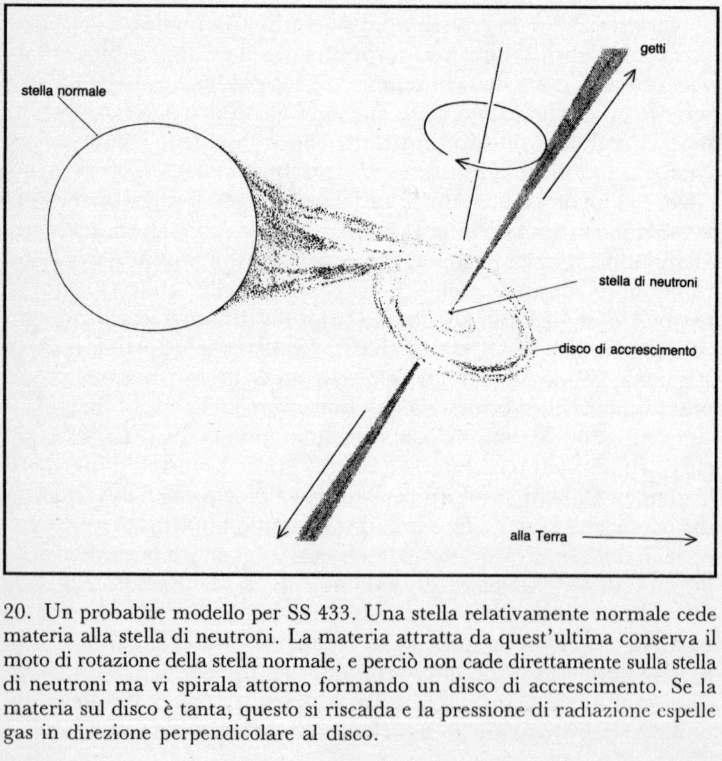

20. Un probabile modello per SS 433. Una stella relativamente normale cede materia alla stella di neutroni. La materia attratta da quest'ultima conserva il moto di rotazione della stella normale, e perciò non cade direttamente sulla stella di neutroni ma vi spirala attorno formando un disco di accrescimento. Se la materia sul disco è tanta, questo si riscalda e la pressione di radiazione espelle gas in direzione perpendicolare al disco.

sferisce sulla stella di neutroni riscaldandola e causando l'emissione di raggi X. Ma se l'ammontare di materia che cade sulla stella di neutroni è troppo grande, l'energia prodotta non può essere smaltita facilmente. Si produce un'enorme pressione sui gas accumulati sulla superficie della stella di neutroni, e questa pressione viene ostacolata da nuovo gas che arriva in continuazione sul disco e che spirala verso la superficie della stella di neutroni. Siccome il cammino di minor resistenza è in direzione perpendicolare al disco, la pressione del gas trova sfogo espellendo materia ad altissima velocità in due getti lungo questa direzione. Un simile fenomeno deve avvenire assai raramente nelle stelle, se SS 433 è l'unico esempio conosciuto. Invece, come vedremo, fra le galassie è un fenomeno molto più frequente. La relativa vicinanza di SS 433 ci permette dunque di studiarla in dettaglio, per cui essa costituisce una specie di modello, in scala ridotta, per capire la natura di ciò che avviene su scale centinaia di milioni di volte più grandi, nel centro delle galassie.

NOVAE NANE E NOVAE

Se stelle di neutroni e buchi neri che hanno una compagna normale a stretto contatto possono provocare emissione di raggi X e in qualche raro caso getti di materia, quando la stella compatta è una nana bianca, cosa succede? La domanda è importante perché le nane bianche sono ciò che resta delle stelle morenti di piccola massa, le quali sono molto più numerose nella Galassia di quelle di grande massa.

Nella maggioranza dei casi, come abbiamo già accennato, si forma un disco di materia che ci nasconde la nana bianca, ma che produce emissione di radiazione meno energetica di quella nel dominio dei raggi X ma più di quella ottica, e cioè emissioni ultraviolette. La continua caduta di materia dalla stella normale sul disco provoca ogni tanto degli episodi di instabilità di quest'ultimo, per cui esso diventa improvvisamente cento o mille volte più luminoso, per poi ritornare lentamente allo splendore iniziale. Queste instabilità si verificano irregolarmente a distanza di qualche decina o anche centinaio di giorni e durano pochi giorni. Tali sistemi sono anche chiamati «variabili cataclismiche» o «novae nane».

Più raramente questi sistemi binari possono aumentare di splendore anche di un milione di volte nel giro di uno o due giorni. Il fenomeno è noto come l'apparizione di una nova. La nova non va confusa con le supernovae. L'aumento di splendore, per quanto grande e improvviso, è in realtà un fenomeno superficiale, che non sconvolge la struttura delle stelle che compongono il sistema. L'idrogeno che continuamente si trasferisce, via disco di accrescimento, dalla stella normale alla superficie della nana bianca, causa la forte gravità di quest'ultima, viene compresso e riscaldato e può raggiungere temperature di circa 10 milioni di gradi, sufficienti a innescare reazioni nucleari alla superficie della nana bianca. Queste provocano sia l'aumento di splendore che l'espulsione di più inviluppi gassosi, che simulano le caratteristiche di una stella di grande massa e luminosità: il fenomeno può durare settimane (novae rapide) ma anche anni (novae lente — vedasi la Figura 15, a p. 64). Alla fine il sistema ritorna ad essere indistinguibile dalle variabili cataclismiche. Si ritiene che in realtà novae e novae nane appartengano alla stessa famiglia. Le novae altro non sarebbero che novae nane, che nel corso di un migliaio di anni hanno accumulato alla superficie della nana bianca sufficiente idrogeno da produrre un'esplosione termonucleare superficiale. Novae e novae nane sono tutte sistemi binari con periodi orbitali molto brevi, compresi fra un giorno e meno di due ore. Un indice, questo, di come siano vicine e quasi a contatto le due stelle del sistema.

Anche se le novae non vanno confuse con le supernovae, si ritiene che le supernovae di tipo I possano essere originate da sistemi molto simili a quelli che originano le novae. Immaginiamo di avere un sistema formato da una nana bianca di massa superiore alla media delle sue simili (che è generalmente fra 1 e 0,5 masse solari) e da una gigante rossa. Quest'ultima, a causa dell'estrema rarefazione della sua atmosfera, subisce un rapido «svuotamento» a causa dell'attrazione gravitazionale della nana bianca. Se questa ha una massa molto vicina al limite di Chandrasekhar di 1,44 masse solari — diciamo per esempio 1,40 — la rapida caduta di materiale sulla sua superficie provoca il superamento del limite, un collasso ed una serie incontrollata di reazioni nucleari, nel corso delle quali le due stelle spariscono, lasciando solo una nube di gas e polveri in espansione.

PULSAR DOPPIE

Sempre in tema di coppie di stelle strane, nel 1974 è stato scoperto il primo sistema binario composto di due pulsar.

Sebbene fra le stelle normali più della metà siano membri di stelle doppie, fra le pulsar esse sono molto più rare. Difatti oggi si conoscono più di 400 pulsar con periodi compresi fra 0,1 e 4 secondi, ma solo poche di esse hanno una compagna. Questa non è una sorpresa, perché, se le pulsar sono ciò che resta dell'esplosione di una supernova, nella maggior parte dei casi l'eventuale compagna della stella esplodente non le resterà legata, ma sarà scagliata via.

Invece, pulsar appartenenti ad una nuova classe, con periodi molto più brevi, inferiori a 10 millesimi di secondo, hanno di regola una compagna, che è generalmente un'altra stella compatta, nana bianca o stella di neutroni. Perché questa differenza così netta fra pulsar a «lungo» periodo e pulsar con periodo inferiore al centesimo di secondo?

Fra le pulsar della prima classe (quelle con periodo più lungo) si osserva che le più giovani come la pulsar nel resto di supernova della nebulosa del Granchio, che ha un'età di circa 1000 anni, o quella nel resto di supernova nella costellazione della Vela, con un'età di circa 10 000 anni, hanno i periodi più brevi. Sebbene il periodo delle pulsar sia straordinariamente costante, non variando più di qualche milionesimo di periodo all'anno, esso comunque tende a crescere perché la stella perde energia. Si stima l'età di una pulsar dividendo il periodo per la variazione di periodo. Per esempio la pulsar nella nebulosa del Granchio ha un periodo di 0,033 secondi ed ogni secondo rallenta di circa un millesimo di miliardesimo di secondo. La sua età sarà all'incirca data da $\frac{0{,}033}{10^{-12}}$ che è pari a 33 miliardi di secondi o 1100 anni, in buon accordo con il tempo trascorso dall'esplosione della supernova del 1054.

Più la pulsar invecchia, più lentamente diminuisce la sua rotazione. Ora ci si aspetterebbe che le pulsar con periodi di pochi millesimi di secondo siano anche le più giovani. Invece, il rallentamento del loro periodo le pone fra le più vecchie. Come risolvere questo enigma?

La risposta è data dal fatto che esse sono quasi tutte membri di sistemi binari, e per lo più la loro compagna è anch'essa una stella di neutroni o una nana bianca, con masse eguali o poco inferiori a quella solare. La loro forte attrazione gravitazionale è in grado di succhiare materia anche da una compagna così densa e compatta. Questa materia porta con sé il proprio momento angolare e quindi accelera la rotazione della stella. È come se ad una trottola fossero date delle staffilate nello stesso suo senso di rotazione: la trottola accelererebbe il suo moto.

Fra queste pulsar va ricordata quella designata come PSR

1957 + 20 (PSR sta per Pulsar e i numeri indicano le sue coordinate celesti), nota anche come la «vedova nera». È stata scoperta nel 1986 da A.S. Fruchter, D.R. Stinebring e Joe H. Taylor. Essa compie una rivoluzione completa attorno al baricentro del sistema in poco più di 9 ore e subisce un'eclisse totale a ogni rivoluzione, quando la sua compagna si piazza fra noi e la pulsar. Si trova a circa 3000 anni luce da noi e compie una rotazione completa in 1,6 millesimi di secondo, uno dei periodi più brevi osservati. La sua età è stimata, dal rallentamento del suo periodo, pari a circa 100 milioni di anni. Probabilmente da giovane ruotava più piano e la sua compagna doveva essere una stella normale, simile al Sole. Esaurito il suo combustibile nucleare idrogeno, questa stella è diventata una gigante rossa e il gas della sua rarefatta atmosfera ha cominciato a subire l'attrazione mareale della pulsar e ad esserne risucchiato. L'aspetto straordinario di questo sistema è che la compagna ha una massa straordinariamente piccola, 0,02 masse solari, ma un diametro pari a tre quarti quello del Sole. Questo dato, insieme alla rotazione così rapida e all'intensa radiazione emessa, indica che la quantità di gas inghiottita dalla pulsar è veramente enorme. La radiazione energetica della pulsar riscaldando l'atmosfera della compagna avrà anche l'effetto di accelerarne la fine per evaporazione nello spazio interstellare. Quindi, fra quello che scompare nelle fauci della pulsar e quello che si disperde nello spazio, si può valutare che in meno di altri 100 milioni di anni della compagna non resterà niente. Avremo solo una pulsar isolata con periodo di rotazione dell'ordine del millesimo di secondo. Il nome di «vedova nera» è ben appropriato.

L'importanza delle pulsar binarie è molteplice. Intanto solo per stelle membri di sistemi binari è possibile una misura diretta delle loro masse, grazie alla misura dei loro moti attorno al comune baricentro*. Di qui una misura diretta delle masse delle pulsar.

Ma, oltre alle masse, le pulsar doppie permettono verifiche della relatività, come l'avanzamento del periastro, e una prova indiretta dell'emissione di onde gravitazionali.

La spiegazione dell'avanzamento del perielio di Mercurio è stata una delle prime conferme sperimentali della teoria della relatività generale. Mercurio, a differenza di tutti gli altri pianeti

* La somma delle masse è proporzionale al rapporto fra il cubo della massima semidistanza delle due stelle e il quadrato del periodo; inoltre, il rapporto delle masse è inversamente proporzionale al rapporto dei semiassi delle loro orbite attorno al baricentro. Noti dalle osservazioni periodo e semiassi, si ottengono due equazioni che contengono le due masse come incognite.

del sistema solare, escluso Plutone, ha un'orbita notevolmente ellittica. Una fra le tante perturbazioni dovute all'attrazione gravitazionale degli altri pianeti, provoca la rotazione nel piano dell'orbita dell'asse maggiore. Nel caso della Terra, lo spostamento del perielio (ossia del punto dell'orbita in cui la Terra si trova alla minima distanza dal Sole) è di circa 11″ all'anno, cosicché il perielio descrive un giro completo in circa 118 000 anni. Per Mercurio la legge di gravitazione newtoniana prevedeva che le perturbazioni dovute a Venere producessero uno spostamento di 277 secondi d'arco in un secolo. Giove, 10 volte più lontano di Venere, ma 400 volte più massiccio, provoca uno spostamento di 153 secondi per secolo; la Terra di 90 secondi e tutti gli altri pianeti insieme di altri 10 secondi. Si arriva così ad un totale di 531 secondi d'arco per secolo. Ma le osservazioni indicano uno spostamento del perielio di 574 secondi per secolo. Quella disturbante differenza di 43 secondi fu attribuita ad un ipotetico pianeta posto fra il Sole e Mercurio, che però non è mai stato trovato. Einstein calcolò nel 1915 l'orbita di Mercurio utilizzando la sua teoria della relatività generale e trovò un perfetto accordo con le osservazioni. La differenza fra teoria newtoniana e relativistica è dovuta essenzialmente a due fatti: 1) lo spazio-tempo in cui si muove Mercurio è curvo, e di conseguenza le distanze e gli angoli sono leggermente diversi da quelli che abbiamo in uno spazio euclideo; 2) l'aumento della massa di un corpo in movimento, previsto dalla relatività ristretta ha per conseguenza che la forza gravitazionale varia al variare della velocità del pianeta, che sarà massima al perielio e minima all'afelio.

Per gli altri pianeti, a causa della loro maggiore distanza dal Sole, la distorsione dello spazio è minore; inoltre le loro orbite sono quasi circolari, il che rende più difficile la misura dello spostamento del perielio.

Nel luglio del 1974 Joe Taylor e Russell Hulse nel corso della loro ricerca di pulsar a mezzo di osservazioni col grande radiotelescopio di Arecibo, in Portorico, scoprirono la prima pulsar binaria PSR 1913 + 16.

Non si creda che sia stato facile e immediato accorgersi che la pulsar era doppia. Come abbiamo visto, il periodo delle pulsar è rigorosamente costante al milionesimo di secondo. In questo caso, invece, Hulse si accorse che la periodicità degli impulsi variava molto più del previsto, e, invece di un aumento, indicava una diminuzione del periodo. La prima reazione di Hulse fu di pensare che ci fosse qualche «baco» o nello strumento di misura o nel programma di riduzione dei dati. Ma dopo avere verificato accuratamente tutto e continuato le osservazioni, si accorse che in realtà il periodo diminuiva e aumentava periodicamente ogni 7 ore e 45 minuti. La variazione di periodicità degli impulsi è semplicemente una conseguenza dell'effetto Doppler: quando la pulsar si muove verso di noi gli impulsi sono un po' più frequenti, quando si allontana diventano un po' meno frequenti. Inoltre quando la pulsar è alla minima distanza dalla sua compagna (cioè al periastro) la variazione sarà più rapida di quando è alla massima distanza (apoastro). Così Hulse e Taylor si accorsero anche che l'orbita era notevolmente ellittica. Sempre dall'analisi degli impulsi e loro variazioni ricavarono una velocità orbitale di 300 km/s al periastro e di 75 km/s all'apoastro, e una distanza media fra le due stelle pari circa al raggio del Sole.

In un simile sistema la correzione relativistica per lo spostamento del periastro dovrebbe essere molto maggiore che per Mercurio, dato il forte campo gravitazionale prodotto dalle due stelle di neutroni. In effetti il valore accertato dopo sei anni di accurate osservazioni del moto orbitale è di 4 gradi all'anno, circa 34 000 volte più grande che nel caso di Mercurio, ed è in ottimo accordo con le predizioni della relatività.

Inoltre, una massa in moto non uniforme, come è quello di una pulsar che cambia continuamente direzione e velocità, muovendosi nella sua orbita ellittica, secondo la teoria della relatività generale dovrebbe produrre onde gravitazionali, così come una carica elettrica in moto produce onde elettromagnetiche.

Possiamo visualizzare queste onde come delle ondulazioni dello spazio che si propagano alla velocità della luce.

L'emissione di onde gravitazionali sottrae energia al sistema, e ciò causa una diminuzione delle dimensioni dell'orbita e del periodo orbitale. Il valore previsto dalla relatività era una diminuzione del periodo di 75 milionesimi di secondo per anno. Il valore osservato fu di 76 milionesimi di secondo per anno con un'incertezza di più o meno 2 milionesimi di secondo per anno, in ottimo accordo quindi con la teoria. È questa la riprova più convincente che abbiamo della realtà delle onde gravitazionali.

Infine, questo sistema ha permesso una misura diretta della somma delle masse delle due stelle di neutroni, e, supposto che abbiano circa la stessa massa, essa risulta di 1,4 masse solari.

Un altro di questi rari sistemi è stato scoperto nel 1989 da Dick Manchester. Fa parte di un ammasso di stelle a 21 000 anni luce da noi. Anch'esso — si spera — potrà darci un'altra conferma dell'emissione di onde gravitazionali.

Sebbene il nome faccia pensare a qualche parentela con le nane bianche o con i buchi neri, le nane brune sono qualcosa di molto diverso. Sono stelle mancate, la cui massa è troppo piccola perché, contraendosi, possa scaldarsi tanto da innescare le reazioni nucleari. Le stelle più piccole e meno luminose che si conoscano sono nane rosse di massa pari a circa un decimo di quella solare. In protostelle di massa ancora più piccola il gas al centro diventa degenerato a temperature inferiori a quel mezzo milione di gradi necessario per innescare la più semplice reazione nucleare. Ricordiamo che il gas degenerato si comporta come un solido, e che la degenerazione avviene a densità tanto più basse quanto più bassa è la temperatura. Anche se il nocciolo centrale, privo di fonti d'energia, si raffredda, la «quasi stella» resta in equilibrio, perché la pressione del centro degenerato rimane sufficiente per equilibrare la forza di gravitazione. Non avendo fonti d'energia, questa materia, che alla superficie potrà avere temperature inferiori ai 1000 gradi, irraggerà prevalentemente nell'infrarosso, e quindi non emetterà praticamente radiazione visibile. Inoltre il suo raggio sarà ancora inferiore a quello delle nane rosse, che per le più piccole è di appena qualche decimo del raggio del Sole. Una nana bruna sarà quindi una stella di massa pari a qualche centesimo quella del Sole, raggio dell'ordine del decimo di raggio del Sole e con temperatura superficiale inferiore al migliaio di gradi. Essa andrà lentamente raffreddandosi, né più né meno di come avviene per le nane bianche. Ma il tempo di raffreddamento è tanto più lungo quanto più bassa è la luminosità e quanto più grandi sono la massa e la temperatura centrale. Si trova così che, mentre una nana bianca impiega decine di miliardi di anni per raffreddarsi completamente e diventare una nana nera, una nana bruna, a causa della sua piccola massa, impiegherà un tempo cento volte più breve, e di conseguenza potremo sperare di osservare solo quelle relativamente giovani.

Si capisce come sia difficile scoprire un oggetto tanto debole e che irraggia solo nell'infrarosso. Quindi, come per i buchi neri, è più facile sperare di scoprire una nana bruna se ha una compagna più luminosa, grazie alle perturbazioni che essa apporta all'orbita di quest'ultima.

Che le nane brune esistano, lo suggerisce il fatto che esse rappresenterebbero lo stadio di transizione fra stelle e pianeti. Infatti un pianeta come Giove, che ha una massa di un millesimo ed un raggio di un decimo dei rispettivi valori solari, potrebbe essere una debole nana bruna, ormai diventata una nana nera, vecchia di almeno 4 miliardi di anni, ma che non si è ancora completamente raffreddata nel suo interno, dato che la temperatura superficiale di Giove è un po' più alta (130 gradi assoluti, pari a −143° C) di quello che ci si aspetterebbe come conseguenza dell'irraggiamento solare (102 gradi assoluti ossia −171° C).

In questi ultimi anni, grazie anche alle aumentate capacità dei telescopi e recettori per l'infrarosso, le nane brune sono state oggetto di un'accanita quanto vana ricerca da parte degli astronomi. Più volte si è creduto di averne trovata una, e poi sono seguite le smentite. Ma ecco un po' la storia di questa sfortunata caccia.

Nel 1984 Donald McCarthy, Frank Low e Ronald Probst credevano di aver finalmente scorto l'immagine di una nana bruna, compagna di una debole stellina rossa nota come VB 8, dove VB significa Van Biesbroek, un astronomo belga che ha lavorato al Laboratorio per gli studi lunari e planetari di Tucson in Arizona, e ha continuato, quasi centenario, le ricerche sulle stelle di piccola massa fino alla sua morte. La tecnica usata consisteva nel fare delle brevissime esposizioni, durante le quali l'atmosfera terrestre si poteva considerare quasi immobile, e nel sommarle fino a ottenere un'immagine sufficientemente bene esposta. In questo modo si riduceva molto l'effetto della turbolenza atmosferica che distorcendo le immagini avrebbe mascherato la presenza di un oggetto tanto debole. Inoltre Robert Harrington aveva annunciato nel 1983 che il moto di VB 8 non era proprio rettilineo, ma presentava delle lievi oscillazioni che potevano essere attribuite alla presenza di un compagno di massa poco superiore a quella di Giove. Però, successive immagini di VB 8 ottenute da vari astronomi nel 1985 e nel 1986 non mostrarono alcuna traccia della supposta nana bruna. E anche Harrington, riesaminando vecchi e nuovi dati sul moto di VB 8, non poté confermare i suoi primi risultati. La spiegazione di questa falsa scoperta sta probabilmente nel fatto che, quando si lavora proprio ai limiti delle potenzialità strumentali, l'atmosfera terrestre può giocare dei brutti scherzi.

Una ricerca sistematica di compagne di massa substellare in orbita attorno a una sessantina di stelle entro una quarantina di anni luce da noi è in corso sia a mezzo di immagini ottenute a 2,2 micron di lunghezza d'onda, sia a mezzo di studi dei loro moti, nella speranza di scoprire perturbazioni attribuibili a un'invisibile compagna.

Forse il caso più convincente è quello di Gliese 569, una nana rossa a 34 anni luce da noi nella costellazione del Boote (Figura 21).

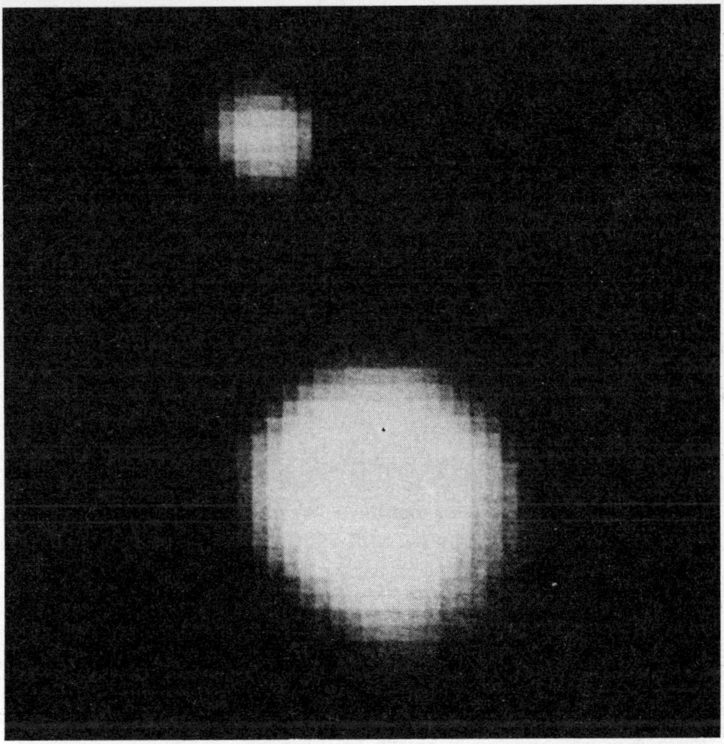

21. Immagine nel vicino infrarosso (a 2,23 micron) di Gliese 569. La sua debole compagna a circa 5 secondi d'arco potrebbe essere una nana bruna.

William Forrest, Michael Skrutskie e Mark Shure hanno ottenuto delle immagini di questa stella a lunghezze d'onda fra 1 e 4 micron, e su queste si vede chiaramente una stellina più debole e fredda a 5 secondi d'arco, che alla distanza di 34 anni luce corrispondono ad una separazione dei due oggetti pari a circa 50 volte la distanza Terra-Sole, e cioè paragonabile alle dimensioni del sistema solare. Si tratta davvero di una nana bruna? Se così fosse dovrebbe essere circa due volte più debole, a meno che non si tratti di una futura nana bruna, ancora in fase di contrazione e di raffreddamento.

Altre possibili nane brune sono state trovate nell'ammasso delle Pleiadi. Poiché di questo ammasso si conoscono la distanza — 400 anni luce — e l'età — circa 70 milioni di anni — si può calcolare quale dovrebbe essere lo splendore di nane brune di quest'età e di masse più piccole di un decimo di quella solare. Ebbene, le sospette nane brune avrebbero uno splendore indicante masse comprese fra 0,06 e 0,08 masse solari. Inoltre già nel 1972 Wulff Heintz, usando fotografie d'archivio, prese nel giro di molti anni, trovò nella costellazione della Vergine un sistema binario noto come Wolf 424. La massa totale, che si ricava dal moto della stella più debole attorno alla compagna, applicando la terza legge di Keplero (vedasi nota a p. 98), è compresa fra 0,05 e 0,06 masse solari. Le due componenti dovrebbero dunque essere entrambe oggetti substellari, una specie di «Giove doppio».

Poiché le stelle di piccola massa, almeno fino a 0,2 masse solari, sono di gran lunga più numerose di quelle di massa maggiore, ci si aspetterebbe che le nane brune fossero ancora più numerose. Di conseguenza, malgrado la difficoltà di scoprirle, dovremmo averne avvistate molte di più. Come mai sono invece così scarse? È possibile che, per una qualche ragione sconosciuta, ci sia una discontinuità nei valori delle masse, che segnerebbe il confine fra le stelle nane rosse di massa 0,2-0,1 masse solari e i grossi pianeti come Giove, che ha una massa di qualche millesimo la massa del Sole? In tal caso la scoperta dei pianeti sarebbe ancora più difficile, anche se i tentativi di trovarne qualcuno e gli strumenti progettati per tale scopo non mancano.

La caccia alle nane brune e ai «Giove» continua, avvalendosi sia dei continui progressi dei rivelatori per l'infrarosso, sia della «acuità visiva» dei telescopi costruiti con nuove tecniche e in particolare del telescopio spaziale Hubble.

CAPITOLO OTTAVO

ALLA RICERCA DI ALTRI SISTEMI SOLARI

L'idea che altri esseri intelligenti, o per lo meno altri esseri viventi, possano abitare pianeti simili alla Terra risale all'antichità. Tito Lucrezio Caro in *De Rerum Natura* sosteneva che dovevano esistere altri esseri su altre terre in altre regioni dello spazio. Giordano Bruno fu mandato al rogo il 17 febbraio del 1600 per la sua fede nella pluralità di mondi abitati: questa era per la Chiesa una grave eresia, in quanto si riteneva che Cristo fosse venuto apposta sulla Terra per redimerci, e che pertanto la Terra e l'uomo occupassero un posto unico nell'universo.

Ma quando Galileo col suo cannocchiale scoprì le montagne e le pianure lunari, ottenendo così la prova che questo corpo celeste era così simile al nostro pianeta, le fantasticherie e le credenze in altri esseri viventi extraterrestri diventarono meno fantasiose e più plausibili. Nel secolo scorso Flammarion ne discuteva nel suo libro *Sulla pluralità dei mondi abitati* e la supposta osservazione di canali artificiali su Marte, ad opera di Giovanni Virginio Schiaparelli e poi di Percival Lowell, rafforzò queste opinioni. Però ci si rese conto presto che i presunti canali di Marte erano frutto della nostra immaginazione, che ci porta a vedere figure ben definite, là dove ci sono solo macchie indistinte. Quanti di noi non hanno visto volti e figure di persone o animali nelle macchie d'umido di un muro o nelle mutevoli configurazioni di nubi?

Oggi, le conoscenze sulla formazione ed evoluzione delle stelle, sulla uniformità della loro composizione chimica e struttura fisica, nonché i possibili sistemi protoplanetari osservati col satellite IRAS, fanno ritenere che la formazione di un sistema planetario sia un fenomeno che accompagna normalmente la formazione di una stella. Quindi il primo passo per sapere quali sono le probabilità dell'esistenza di altre forme di vita è di dare una risposta scientifica a quanti sono i sistemi solari sparsi nella Galassia. Solo dopo potremo tentare di rispondere alla domanda più difficile: come ha origine la vita?

Ma prima ancora di cercare altri sistemi solari possiamo chiederci quali probabilità ci sono che esistano condizioni adeguate allo sviluppo di organismi viventi nel nostro stesso sistema solare. La risposta è che Mercurio e Luna, per la completa mancanza di atmosfera, passano da valori della temperatura superiori ai 100 gradi centigradi nelle zone illuminate dal Sole, a meno di 100 sotto zero nelle zone in ombra. Venere, simile per massa e dimensioni alla Terra, ha un'atmosfera così densa e opaca da produrre un effetto serra tale che la temperatura al suolo supera i 500 gradi centigradi e la pressione le 100 atmosfere. Resta Marte, fra i pianeti cosiddetti terrestri, a causa delle loro dimensioni e perché hanno una superficie solida e densità simile a quella della Terra. Poi si passa ai pianeti giganti, Giove, Saturno, Urano e Nettuno, in gran parte liquidi e gassosi e a temperature inferiori ai 150 gradi sotto zero, fino al piccolo e gelido Plutone.

Marte è di gran lunga il più interessante, e oltre ad avere alimentato molte leggende e racconti di fantascienza, è il primo pianeta — se si esclude il nostro satellite — su cui sono atterrate delle sonde e verso cui si dirigeranno spedizioni terrestri nei primi anni del prossimo secolo.

Le sonde che l'hanno osservato da vicino ci hanno mostrato una superficie coperta in gran parte da crateri dovuti a bombardamento da parte di meteoriti, ma anche un passato vulcanico molto attivo. In particolare il Monte Olimpo, il più grande vulcano conosciuto, è abbastanza giovane, cosicché i suoi crateri non sono stati ancora ricoperti dalle tempeste di polvere. Una straordinaria particolarità equatoriale è la Valle Marineris lunga migliaia di chilometri e profonda sei. Ci sono poi chiare prove di un passato ricco di acqua e fiumi, i cui letti sono ancora evidenti. Acqua c'è ancora oggi, come indicano le osservazioni dei poli che sono coperti da un miscuglio di ghiaccio e ghiaccio secco (anidride carbonica). Anche i crateri prodotti dall'impatto dei meteoriti sarebbero coperti di permafrost.

L'atmosfera di Marte è molto più rarefatta della nostra; infatti Marte ha una gravità di solo il 40 per cento della nostra e di conseguenza non è in grado di trattenere la maggior parte dei gas. Anche la composizione è diversa: il 95 per cento è anidride carbonica CO_2 con tracce di monossido di carbonio, azoto, ossigeno, argon, xenon, cripton e vapor acqueo.

Le sonde Viking atterrate sulla superficie del pianeta hanno analizzato dei piccoli campioni del suolo e non hanno trovato traccia di materiale organico. Inoltre tre esperimenti biologici hanno avuto esito negativo. Però alcuni biologi ritengono ambiguo il risultato di questi esperimenti e pochi altri li interpretano come positivi. Solo le future missioni — alcune forse con astronauti — potranno dare risposte più conclusive. Sarebbe estremamente importante trovare forme di vita su Marte, perché noi conosciamo solo il caso terrestre e, da quanto possiamo dedurre, crediamo che la vita sulla terra sia stata originata da una serie di eventi verificatisi circa 4 miliardi di anni fa, e sappiamo che la proteina DNA-RNA è comune a tutti gli organismi viventi*. Sarà lo stesso anche per forme di vita sviluppatesi su altri pianeti e in altri sistemi solari?

La probabilità che esistano molti altri sistemi solari è alta, poiché oggi si ritiene che quando una nube di gas e polveri si contrae sotto l'azione della propria gravità per formare una stella, si formi anche un disco protoplanetario, dalle cui condensazioni si originerebbero i pianeti. Quindi un sistema solare sarebbe piuttosto la norma e non l'eccezione. Le osservazioni col satellite IRAS di una cinquantina di stelle, scelte fra quelle che si trovano nella fase più lunga della loro vita (corrispondente al bruciamento dell'idrogeno nel nocciolo centrale), hanno di fatto mostrato la presenza di regioni abbastanza estese attorno a ciascuna di queste stelle. Tali regioni, a causa della loro bassa temperatura — da qualche decina a qualche centinaio di gradi assoluti —, irraggiano nell'infrarosso molto più di quello che ci si aspetta dalla stella. Come abbiamo già avuto modo di rilevare, a parità di superficie, un corpo più caldo irraggia sempre più di uno più freddo.

Di conseguenza, queste osservazioni indicano che il corpo freddo ha una superficie molto maggiore di quella della stella. Se ne ricavano delle estensioni paragonabili a quelle del nostro sistema solare. Per esempio la nube attorno a Vega ha un raggio di circa 22 volte la distanza Terra-Sole, pari a poco più della distanza di Urano dal Sole. Naturalmente non possiamo dire che attorno a queste stelle c'è un sistema solare con dei pianeti già formati, ma ciò che osserviamo è probabilmente molto simile a com'era la nube da cui si è formato il nostro sistema solare circa 5 miliardi di anni fa.

* Il DNA (o acido desossiribonucleico) è la molecola responsabile della trasmissione dei caratteri ereditari. È presente in tutti gli organismi viventi, eccetto in alcuni virus, in cui questa funzione è svolta dal RNA. Quest'ultimo (o acido ribonucleico) è una molecola simile al DNA.

A.G.W. Cameron alla metà degli anni '70 propose una sua teoria sulla formazione del sistema solare dalla nebulosa primordiale. Essa doveva contenere una massa di poco superiore a quella del Sole. Le parti più interne della nebulosa, più dense e in più rapida contrazione, ricevono altro materiale dalle parti più esterne, aumentando così ancora la velocità di rotazione. Ma, come sembra che avvenga in tutte le stelle in formazione, a questo flusso di materia dall'esterno verso l'interno, sarebbe seguito un riflusso verso l'esterno. Alla fine, avremmo avuto un nucleo centrale in cui si era ammucchiata quasi tutta la massa, ma avente una bassa velocità di rotazione, e all'esterno un disco di gas e polveri con pochissima materia ma alta velocità di rotazione. I pianeti avrebbero cominciato a formarsi quando le particelle di polvere cominciarono a urtarsi, a causa della turbolenza, e a formare agglomerati sempre più grossi, che avrebbero generato i pianeti più piccoli e interni, i cosiddetti pianeti terrestri. I pianeti giganti, che sono composti soprattutto di idrogeno e elio, si sarebbero invece formati a causa dell'addensarsi del gas della nebulosa attorno agli asteroidi. Secondo questa teoria, la fascia degli asteroidi fra Marte e Giove non sarebbe formata dai frammenti di un pianeta distrutto dall'azione gravitazionale di Sole e Giove (il Sole, più lontano ma di massa molto maggiore che tira da una parte, e Giove, di massa mille volte più piccola ma anche molto più vicino che tira dall'altra parte, avrebbero finito per sbriciolarlo), bensì di un pianeta mai nato, perché la vicinanza di Giove avrebbe impedito l'agglomerazione del materiale.

Il giovane Sole, come le giovani stelle di massa solare che osserviamo oggi, avrebbe espulso una notevole quantità di materia: da un decimilionesimo a un miliardesimo della sua massa ogni anno (per confronto diciamo che oggi il Sole perde solo un milionesimo di miliardesimo della sua massa ogni anno). Questo «vento solare» avrebbe avuto l'effetto di spazzar via il gas residuo della nebulosa primordiale. All'estrema periferia della nebulosa, i frammenti di materia si sarebbero disposti su un disco dando luogo a una riserva di comete detta anche «nube di Oort», e che si suppone abbia un'estensione di circa un anno luce. Ogni anno qualche frammento viene trascinato entro l'orbita di Plutone a causa delle perturbazioni da parte dei pianeti giganti o delle stelle più vicine e quando passa vicino al Sole sublima dando luogo alla testa e alla coda caratteristiche delle comete. Una verifica della teoria di Cameron è stata tentata dal planetologo Stephen H. Dole. Egli ha simulato, con l'ausilio di un calcolatore elettronico, quello che poteva succedere attorno ad una stella già formata e di massa solare, circondata da una nube di gas e polveri. Dole ha calcolato numerosi casi, ipotizzando valori differenti del rapporto fra polveri e gas, diverse leggi di variazione della densità con la distanza dal centro, inclinazioni delle orbite e direzione degli assi maggiori distribuiti a caso, ma ammettendo che tutte le particelle si muovessero su orbite ellittiche nella stessa direzione, e che la densità decrescesse dal centro verso la periferia. Ebbene, il risultato dei calcoli per un gran numero di condizioni iniziali differenti porta a sistemi planetari straordinariamente simili al nostro (Figura 22). In ogni caso i pianeti piccoli e densi si trovano a distanze dal loro Sole eguali o inferiori a quella di Marte; ci sono sempre almeno due o tre pianeti giganti di bassa densità e a distanza dal loro Sole paragonabile o maggiore di quella di Giove, e infine alla periferia del sistema si ritrovano uno o due pianeti piccoli, come Plutone nel caso solare. Inoltre le distanze fra un'orbita e l'altra hanno una distribuzione regolare che ricorda leggi del tipo di quella empirica di Titius-Bode per il nostro sistema*.

Questo risultato è una conferma della plausibilità della teoria di Cameron e delle ipotesi fatte nel calcolo.

L'OSSERVABILITÀ

È possibile, con le tecniche attuali, scorgere, direttamente o indirettamente, la presenza di veri e propri pianeti, almeno attorno alle stelle più vicine? Se ne discute da molti anni, e di recente (giugno 1987) si è tenuto un convegno dell'Unione Astronomica Internazionale per discutere di questi problemi.

La scoperta di altri pianeti extrasolari è importante, non solo per rispondere alla nostra curiosità sull'esistenza di possibili vici-

* Questa legge trovata empiricamente da Johann Daniel Titius e Johann Elert Bode riproduce abbastanza bene le distanze dei pianeti dal Sole espresse prendendo come unità la distanza Terra-Sole (detta unità astronomica). Chiamando a la distanza si ha la seguente formula: $a = \frac{1}{3}(2^{n-2} + 1)$ con n = 1 per Mercurio, 2 per Venere, 3 per la Terra, 4 per Marte ecc. Il fatto che per n = 5 non ci fosse un pianeta corrispondente portò alla scoperta di Cerere e poi della fascia degli asteroidi. L'accordo fra il valore osservato di a e quello così calcolato è molto buono per tutti i pianeti eccetto che per Plutone, che per le sue anomale caratteristiche orbitali (grande eccentricità e grande inclinazione dell'orbita sul piano dell'eclittica) molti ritengono possa essere stato un satellite di Nettuno.

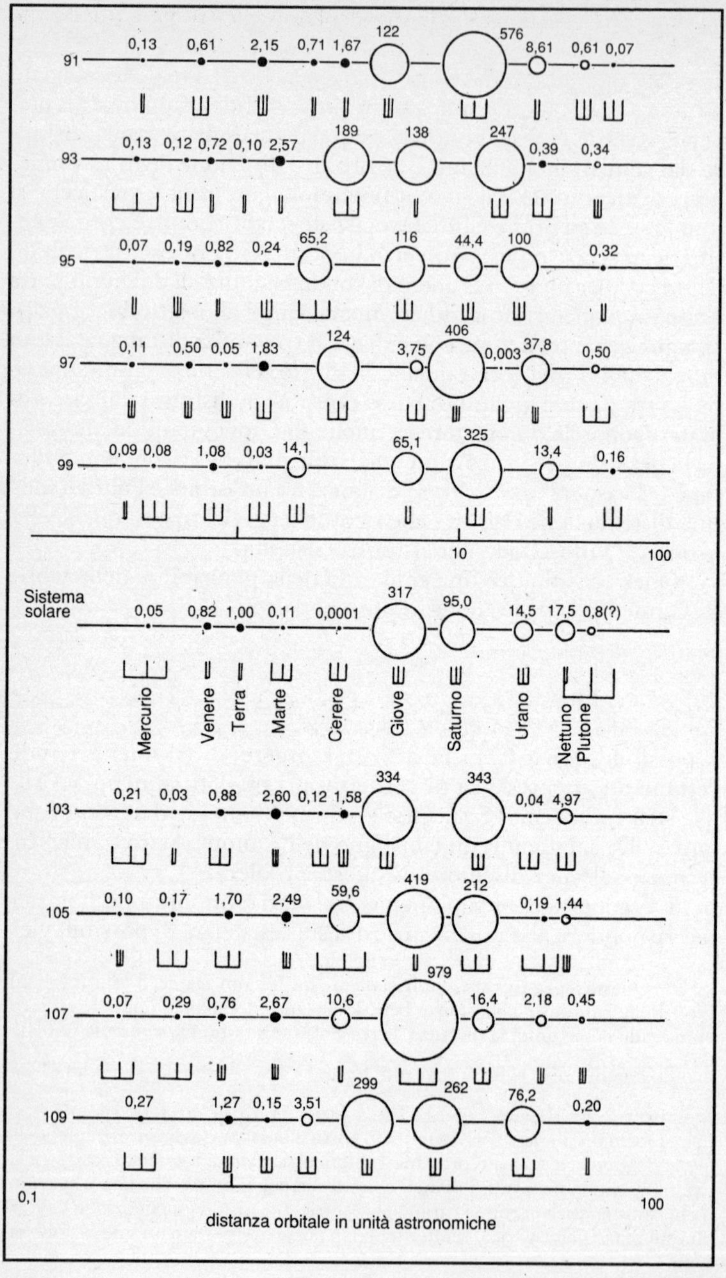

91
0,13 0,61 2,15 0,71 1,67 122 576 8,61 0,61 0,07
93
0,13 0,12 0,72 0,10 2,57 189 138 247 0,39 0,34
95
0,07 0,19 0,82 0,24 65,2 116 44,4 100 0,32
97
0,11 0,50 0,05 1,83 124 3,75 406 0,003 37,8 0,50
99
0,09 0,08 1,08 0,03 14,1 65,1 325 13,4 0,16
10
100
Sistema solare
0,05 0,82 1,00 0,11 0,0001 317 95,0 14,5 17,5 0,8(?)
Mercurio
Venere
Terra
Marte
Cerere
Giove
Saturno
Urano
Nettuno
Plutone
103
0,21 0,03 0,88 2,60 0,12 1,58 334 343 0,04 4,97
105
0,10 0,17 1,70 2,49 59,6 419 212 0,19 1,44
107
0,07 0,29 0,76 2,67 10,6 979 16,4 2,18 0,45
109
0,27 1,27 0,15 3,51 299 262 76,2 0,20
0,1
100
distanza orbitale in unità astronomiche

ni, ma anche per capire qual è l'origine e l'evoluzione dei sistemi planetari. Noi conosciamo un unico caso, il nostro. Soltanto confrontandolo con quelli attorno a stelle di diversa massa e di diversa età potremo ottenere qualche risposta. Proprio in questo modo siamo arrivati a ricostruire l'origine e l'evoluzione delle stelle: ossia paragonando individui di diverse masse ed età.

Ma ecco quali sono i metodi — possibili almeno in linea di principio — per scoprire inequivocabilmente la presenza di pianeti extrasolari.

Il metodo diretto consiste nel tentativo di estrarre la debole immagine del pianeta dalla brillante immagine della sua stella. Per far questo è necessario eliminare in modo estremamente efficace tutta la luce stellare diffusa dallo strumento a causa delle minime particelle di polvere che si depositano su questo. È un problema simile, ma molto più complesso di quando si cerca di osservare la corona solare fuori eclisse. La luce del Sole è tanto intensa che anche creando delle eclissi artificiali, occultando l'immagine del disco solare con uno schermo, il bordo stesso di questo o delle parti ottiche diffonde tanta luce da eguagliare quella della corona. Fra i possibili strumenti sono stati proposti dei telescopi coronografici, simili a quelli usati per la corona solare, oppure dei telescopi spaziali di grande diametro, che, sfruttando l'assenza dell'atmosfera terrestre, possano raggiungere «acuità visive» così fini da vedere separati stella e pianeta. Qualcosa del genere si spera già di poterlo fare col telescopio spaziale Hubble.

Secondo alcuni studi recenti, telescopi orbitanti di 10 metri di diametro e dotati di artifici atti a ridurre al minimo la diffusione della luce stellare, sarebbero in grado di scoprire pianeti delle dimensioni di Giove e anche di misurarne alcune caratteristiche fisiche, come temperatura, pressione e composizione atmosferica.

Fra i metodi indiretti ricordiamo quello fotometrico. La luce della stella diminuirà, sia pure in modo impercettibile, quando un pianeta le passa davanti. Per esempio, quando Giove o Saturno passano davanti al Sole si ha una diminuzione di luce dell'1

22. *A fianco:* Esempi di possibili sistemi planetari ottenuti simulando col calcolatore quello che può accadere attorno ad una stella appena formata. I dischetti scuri sono pianeti di tipo terrestre, piccoli e densi (3-6 volte la densità dell'acqua) mentre i dischi chiari sono i pianeti di tipo gioviano, grandi e poco densi (circa la densità dell'acqua). I tratti sotto ciascun pianeta indicano la massima e minima distanza del pianeta dal proprio sole, e sono quindi un'indicazione dell'eccentricità dell'orbita. Per confronto è riportato anche il sistema solare.

per cento, per Urano o Nettuno la diminuzione è dello 0,1 per cento e solo dello 0,01 per cento per pianeti come la Terra, Venere o Marte. L'osservazione dovrebbe essere compiuta dallo spazio, per evitare fluttuazioni dovute alla nostra atmosfera e il segnale causato dalla luce stellare dovrebbe essere almeno centomila volte il rumore dovuto alla strumentazione. Sono condizioni estreme ma non irraggiungibili. Anzi, misure del Sole dallo spazio l'hanno già raggiunta; ma per le stelle la precisione è almeno cento volte minore.

Naturalmente questo metodo può essere applicato soltanto se l'orbita del pianeta è orientata in modo tale che il pianeta venga proiettato sul disco della stella, o, in altre parole, solo se la nostra visuale giace sopra o vicino al piano dell'orbita del pianeta.

Altri due metodi dipendono dalla possibilità di osservare piccole oscillazioni nel moto della stella a causa delle perturbazioni gravitazionali dovute alla presenza di un pianeta. Ancora è necessario fare osservazioni dallo spazio per evitare le fluttuazioni della nostra atmosfera. Le osservazioni possono consistere nella misura di piccolissimi spostamenti Doppler delle righe spettrali, dovuti al moto della stella attorno al baricentro del sistema stella-pianeta, in un piano che contiene la nostra visuale (si misura cioè quella che si chiama la componente radiale della velocità). Per sperare di avere un risultato positivo occorre poter misurare velocità di qualche metro al secondo, una precisione cioè almeno dieci volte maggiore di quella raggiunta attualmente con strumenti molto sofisticati. Infine si possono effettuare misurazioni della posizione della stella e delle sue variazioni dovute alla componente del moto attorno al baricentro su un piano perpendicolare alla nostra visuale. Se per esempio osservassimo il Sole da una distanza di 15 anni luce, lo vedremmo oscillare di 0,001 secondo d'arco attorno a una direzione di moto rettilinea in un periodo di 11,9 anni (il periodo orbitale di Giove), a causa dell'attrazione gravitazionale del pianeta. Se invece consideriamo un pianeta di massa quindici volte quella della Terra, a una distanza dalla sua stella pari a cinque volte quella della Terra dal Sole, e posto a circa 30 anni luce da noi, vedremo la stella subire delle oscillazioni di 2,5 centomillesimi di secondo. Per scoprirle occorrerebbe una precisione del centomillesimo di secondo. Secondo alcuni studi sviluppati dalla NASA e dal Lunar and Planetary Laboratory di Tucson in Arizona questo obiettivo è realizzabile e potrebbe dare la precisione richiesta per almeno un centinaio di stelle.

Stabilita, come primo passo, la buona probabilità di trovare altre stelle con sistemi solari non troppo dissimili dal nostro, ci chiediamo: se ci sono pianeti terrestri in orbita attorno alle stelle a noi più vicine, avranno anche le caratteristiche della Terra? acqua abbondante? forme di vita? In linea di principio grandi telescopi in orbita attorno alla Terra, o meglio ancora sulla Luna, potrebbero scorgere pianeti così piccoli come la Terra e così vicini al loro sole come la Terra è al Sole. Inoltre sarebbe possibile studiare lo spettro dell'atmosfera di questi pianeti per stabilire se ci sono organismi capaci di produrre la fotosintesi; in tal caso dovremmo osservare bande di ossigeno, acqua e anidride carbonica. Con un telescopio di 16-20 metri di diametro e parecchi giorni di esposizione dovremmo riuscire a scorgere questi segnali di vita, almeno secondo le previsioni di J.R.P. Angel dell'Osservatorio dell'Università dell'Arizona, a Tucson. Tecnologie come quelle descritte da Angel sono già alla nostra portata e indubbiamente telescopi del genere saranno realizzati entro i prossimi venti anni.

Come si vede, le prospettive sono abbastanza incoraggianti. Molto probabilmente, nel corso del prossimo secolo sapremo quanti sono i sistemi solari nelle vostre vicinanze. E allora avrà veramente senso cercare di scoprire eventuali segnali modulati da una qualche popolazione, tecnologicamente avanzata, che cerchi di segnalare la sua presenza.

ALLA RICERCA DI INTELLIGENZE EXTRATERRESTRI

La ricerca di intelligenze extraterrestri basata su argomenti scientifici è cominciata verso la fine degli anni '50. Si conoscevano ormai abbastanza bene i meccanismi di formazione ed evoluzione delle stelle, per poter affermare che la formazione di un sistema planetario doveva essere un fenomeno comune. Inoltre, la tecnica radioastronomica era già abbastanza sviluppata per poter captare eventuali segnali radio emessi da altre civiltà distanti qualche decina di anni luce. Si sarebbe potuto anche pensare di captare segnali luminosi artificiali, ma questi sono soggetti all'estinzione da parte delle polveri interstellari e all'assorbimento da parte di un cielo coperto di nubi, tutti ostacoli ignoti alle radioonde. Ammesso quindi che le eventuali civiltà extraterrestri abbiano più o meno le stesse nostre conoscenze o conoscenze più avanzate, cercheranno di mandarci segni della loro esistenza usando le radioonde. Inoltre, poiché fra le radioonde una delle più studiate è la riga di 21 centimetri dell'idrogeno, potrebbero scegliere proprio questa lunghezza d'onda per avere una maggiore probabilità che un osservatore terrestre si accorga di segnali modulati — una specie di alfabeto Morse — sovrapposti ai segnali naturali emessi dal gas galattico. In base a questi ragionamenti, esposti da Giuseppe Cocconi e Philip Morrison in un articolo apparso sulla rivista «Nature» il 19 settembre 1959, il radioastronomo americano Frank Drake pensò di utilizzare il nuovo radiotelescopio di 25 metri di diametro dell'osservatorio radioastronomico nazionale degli Stati Uniti, situato a Green Bank in West Virginia. Il progetto di Drake prese il nome di Ozma, dal nome della principessa del fantastico paese di Oz, protagonista di un libro di racconti per bambini, famoso nei paesi anglosassoni. Certo che un osservatore extraterrestre che avesse raggiunto un alto sviluppo tecnologico sarebbe in grado di notare anche una periodica variazione delle emissioni radio terrestri legata al periodo di rotazione: si avrebbero dei massimi di flusso radio tutte le volte che l'osservatore vede l'Europa oppure il Nord America, dovuti al gran numero di trasmittenti (Figura 23).

Per fare una stima, sia pure molto grossolana, di quante civiltà possano esistere nella nostra Via Lattea, Drake scrisse un'equazione diventata famosa:

$$N = R\, f_p\, n_i\, f_v\, f_i\, f_c\, D$$

dove N è il numero di civiltà presenti oggi nella Via Lattea, R è il tasso medio di formazione di stelle durante tutta la vita della Via Lattea, e che si ottiene dividendo il numero di stelle galattiche (circa 300 miliardi) per l'età della Galassia (circa 15 miliardi di anni), f_p rappresenta la frazione di stelle con un sistema planetario, n_i il numero di pianeti, in ciascun sistema, con condizioni adatte allo sviluppo della vita, f_v la frazione di pianeti adatti in cui la vita si sviluppa effettivamente e si evolve verso forme molto complesse, f_i la frazione di questi pianeti su cui si sviluppano forme di vita intelligente, f_c la frazione di questi in cui le forme di vita intelligente sviluppano interesse per le comunicazioni interstellari, e infine D la durata media di una civiltà tecnologicamente avanzata.

In questa equazione l'unico termine abbastanza sicuro è R. Inoltre si possono escludere tutte le stelle doppie o multiple, i cui eventuali pianeti avrebbero orbite fortemente perturbate dalla presenza della o delle compagne ed inoltre anche le stelle di grande massa ed alta luminosità, che hanno una vita troppo breve per permettere lo sviluppo di forme di vita avanzate. Potremo stimare che un terzo delle stelle galattiche siano singole e di massa solare o più piccola. Per il resto bisogna fare delle ipotesi del tutto gratuite. Per esempio Drake suppone che, come nel nostro sistema solare, ci sia attorno a una stella un solo pianeta adatto alla vita; e che là dove ci sono condizioni adatte allo sviluppo della vita questa evolva sempre naturalmente verso forme di vita intelligente. Ciò equivale a porre $f_v = f_i = 1$. Ma non è detto che tutte le forme di vita intelligente diventino tecnologicamente avanzate e soprattutto interessate allo sviluppo di comunicazioni interstellari.

Drake assume $f_c = 0,01$, cioè solo una su 100 civiltà è interessata o ha sviluppato tecnologia atta a comunicare con altri sistemi planetari. Infine, l'altra incognita è D. Quanto può durare una civiltà tecnologicamente avanzata? La nostra ha poco più di cento anni, e le tecniche per captare segnali extrasolari hanno meno di quarant'anni. Potrà durare secoli o millenni, o anche molto meno. Dipende dalla nostra capacità di rispettare l'ambiente e di non avviarci verso catastrofi nucleari o verso la distruzione del-

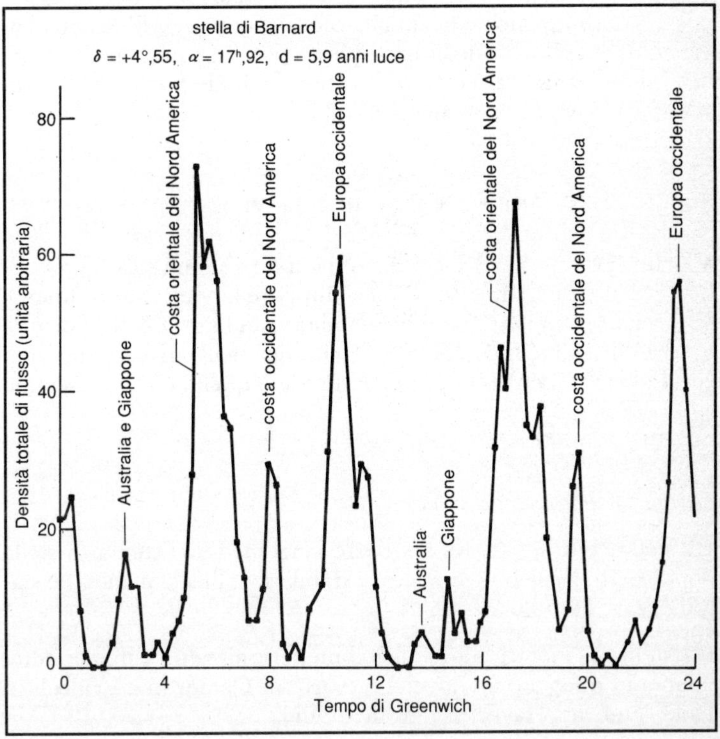

23. Un osservatore extraterrestre vedrebbe la variazione del flusso radio delle nostre trasmittenti in conseguenza della rotazione terrestre. Si avrebbe un massimo tutte le volte che l'Europa o l'America è rivolta verso l'osservatore alieno.

l'ambiente per eccesso di tecnologia. L'aumento dell'effetto serra e la rarefazione dello strato di ozono sono segnali premonitori inquietanti. Drake assume D = 10 000 anni. Facendo i conti risulta N = 20 × 0,3 × 1 × 1 × 1 × 0,01 × 10 000 = 600. Cioè nella Galassia esisterebbero 600 civiltà in grado di comunicare con noi.

Date le ipotesi fatte, è un conto estremamente incerto, ma comunque Drake, e con lui i più appassionati fautori del progetto SETI (Search for Extra-Terrestrial Intelligence), A.G.W. Cameron, Carl Sagan, Cyril Ponnamperuma, hanno perseverato in questa ricerca, che qualcuno — ottimista — ha paragonato alla ricerca di una bottiglia con un messaggio nell'oceano. In realtà l'impresa è molto ma molto più ardua. Malgrado ciò, i proseliti sono cresciuti di numero, si sono tenuti convegni scientifici sull'argomento, e l'Unione Astronomica Internazionale ha fondato un'apposita commissione dedicata alla bioastronomia. All'ultimo congresso internazionale dedicato a questa ricerca, tenuto in Ungheria nel 1987, hanno partecipato astronomi e biologi e sono stati discussi i più vari argomenti.

ALCUNE CONDIZIONI NECESSARIE ALLA VITA

Vi è un certo numero di condizioni cui un sistema solare dovrebbe soddisfare perché vi si possa sviluppare la vita. Naturalmente se facciamo l'ipotesi (assai probabile, vista la grande uniformità di leggi fisiche e di composizione chimica nell'universo, ma non certa al cento per cento), che sia simile a quella che conosciamo sulla terra.

Esse sono elencate come segue:

Condizioni imposte alla stella centrale:

La stella centrale dovrebbe essere singola. Un sistema di stelle doppie o multiple impedirebbe lo stabilirsi di orbite planetarie stabili.

Il sistema planetario dovrebbe contenere pianeti di massa notevolmente inferiore a Giove. La teoria di Cameron e i calcoli di Dole sembrano favorire questa condizione.

La stella non dovrebbe appartenere alla prima generazione di stelle galattiche, perché in tal caso la materia da cui essa e i suoi pianeti si sarebbero formati non conterrebbe sufficienti quantità di carbonio, azoto, ossigeno, zolfo, fosforo, ferro, necessari per la formazione di composti biochimici.

La massa della stella dovrebbe essere compresa grosso modo fra 0,5 e 2 masse solari. Stelle di massa maggiore avrebbero una vita troppo breve per permettere l'evoluzione di forme di vita tecnologicamente avanzate. Stelle di massa più piccola non emettono energia sufficiente ad alimentare la vita anche sui pianeti più vicini al proprio Sole. Dati i rispettivi tempi evolutivi, è probabile che la vita microbica sia di gran lunga più abbondante delle forme altamente evolute.

Condizioni a cui devono sottostare i pianeti:

La massa dovrebbe essere abbastanza grande da trattenere un'atmosfera contenente gli elementi base della vita, idrogeno, carbonio, azoto, ossigeno, ma non troppo, come è il caso di Giove, perché l'eccesso di idrogeno distruggerebbe le molecole biochimiche.

L'orbita del pianeta dovrebbe essere quasi circolare per evitare variazioni troppo forti di temperatura e illuminamento, e ad una distanza tale da mantenere la temperatura media del pianeta a valori accettabili (fra circa -20 e +70° C).

L'atmosfera dovrebbe essere tale da permettere la formazione di molecole organiche e da proteggere il suolo dalla radiazione ultravioletta.

Ci dovrebbe essere abbondante quantità di acqua allo stato liquido. Si ritiene che gli oceani forniscano l'ambiente più adatto perché avvenga la sintesi di molecole complesse prebiotiche e anche dei più semplici organismi viventi.

È necessaria anche una superficie solida, ritenuta necessaria perché le complesse molecole dette monomeri si trasformino in polimeri.

Tutte queste condizioni sono ricalcate esattamente sulle condizioni riscontrate sulla Terra. Ma non tutti i bioastronomi sono d'accordo.

Una piccola minoranza pensa che la vita non debba necessariamente avere la stessa origine ed essere ovunque basata su RNA e DNA (vedasi nota a p. 107).

Secondo loro, dunque, la vita potrebbe essere molto più diffusa di quanto ritiene la maggioranza, perché non sarebbe necessariamente soggetta a tutte le restrizioni che le nostre forme di vita terrestre richiedono.

Essi osservano che conosciamo molto poco a proposito dell'origine della vita; che in base alle nostre conoscenze non è affatto detto che essa sia cominciata con RNA; non abbiamo alcuna informazione su altre basi su cui possa svilupparsi la vita; nessuna delle nostre attuali conoscenze esclude forme di vita basate su sistemi materiali molto diversi. Perciò la nostra ignoranza sui processi chimici che sono stati all'origine delle forme di vita che noi conosciamo, richiede una buona dose di prudenza nel porre restrizioni sull'origine di esseri viventi. Secondo il chimico R. Shapiro e il fisico G. Feinberg, ci sono solo tre condizioni essenziali, e cioè: disponibilità di energia; un sistema di materia capace di interagire con l'energia e di usarla per diventare un sistema ordinato; e infine abbastanza tempo a disposizione per costruire quella complessità che è associata alla vita. Fra l'altro essi non escludono la possibilità di forme di vita in un liquido diverso dall'acqua, come per esempio l'ammoniaca, e una vita basata su minerali invece che sul carbonio.

ALLA RICERCA DI SEGNALI EXTRATERRESTRI

Dopo il primo tentativo di Drake, il progetto Ozma del 1959, ne sono stati fatti molti altri, soprattutto da parte di ricercatori americani e sovietici. Drake osservò per tre mesi, e per un totale di duecento ore, due stelle abbastanza vicine, Tau Ceti e Epsilon Eridani, un poco più fredde del Sole, e a circa 12 e a 11 anni luce rispettivamente. La lunghezza d'onda impiegata era quella di 21 centimetri dell'idrogeno interstellare. Da allora ad oggi le osservazioni fatte con vari strumenti e in vari osservatori ammontano a più di 200 000 ore, equivalenti a osservazioni continuate per ventitré anni. Frattanto, il progresso tecnologico ha reso molto più efficienti questi mezzi.

Mentre Drake osservava a una sola lunghezza d'onda, a Harvard si può osservare contemporaneamente a più di 8 milioni di canali. Le stelle prese di mira sono sempre quelle di tipo solare o poco più fredde. Ossia stelle che hanno una vita abbastanza lunga — più di 10 miliardi di anni — da permettere, se le altre condizioni sono favorevoli, lo sviluppo di esseri intelligenti.

All'Università Stanford, in California, hanno progettato un analizzatore di spettro, che riceve un segnale abbracciante 10 milioni di hertz, e in grado di distinguere frequenze separate di un hertz, il che equivale a dire che ha 10 milioni di canali distinti. Così un'eventuale civiltà, che trasmetta a una di questi 10 milioni di frequenze, potrebbe essere scoperta. Se la sensibilità dei nostri ricevitori è abbastanza grande, si potrebbero rivelare anche segnali radio non necessariamente inviati nello spazio allo scopo di comunicare con altri sistemi solari, ma usati da questa ipotetica civiltà per trasmissioni fra vari luoghi del loro pianeta o, anche, fra pianeta e pianeta del loro sistema solare.

Certo si possono fare infinite ipotesi sul numero, grado di sviluppo, distanza di altre civiltà, sul loro interesse o meno di comunicare con altri sistemi solari, sul modo in cui potrebbero farlo, ma finché non riceveremo un segnale sicuramente artificiale, le nostre ipotesi resteranno tali.

CAPITOLO NONO

LA GALASSIA

Abbiamo parlato di stelle morenti e di stelle ancora in fasce, di stelle supercompatte e di stelline troppo piccole per diventare stelle vere. Ma tutte queste stelle, più o meno strane, sono gli abitanti di un vero e proprio continente stellare — la nostra Galassia, separata dalle altre da un immenso oceano praticamente vuoto, lo spazio intergalattico.

La nozione di galassie oggi è familiare: rotocalchi e televisione ce ne mostrano spesso bellissime immagini colorate di azzurro nei bracci spirali e di rosso cupo nella parte centrale. Eppure la nozione della loro esistenza, come pure quella della nostra Via Lattea, intese come raggruppamenti enormi di stelle, ben distinti gli uni dagli altri, è assai recente.

Fra il 1915 e il 1920 uno dei problemi dominanti era di definire le dimensioni della nostra Galassia e di capire quale fosse la natura di alcune strane nubi dalla forma di spirale. Secondo il famoso astronomo Harlow Shapley, passato alla storia per avere stabilito che il Sole occupa una posizione periferica nella Galassia, le dimensioni di questa erano superiori ai 300 000 anni luce, e le nebulose spirali facevano anch'esse parte della Galassia. Per il suo principale oppositore, Heber Curtis, le dimensioni della Galassia erano invece dieci volte più piccole; e le spirali erano anch'esse galassie come la nostra, situate a distanze molto maggiori del diametro della Galassia medesima. La presenza di stelle e di nubi facenti parte delle nebulose spirali, così come stelle e nubi costituiscono la nostra Galassia, era l'argomento a favore dell'ipotesi di Curtis. Solo le osservazioni rese possibili dall'entrata in funzione del telescopio da 2,5 metri di Monte Wilson mostrarono chiaramente la natura delle stelle presenti nelle spirali: le loro caratteristiche, in tutto simili a quelle delle stelle vicine al Sole, facevano giustamente ritenere che dovessero avere anche lo stesso splendore intrinseco. Noto quest'ultimo e misurato lo splendore apparente, era semplice determinare la distanza, almeno se si poteva ammettere che non ci fosse materia diffusa frapposta fra noi e le spirali. D'altronde, la scoperta del fisico svizzero Robert Trumpler che, in realtà, la materia diffusa c'era e il suo effetto non era trascurabile sul piano galattico, mentre lo era in direzione perpendicolare ad esso, ridusse le dimensioni della Galassia e permise di stabilire definitivamente che le spirali erano esterne alla Galassia. Si cominciò così a parlare di «universi isole».

Oggi è assodato che la Galassia ha la forma di un disco molto schiacciato (detto anche il piano o l'equatore galattico), il cui diametro è di almeno 100 000 anni luce (anche se, secondo un famoso astrofisico specializzato nello studio della Via Lattea, Bart Bok, essa sarebbe molto più estesa, forse 300 000 anni luce), mentre lo spessore, là dove si trova il Sole, a circa 27 000 anni luce dal centro, non supera i 1000 anni luce: al centro raggiunge i 15 000 anni luce. Vista di taglio la Via Lattea ricorda un fuso. Vista di fronte ci apparirebbe come una enorme ruota, dal centro della quale partono almeno due paia di bracci spirali. Questa ruota è racchiusa entro un volume all'incirca sferico, l'alone galattico, quasi privo di nubi di gas e polveri, ma popolato da stelle isolate e soprattutto da ammassi globulari. Questi ultimi sono grandi famiglie di stelle, addensate le une vicino alle altre a formare come una sfera luminosa. Le singole stelle sono visibili solo verso la periferia dell'ammasso, mentre nella parte centrale è impossibile distinguerle separate. Ogni ammasso può contenere da centomila ad anche un milione di stelle. Si conoscono più di centocinquanta ammassi, ma è probabile che molti situati al di là del centro galattico siano nascosti dalle polveri e che il numero totale superi i duecento. Poiché il diametro di un ammasso globulare è dell'ordine di un centinaio di anni luce, la distanza media di una stella dall'altra può variare fra mezzo e due anni luce circa. Nei dintorni del Sole la distanza media è almeno dieci volte maggiore, e quindi la densità di stelle in un dato volume è mille volte più piccola. Un abitante di un pianeta in orbita attorno ad un Sole immerso in un ammasso globulare assisterebbe ogni notte allo spettacolo di un cielo fittamente cosparso di stelle, come se la Via Lattea si fosse allargata a coprire tutta la volta celeste.

Le osservazioni da satelliti per raggi X hanno scoperto la presenza di numerose sorgenti: probabilmente stelle di neutroni membri di binarie, e anche numerose pulsar con periodi di qualche millesimo di secondo. Tanto le sorgenti X che le pulsar al millesimo di secondo sono molto più numerose negli ammassi globulari che non nel resto della Galassia, ma la ragione di ciò non è conosciuta.

Sul disco, oltre alle stelle, abbonda la materia interstellare, composta di gas e minuscole particelle solide — le polveri — sia diffusa uniformemente, sia addensata in nubi più o meno estese. Vista di taglio, la Galassia presenterebbe una striscia luminosa tagliata a metà da una fascia oscura: la luce delle stelle addensate sul disco è infatti assorbita dalle polveri che sono ancora più strettamente concentrate sul disco.

Da più di quarant'anni sappiamo pure che la popolazione dell'alone è quasi coeva della stessa Galassia; nell'alone mancano le polveri e il gas e perciò nessun'altra stella potrà formarsi. Nel piano galattico invece le stelle si formano continuamente, e lì convivono stelle vecchie e stelle giovanissime.

Questa diversa età che caratterizza le stelle dell'alone e quelle del disco è spiegata pensando al modo in cui può essersi formata la Galassia da una nube più o meno sferica che chiameremo «protogalassia». In essa gli ammassi globulari formatisi hanno mantenuto la distribuzione spaziale tipica della protogalassia. Difatti le loro distanze l'uno dall'altro sono tanto grandi rispetto al loro diametro, che nessuna interazione fisica (come veri e propri scontri, o anche soltanto come effetti gravitazionali tali da produrre modifiche reciproche dei loro moti) è possibile. La massa gassosa restante, che ruota attorno al centro galattico, è un fluido: come tale, le singole particelle di gas interagiscono e si urtano l'un l'altra e la nube va appiattendosi per effetto della rotazione. Gli ammassi e le stelle che via via si formano mantengono la distribuzione spaziale che aveva la protogalassia al momento in cui si sono formati. Essi avranno dunque distribuzioni ellittiche sempre più schiacciate via via che la protogalassia si appiattisce. Infine tutto il gas sarà confinato su un disco e solo lì avremo le stelle dell'ultima generazione. Intanto, le stelle più massicce e luminose delle prime generazioni avranno terminato la loro evoluzione e avranno arricchito il mezzo interstellare di elementi pesanti sintetizzati nel loro interno e scaraventati nello spazio o attraverso esplosioni, o tramite più tranquilli e costanti venti stellari. Da questo mezzo arricchito si formano le stelle delle generazioni successive. Assisteremo così ad un'evoluzione chimica della Galassia, con le stelle più vecchie e più distanti dal piano galattico anche più povere di elementi pesanti. L'osservazione verifica queste previsioni.

Gli astronomi usano chiamare popolazione I quella più giovane, caratteristica del disco galattico, e popolazione II quella vecchia tipica dell'alone. In queste antiche stelle gli elementi pesanti sono da cento a diecimila volte meno abbondanti che nel Sole e nelle altre stelle del disco. Ma poiché le stelle di massa poco inferiore al Sole hanno vite lunghissime, ben superiori a quella che è l'attuale età dell'universo — stimata fra i 15 e i 20 miliardi di anni —, ci aspetteremmo di trovare nell'alone anche stelle di primissima generazione, formatesi dal materiale primordiale, generatosi nei primi minuti di vita dell'universo e composto esclusivamente di idrogeno (nella forma normale e in quella di idrogeno pesante o deuterio), elio, e una minima percentuale di litio (su questo punto ritorneremo, parlando delle origini dell'universo). Quindi niente elementi pesanti. Ma nessuna stella completamente priva di elementi pesanti è stata ancora trovata. Come si spiega l'assenza di questa che è stata chiamata la popolazione III? Un'ipotesi è che le stelle di primissima generazione fossero tutte stelle di grande massa: ipotesi plausibile, dato che allora vi era una grandissima disponibilità di gas interstellare. Resta però da capire come si possano formare stelle in assenza di polveri, che contengono carbonio, sotto forma di grafite, silicati, cristalli di ghiaccio e impurità di ferro e altri metalli. Si ritiene infatti che le polveri siano un elemento coagulante nella formazione di nuove stelle. Una volta formatesi, queste stelle di grande massa sono evolute rapidamente, e rapidamente sono arrivate alla loro fine esplosiva come supernovae. Nella loro breve vita hanno formato quegli elementi pesanti che sono andati ad inquinare l'originale miscuglio primordiale di idrogeno e elio.

Ritornando all'attuale popolazione galattica, famiglie di stelle o ammassi si trovano anche sul disco. A differenza di quelli globulari, essi sono però molto meno fittamente popolati. I loro membri possono essere qualche decina o anche parecchie centinaia, ma sempre molto al di sotto delle centomila o un milione di stelle degli ammassi globulari. Inoltre, le stelle sono molto meno addensate (e perciò sono chiamati «ammassi aperti»), la loro appartenenza all'ammasso è spesso incerta e indicata dal fatto che i membri dell'ammasso hanno moti comuni; come un gregge, corrono tutte nella stessa direzione e più o meno alla stessa velocità.

Mentre gli ammassi globulari sono tutti di antica formazione, con età comprese fra 12 e 15 miliardi di anni, fra gli ammassi aperti si trovano famiglie con meno di mezzo milione di anni e altre con più di 10 miliardi di anni. Ciò indica che mentre nell'alone la formazione di stelle è cessata 12 o 15 miliardi di anni fa per mancanza di materia prima, sul piano galattico le stelle si formano ancora.

Tanto gli ammassi globulari che gli ammassi aperti vanno perdendo lentamente nel tempo alcune delle loro stelle. Infatti le loro orbite attorno al baricentro dell'ammasso, in conseguenza delle interazioni gravitazionali con gli altri membri dell'ammasso, possono trasformarsi da ellittiche in paraboliche o iperboliche e sfuggire così all'ammasso stesso diventando stelle isolate. Il tempo necessario perché un ammasso si dissolva è tanto più lungo quanto più esso è compatto. Si va da più di 10 miliardi di anni per gli ammassi globulari a centinaia di milioni di anni per gli ammassi aperti e ancora meno per le «associazioni», che si potrebbero definire come ammassi molto aperti, o a bassissima densità spaziale di stelle.

Sembrerebbe, da questa descrizione della nostra Galassia, che la si conosca piuttosto bene. Ma non è così. Ci sono ancora delle zone d'ombra. In particolare solo ora si comincia a svelare la struttura del centro galattico, nascosto da dense nubi di polvere, e da pochi anni abbiamo la prova che nell'alone c'è una gran quantità di materia che non emette né luce né altre radiazioni elettromagnetiche, ma che comunque si fa sentire per la sua azione gravitazionale che determina la legge di rotazione delle stelle e del mezzo interstellare attorno al centro galattico. Ma quale sia la natura di questa materia non lo sappiamo.

Infine se stelle e mezzo interstellare, sia in forma di polveri che di gas, sono gli abitanti della Galassia più visibili, non va dimenticato un suo altro importante costituente, che può avere avuto un ruolo importante anche nella formazione delle stelle e della Galassia stessa, se pur tutt'altro che compreso: il campo magnetico galattico.

IL MEZZO INTERSTELLARE

Il mezzo interstellare era ritenuto, fino all'inizio di questo secolo, uno spazio vuoto e inerte fra stella e stella. Invece, soprattutto grazie alle osservazioni da satellite, si è scoperto che è una struttura complessa, un fluido rarefatto con zone calde (10 000 gradi circa), caldissime (50 000-100 000 gradi) e addirittura torride (da 500 000 a un milione di gradi), in cui sono immerse nubi fredde e relativamente dense di gas e polveri con temperature fra un centinaio e una decina di gradi sopra lo zero assoluto (−273° C). Qui va ricordato che quando si ha a che fare con un gas rarefatto, per temperatura si intende una grandezza legata alla velocità d'agitazione delle particelle. La temperatura è proporzionale al quadrato della velocità media con cui queste si agitano nel loro moto a caso, ma se si mettesse un termometro anche nelle zone torride, questo segnerebbe un valore vicino allo zero.

Il frenetico moto delle particelle nelle zone calde, caldissime e torride è la spia delle continue e spesso violente interazioni fra gas e stelle.

Il mezzo interstellare, come una sottile nebbia, è concentrato soprattutto sul piano galattico, e, molto più rarefatto, si trova anche nell'alone. Esso è costituito da due componenti: il gas e la polvere interstellare.

La polvere consiste di minuscole particelle solide, agglomerati di molecole formati dagli elementi più abbondanti: ghiaccioli con impurità di composti ferrosi, silicati, grafite, e dimensioni inferiori al micron. Proprio a causa di queste dimensioni, paragonabili alla lunghezza d'onda delle radiazioni ottiche e ultraviolette (che vanno da 1 a 0,1 micron circa), la polvere diffonde la luce stellare rinviandola in direzioni diverse da quella di provenienza e quindi, in definitiva, riducendo il flusso di radiazione che arriva all'osservatore. L'effetto è tanto più sensibile quanto minore è la lunghezza d'onda ed è massimo nell'ultravioletto osservabile solo da satelliti, alla lunghezza d'onda di circa 2200 Å (Ångström: 1 Ångström è uguale a un centomilionesimo di centimetro). Il risultato è che una stella posta dietro ad un banco di polveri non solo ci sembrerà più rossa di quello che è effettivamente, ma il suo spettro continuo presenterà anche una profonda depressione intorno a 2200 Å.

Fino al 1930 si ignorava l'esistenza delle polveri e, come vedremo in un prossimo paragrafo, questa fu la causa che portò l'astrofisico Harlow Shapley a sovrastimare la distanza del centro galattico.

Lo svizzero Robert J. Trumpler si accorse che stelle lontane da noi e situate sul piano galattico avevano spettri le cui righe indicavano un'alta temperatura, ma un colore rossastro tipico di stelle fredde, e attribuì giustamente la causa dell'arrossamento a un mezzo interstellare diffondente il violetto in modo più accentuato del rosso. Il confronto con le proprietà di minuscole particelle solide prodotte in laboratorio, ha lo scopo di cercare di stabilire quale possa essere la loro natura. Candidati più probabili sono grafite e silicati, anche se permangono ancora parecchi dubbi.

In generale l'effetto delle polveri è qualitativamente lo stesso in quasi tutte le direzioni sul piano galattico. Ma ci sono alcune regioni in cui il massimo di estinzione a 2200 Å è meno marcato. Anche nella Grande Nube di Magellano, che ha una composizione chimica più povera di carbonio, ossigeno, silicio, nonché ferro e altri metalli che non la Via Lattea, succede lo stesso. Nella Piccola Nube, che è ancora più povera di questi elementi, il massimo a 2200 Å manca del tutto. È ovvio quindi collegare questo massimo di estinzione alla maggiore o minore abbondanza di elementi più pesanti di idrogeno ed elio.

L'altro componente del mezzo interstellare — il gas — è costituito di atomi e molecole sparse fra stella e stella con una densità che sul piano galattico raggiunge al massimo quella di un atomo per centimetro cubo (pari ad un milionesimo di miliardesimo di miliardesimo la densità dell'acqua). A differenza delle polveri che diffondono in modo selettivo ma continuo, con un crescendo regolare dal rosso al violetto, e la sola discontinuità a 2200 Å, il gas assorbe la radiazione stellare solo a certe ben determinate lunghezze d'onda tipiche degli elementi che lo compongono e del loro stato di ionizzazione.

La scoperta del gas interstellare avvenne molto prima di quella delle polveri e precisamente nel 1904, ad opera del tedesco Johannes Hartmann. Egli stava osservando lo spettro di una stella doppia, la Delta Orionis, per misurarne gli spostamenti Doppler periodici dovuti al moto orbitale attorno al baricentro del sistema, e dalle misure orbitali risalire a indicazioni sulla massa delle due componenti. Sebbene la quasi totalità delle righe spettrali oscillasse periodicamente attorno a una posizione intermedia, le due forti righe del calcio ionizzato, che cadono proprio al limite violetto di sensibilità dell'occhio, non partecipavano di questo moto. Per questa ragione Hartmann le chiamò «righe stazionarie» e interpretò come segue le sue osservazioni: «Riteniamo che in qualche punto dello spazio sulla linea visuale fra il Sole e Delta Orionis ci sia una nube che produce questo assorbimento... dalla natura della riga osservata riteniamo inoltre molto probabile che la nube consista di vapori di calcio».

Un gas così rarefatto come quello interstellare assorbe la luce delle stelle solo in corrispondenza di certe righe, fra le più forti tipiche di quel dato atomo o di quel dato ione (atomo che ha perso uno o più elettroni, ed è pertanto carico positivamente) e che sono originate dallo stato di più bassa energia dell'atomo o ione, detto «stato fondamentale». Nella regione accessibile da terra solo il calcio neutro, quello ionizzato una volta e il sodio neutro hanno nel loro spettro righe che soddisfano a questi due requisiti. Pertanto tutte le informazioni che gli studi degli spettri ottici ci danno sul gas interstellare provengono da questi elementi.

È chiaro che si tratta di informazioni assai limitate, perché, per esempio, non ci dicono niente sull'elemento più abbondante nell'universo, l'idrogeno.

I primi dati su come quest'ultimo è distribuito nella Galassia ci furono forniti dalla riga di 21 centimetri già a partire dal 1951. Altre informazioni le abbiamo avute dall'osservazione delle righe ultraviolette dell'idrogeno atomico e dell'idrogeno molecolare, osservabili solo da satelliti. La 21 cm, rispetto alle righe nell'ultravioletto, ha anche il vantaggio di non subire diffusioni ad opera delle polveri e quindi di mostrarci la distribuzione del gas anche al di là del centro galattico, fino a regioni diametralmente opposte al Sole.

Predetta teoricamente dall'olandese H.C. van de Hulst nel 1944, fu osservata effettivamente dall'americano Edward Mills Purcell sette anni dopo. Prima di allora non si sapeva niente della distribuzione, abbondanza, temperatura e densità dell'idrogeno interstellare, e cioè proprio di quell'elemento che costituisce la quasi totalità del gas interstellare, come pure dell'intero universo. Si deve proprio alla 21 cm se per la prima volta è stato possibile individuare la struttura dei bracci spirali e penetrare dentro il centro galattico. Dall'intensità della 21 cm si è anche dedotta una temperatura di circa 100 gradi assoluti e una densità compresa fra 1 e 0,1 atomi per centimetro cubo.

Risultati del tutto nuovi, e complementari a quelli forniti dalla 21 cm, si sono ottenuti grazie ai due satelliti per l'ultravioletto, COPERNICUS e IUE. COPERNICUS ha permesso di osservare un volume relativamente piccolo intorno al Sole esteso all'incirca da 4000 a 6000 anni luce. IUE, molto più sensibile, consente di studiare il gas interstellare fino a una distanza di almeno 10 000 anni luce sul piano galattico, oltre che quelle regioni dell'alone galattico dove l'estinzione ad opera delle polveri è trascurabile, e addirittura il gas interstellare delle due Nubi di Magellano. D'altra parte COPERNICUS è l'unico satellite, a tutt'oggi, che ha osservato fino a lunghezza d'onda di circa 900 Å, mentre IUE e HST arrivano solo a 1200. Ebbene, questa piccola regione dello spettro, fra 900 e 1200 Å, ci ha dato delle informazioni uniche: infatti a circa 1150 Å cadono le righe della molecola di idrogeno H_2 composta da due atomi di idrogeno, e la molecola HD composta di un atomo di idrogeno e di uno di idrogeno pesante o deuterio. Dal confronto dell'intensità delle righe delle due molecole si ricava il rapporto fra idrogeno e deuterio. Vedremo nei capitoli dedicati alla cosmologia che questo rapporto è una indicazione delle condizioni fisiche dell'universo primordiale, una riprova delle teorie del Big Bang. La teoria prevede un atomo di deuterio ogni 100 000 atomi di idrogeno, e le osservazioni di COPERNICUS confermano queste previsioni. Che si tratti proprio di deuterio primordiale lo prova il fatto che il deuterio che si forma nel corso delle reazioni nucleari nell'interno delle stelle ha vita brevissima perché viene immediatamente distrutto a temperature di mezzo milione di gradi, e cioè molto più basse di quelle dei noccioli stellari che superano i 10 milioni di gradi.

Inoltre, in alcune regioni si sono osservate le due righe più forti dell'ossigeno cinque volte ionizzato, che cadono a circa 1035 Å. La loro presenza indica che la temperatura (indicata dalla velocità di agitazione del gas) è di circa mezzo milione di gradi, e cioè sufficientemente energetica da strappare 5 elettroni all'atomo di ossigeno. Questa osservazione è la prova dell'esistenza di regioni «torride» nel gas interstellare. La sorgente di energia risiede probabilmente nelle onde d'urto prodotte dal gas continuamente espulso da stelle di alta luminosità a velocità di parecchie centinaia di chilometri al secondo (detto anche vento stellare) oppure è il risultato delle perturbazioni create dalle esplosioni delle supernovae e forse anche delle novae — fenomeno quest'ultimo meno violento ma molto più frequente.

Sia COPERNICUS che IUE hanno permesso di determinare la composizione chimica del gas interstellare. Dato il gran numero di prove, più o meno dirette, che le stelle si formano dalla condensazione di nubi di questo gas, ci si aspettava che esso avesse la stessa composizione chimica delle atmosfere stellari. Grande fu la sorpresa quando si trovò che molti elementi erano invece da dieci a cento volte meno abbondanti. Però, ci si accorse presto che gli elementi con abbondanza normale erano quelli che restano allo stato gassoso anche a temperature molto basse, mentre quelli che passano allo stato solido a temperature di parecchie centinaia di gradi erano sottoabbondanti.

Ciò significa che molti elementi si trovano in larga parte allo stato solido, sotto forma di polveri, e quindi non contribuiscono più all'intensità delle righe di assorbimento prodotte dal gas.

Per esempio carbonio, azoto, ossigeno, che restano allo stato gassoso a temperature inferiori ai 200 gradi, hanno abbondanze eguali a quelle stellari, mentre ferro, nichel, silicio, magnesio che solidificano sotto i 1200 gradi, e ancora più calcio e alluminio che solidificano sotto i 1500 gradi, sono sottoabbondanti.

IUE ci ha fatto conoscere meglio anche i dintorni di casa nostra, ossia quello che si chiama il mezzo interstellare locale.

L'interesse di questo studio è il seguente. Per conoscere la struttura spaziale del gas interstellare occorre osservare regioni poco estese lungo la nostra visuale, così da evitare l'accumularsi e il mescolarsi delle informazioni relative a regioni differenti, distribuite a distanze da noi molto diverse. La difficoltà di studiare la distribuzione e le proprietà del gas locale consiste nel fatto che la colonna di gas frapposta fra noi e le stelle più vicine contiene un numero relativamente piccolo di atomi e quindi righe interstellari troppo deboli per essere visibili e misurabili. Questo era vero soprattutto per le righe interstellari del calcio e del sodio che sono elementi cento volte meno abbondanti del magnesio. La presenza nello spettro ultravioletto di forti righe di elementi abbondanti come carbonio, ossigeno, magnesio ha reso praticabile questo studio. I risultati sono questi: entro una quindicina di anni luce dal Sole la densità media del gas è compresa fra 0,04 e 0,1 atomi per centimetro cubo, notevolmente inferiore al valore medio tipico dei bracci spirali, di un atomo per centimetro cubo. Osservazioni di una decina di stelle situate a distanze inferiori a 100 anni luce e in varie direzioni indicano che la densità media varia da una direzione all'altra, passando da valori di 0,005 atomi per centimetro cubo in direzione opposta a quella del centro galattico a valori compresi fra 0,02 e 0,15 in direzione del centro. Si badi che si sta parlando di un piccolo volume attorno al Sole, e non è lecito estendere questi risultati a scala galattica. Ciò che risulta è che il Sole è immerso in una regione di bassa densità e con il gas distribuito in modo non omogeneo.

In tutto quanto precede non si è mai parlato di elio interstellare, nonostante che questo elemento sia secondo solo all'idrogeno come abbondanza nell'universo. La ragione è che le righe dell'elio, sia neutro che ionizzato, dovute all'atomo nello stato fondamentale, cadono a lunghezze d'onda comprese fra 590 e 500 Å e fra 300 e 230 Å. Questa regione, chiamata anche «estremo ultravioletto» è ancora praticamente inesplorata. Infatti l'idrogeno interstellare diventa fortemente assorbente a lunghezze d'onda inferiori a 913 Å e ridiventa parzialmente trasparente sotto i 200 Å. La speranza di osservare le righe dell'elio interstellare era praticamente nulla prima di questi risultati relativi al mezzo locale. Il fatto che il Sole si trovi in una regione di bassa densità, con degli spiragli di minima densità, ha reso possibile una parziale esplorazione anche di questa regione dello spettro almeno per le stelle più vicine.

Oltre agli atomi, va ricordato un altro importante costituente del gas interstellare: le numerose molecole, in gran parte organiche, che a partire dagli anni '60 si sono andate via via scoprendo, grazie alle loro emissioni a microonde. Esse si trovano nelle nubi più dense. Ma tenuto conto della bassa densità di queste nubi, è parso sorprendente che vi si potessero formare molecole abbastanza complesse, addirittura di 11 atomi come il cianotetracetilene (un atomo di idrogeno, uno di azoto e nove di carbonio) e di 13 come il cianopentacetilene (ancora un atomo di idrogeno, uno di azoto e undici di carbonio). A tutt'oggi si conoscono quasi novanta specie di molecole interstellari. Oltre all'ossidrile, OH, e alle molecole di idrogeno e di acqua, sono state trovate, citando solo quelle a noi più familiari anche sulla Terra, monossido di carbonio, anidride solforosa, ammoniaca, formaldeide, acetilene, acido formico, metano, alcool etilico e molte altre. Se non fosse per l'estrema rarefazione di questo gas, potremmo dire che anche le nubi interstellari sono inquinate quanto le periferie delle nostre città industriali.

CAMPO MAGNETICO GALATTICO

Una componente della galassia, immateriale, ma non per questo meno importante, è il campo magnetico. Fu Enrico Fermi a suggerire per primo — era il 1949 — la possibile presenza di un campo magnetico galattico. Il suo argomento era il seguente: è ben noto che una carica elettrica in moto produce un campo magnetico. Ora il gas interstellare è costituito almeno in parte da particelle cariche, le quali, a causa del loro moto turbolento, producono un campo magnetico. Fermi predisse anche il valore di questo campo, che fu misurato solo molti anni dopo. Era probabile che durante la lunga vita della Galassia si fosse arrivati a una situazione di equilibrio fra le densità di energia cinetica e magnetica. Poiché la prima era nota, si poteva calcolare il valore della seconda* che risultò di circa 3×10^{-6} gauss, un valore molto prossimo a quello effettivamente osservato.

Sempre nel 1949 due astronomi americani, W.A. Hiltner e J.E. Hall, indipendentemente, avevano osservato che la luce delle stelle molto lontane è parzialmente polarizzata, e il grado di polarizzazione cresce con la distanza. Cosa vuol dire luce polarizzata? Significa che l'intensità della radiazione non è la stessa in tutte le direzioni. Supponiamo di guardare una sorgente di luce attraverso un particolare filtro detto polarizzatore. Se la sorgente non è polarizzata, o, come si dice, emette luce naturale, comunque ruoti il polarizzatore, esso lascerà passare sempre la stessa frazione di luce. Se invece la sorgente è polarizzata, ci sarà

* La densità di energia cinetica è data da $\frac{1}{2} \varrho v^2$ con ϱ e v densità media e velocità media del gas interstellare. La densità di energia magnetica da $\frac{B^2}{8\pi}$, con B campo magnetico. Assunto $v = 10^6$ cm/s $\varrho = 1$ atomo di idrogeno per cm^3, pari a circa 10^{-24} grammi per cm^3, si ricava appunto $B = 3{,}5 \times 10^{-6}$.

una posizione del filtro che taglierà di più la radiazione e una che taglierà meno. Per fare un'analogia, pensiamo ad un cancello a sbarre verticali (il polarizzatore): se voglio farvi passare attraverso un fascio di canne disposte in tutte le direzioni (la sorgente non polarizzata), comunque ruoti il fascio passeranno solo quelle disposte parallelamente alle sbarre. Se invece ho un fascio di canne tutte orientate nello stesso modo (la sorgente polarizzata), passeranno tutte quando le avrò ruotate in modo da porle parallele alle sbarre del cancello.

Le stelle di solito emettono luce non polarizzata, in quanto essa è la somma delle emissioni della miriade di singoli atomi, ciascuno dei quali emette in un particolare piano. Solo se esiste una causa, capace di obbligare tutti gli atomi o una buona parte di essi ad emettere in uno stesso piano, si avrà luce polarizzata. Questa causa può essere un campo magnetico stellare. Ma le osservazioni di Hiltner e di Hall indicavano che la polarizzazione cresceva al crescere della distanza. Questo fatto stava ad indicare che la causa della polarizzazione doveva trovarsi nel mezzo interposto fra noi e la stella. Se nel mezzo interstellare ci sono delle minuscole particelle solide (la cosiddetta polvere) di forma oblunga, un campo magnetico galattico può allinearle tutte nella stessa direzione, cosicché esse assorbiranno di più la luce lungo il loro asse maggiore che non lungo quello minore, dando luogo alla polarizzazione.

Se questo è stato il primo indizio della presenza di un campo magnetico interstellare, in seguito, e grazie ai progressi della radioastronomia, si è potuto misurarne distribuzione e valore. Il metodo più diretto consiste nella misura dell'effetto Zeeman. Zeeman osservò che quando una sorgente di luce si trova ad emettere, immersa in un campo magnetico, le righe del suo spettro vengono scisse in più componenti, e la separazione di queste è tanto maggiore quanto maggiori sono il campo magnetico e la lunghezza d'onda della radiazione.

Negli spettri ottici delle macchie solari e di alcune stelle, dove il campo magnetico ha valori di qualche migliaio di gauss, l'effetto Zeeman è facilmente osservabile. Ma con campi così deboli come quelli interstellari, non era nemmeno pensabile di poterlo osservare nelle righe prodotte dal gas interstellare. Ma quando nel 1951 fu osservata la prima riga interstellare nello spettro radio, la 21 cm dell'idrogeno neutro, con lunghezza d'onda duecentomila volte maggiore di quelle ottiche e infrarosse, si cominciò a cercare di misurarne l'effetto Zeeman. Alla fine degli anni '70 queste misure erano state fatte in quasi tutte le direzioni sul piano galattico. Il campo aveva valori di qualche centomillesimo di gauss, circa dieci volte il valore previsto da Fermi.

Un altro metodo di misura del campo è stato possibile utilizzando le radiosorgenti, come i resti di supernovae, la cui radiazione è polarizzata.

La radiazione polarizzata che traversa un mezzo ionizzato in cui è presente un campo magnetico subisce il cosiddetto effetto Faraday. Cioè il suo piano di polarizzazione viene ruotato di un angolo dato da λ^2 n B L dove λ è la lunghezza d'onda della radiazione, n e B sono i valori medi della densità di elettroni e del campo magnetico lungo il cammino L fra la sorgente e l'osservatore. Misurando il piano di polarizzazione a diverse lunghezze d'onda, e supponendo di conoscere la distanza L e la densità media di elettroni, si può ricavare B. Se poi la radiosorgente utilizzata è una pulsar, non occorre fare ipotesi su n e su L. Infatti si può misurare il tempo di arrivo dei radioimpulsi a diverse frequenze. Poiché il mezzo interstellare non è perfettamente vuoto, la velocità di propagazione dei radioimpulsi varia con la frequenza della radiazione e precisamente la dispersione nel tempo di arrivo dipende dal prodotto n L che viene così determinato direttamente. Il valore del campo indicato dalle osservazioni di pulsar è di qualche milionesimo di gauss, in accordo con le previsioni di Fermi.

Perché questa differenza fra i valori derivati dall'effetto Zeeman sulla 21 cm e dalle pulsar? La ragione sta nel fatto che il campo dato dalle osservazioni di pulsar è un valore medio su distanze di qualche migliaio di anni luce; se il campo assume sia valori positivi che negativi lungo il cammino, il valore medio si abbassa. Quello derivato dalla riga di 21 cm, invece, è relativo a nubi piuttosto dense e di dimensioni da qualche anno a qualche decina di anni luce. In un volume relativamente piccolo e più omogeneo, il campo ha probabilmente più o meno lo stesso valore e lo stesso segno.

IL CENTRO GALATTICO

Nelle galassie esterne simili alla nostra, il centro galattico è immerso in un nucleo centrale ricco di stelle e materia interstellare. In molte galassie questi nuclei sono detti «attivi», ossia contengono delle sorgenti di piccole dimensioni ed estremamente energetiche. Ma cosa ci sia al centro della nostra Galassia è ancora un mistero, sebbene ci si avvicini sempre più alla verità.

La distesa di polveri addensata sul piano della Galassia impedisce alla nostra visuale di estendersi oltre una decina di migliaia di anni luce. Furono proprio queste polveri a trarre in inganno prima gli Herschel (William, Caroline e John), che alla fine del 1700 e all'inizio del 1800 cercarono di capire qual era la posizione del Sole nella Via Lattea, e poi Jacobus Cornelius Kapteyn circa un secolo dopo. Tanto gli uni che l'altro, contando le stelle per grado quadrato in tutte le direzioni lungo il piano galattico e perpendicolarmente ad esso, arrivarono alla stessa conclusione. Poiché il numero di stelle per grado quadrato resta pressoché costante in tutte le direzioni sul disco galattico, ciò sembrava voler dire che il Sole si trovava proprio nel suo centro. Inoltre, poiché il numero di stelle decresce rapidamente allontanandosi dal piano, sia a latitudini positive che negative, suggeriva che il Sole si trovasse proprio sul piano centrale del disco. Harlow Shapley intraprese lo stesso genere di misure qualche anno dopo. Veramente il suo scopo era quello di misurare la posizione e la distanza degli ammassi globulari. Poiché questi non sono particolarmente concentrati sul piano galattico, le polveri ne ostacolavano la vista in misura molto minore. Fu così che Shapley si accorse che la maggioranza degli ammassi globulari era concentrata in direzione della costellazione del Sagittario, e ne dedusse che essi stavano orbitando attorno al centro galattico che doveva trovarsi proprio in quella direzione. Ma a che distanza dal Sole? Per una fortunata circostanza, negli ammassi globulari sono numerose alcune stelle variabili, chiamate, dal nome della prima di loro ad essere scoperta, variabili RR Lyrae. Queste variabili hanno tutte più o meno lo stesso splendore intrinseco. Perciò dalla misura dello splendore apparente, che decresce col quadrato della distanza da noi, è possibile risalire alla distanza stessa. In contrasto con i precedenti risultati di Kapteyn, Shapley trovò che il Sole era tutt'altro che al centro del disco galattico, bensì in posizione molto periferica, a circa 60 000 anni luce dal centro indicato dagli ammassi globulari. Shapley però non sapeva dell'esistenza delle polveri; fu solo intorno al 1930 che l'astrofisico svizzero Robert J. Trumpler le mise in evidenza. Lo splendore delle RR Lyrae negli ammassi globulari appariva circa sedici volte più debole, a causa dell'estinzione da parte delle polveri, e perciò le faceva apparire più lontane di quello che erano effettivamente. Fu così che la distanza del Sole dal centro galattico fu ridimensionata e portata al valore oggi comunemente accettato, compreso fra 25 000 e 30 000 anni luce.

Cosa ci sia al centro della Galassia, le osservazioni ottiche non possono dircelo. Infatti l'effetto delle polveri è tale che, su 100 miliardi di fotoni ottici, solo uno riesce a raggiungerci.

A lunghezze d'onda maggiori, come quelle infrarosse e radio, l'effetto della polvere è molto minore o addirittura del tutto trascurabile. Si potrebbe dire che i granelli di polvere sono ostacoli invisibili per le onde radio, così come un filo d'erba può esssere un ostacolo per una formica ma è assolutamente inesistente per un elefante. Anche le onde molto più corte come i raggi gamma passano impunemente fra le polveri, come se sgusciassero fra granello e granello. Tuttavia il centro galattico è rimasto un oggetto misterioso. Sebbene Karl Jansky avesse scoperto casualmente nel 1930 che dal centro galattico provengono radioonde, e sebbene la radioastronomia si sia sviluppata rapidamente fra il 1950 e il 1970, proprio la lunghezza delle radioonde non permetteva di vedere dettagli molto fini, ma solo il nucleo galattico nel suo insieme. D'altra parte solo i progressi delle scienze spaziali hanno permesso di scandagliare il centro galattico nell'infrarosso lontano o a raggi gamma, poiché ricordiamo che la nostra atmosfera lascia passare solo qualche piccolo intervallo di infrarosso vicino, oltre alla banda ottica, dal rosso al violetto, e alle radioonde comprese fra qualche millimetro e qualche decina di metri.

VERSO IL CENTRO DEL CENTRO

In questi ultimi anni lo sviluppo di recettori più sensibili per l'infrarosso accessibile dal suolo, le osservazioni del satellite IRAS per l'infrarosso vicino e lontano, e le tecniche di interferometria radio, che hanno spinto la capacità di vedere dettagli da parte dei radiotelescopi a valori paragonabili o migliori di quelli degli strumenti ottici, ci hanno permesso di spingere lo sguardo sempre più addentro, verso il misterioso cuore della Galassia.

Ecco i risultati di questo progressivo avvicinamento al centro.

La radiazione di lunghezza d'onda di 2,2 micron non è apprezzabilmente assorbita dalla nostra atmosfera (purché si osservi da località in alta montagna) e non è nemmeno troppo diffusa dalle polveri interstellari. Poiché le stelle giganti rosse, numerose in direzione del centro galattico, emettono gran parte della loro radiazione a lunghezze d'onda fra 1 e 2 micron, le osservazioni a 2,2 micron ci permettono di stimare quante stelle sono concentrate in un volume di circa 1500 anni luce di diametro. Si trova una densità di stelle un milione di volte più grande che nelle vicinanze del Sole e circa 150 volte più grande che negli ammassi globulari. La distanza media fra stella e stella nel centro della Galassia è di circa una settimana luce, o 15 volte il diametro del sistema solare. La massa totale delle stelle poste a distanza inferiore a 1500 anni luce dal centro è stimata pari a dieci miliardi di masse solari, o circa un decimo di tutta la massa galattica contenuta entro l'orbita del nostro Sole attorno al centro galattico. Ma oltre alle stelle il centro contiene anche polveri e gas, che emettono soprattutto onde radio e nel lontano infrarosso.

Già intorno al 1970 si era individuato un agglomerato di sorgenti infrarosse e radio estese sul piano galattico per 700 anni luce, e meno di 200 in direzione perpendicolare ad esso. Verso la metà degli anni '80, la riduzione delle osservazioni compiute con IRAS a 60 e 100 micron mostra una distribuzione di nubi interstellari estesa circa 16 gradi attorno al centro galattico. I dettagli più piccoli distinguibili corrispondono a 30 anni luce. È evidente una forte sorgente di radiazione infrarossa proprio nel centro galattico ed alcune altre qua e là sul piano galattico. Osservazioni fatte a 18 centimetri di lunghezza d'onda col VLA (Very Large Array, costituito da una schiera di 27 paraboloidi di 25 metri di diametro, disposti ad Y, su una lunghezza totale di 35 chilometri, nel deserto di Socorro nel Nuovo Messico) mostrano i dettagli fini delle quattro radiosorgenti principali distese su una lunghezza di 700 anni luce sul piano galattico e ciascuna di diametro inferiore a 50 anni luce: sono Sgr D (Sagittarius D), Sgr B, Sgr A e Sgr C. Sgr A coincide proprio col punto preso come centro della Galassia, da cui si contano le coordinate galattiche, latitudine e longitudine. Da esso esce un tenue getto a forma di arco,

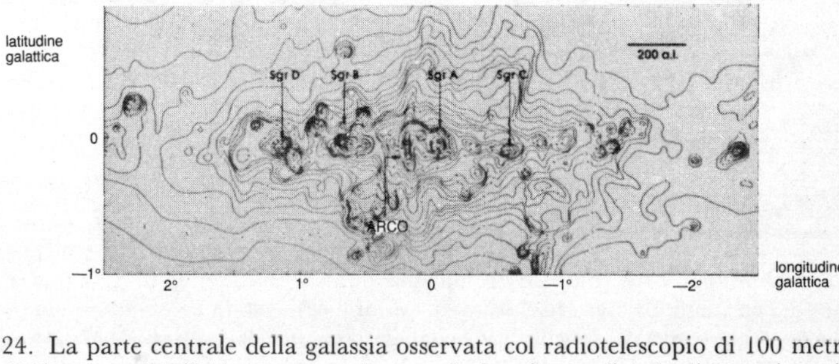

24. La parte centrale della galassia osservata col radiotelescopio di 100 metri di diametro di Effelsberg, presso Bonn, alla lunghezza d'onda di 6 centimetri. Si notano le 4 sorgenti più intense chiamate Sgr A, Sgr B, Sgr C e Sgr D, che spiccano sull'emissione diffusa del piano galattico. I dettagli più piccoli osservabili sono di 2,6 minuti d'arco, corrispondenti a circa 20 anni luce.

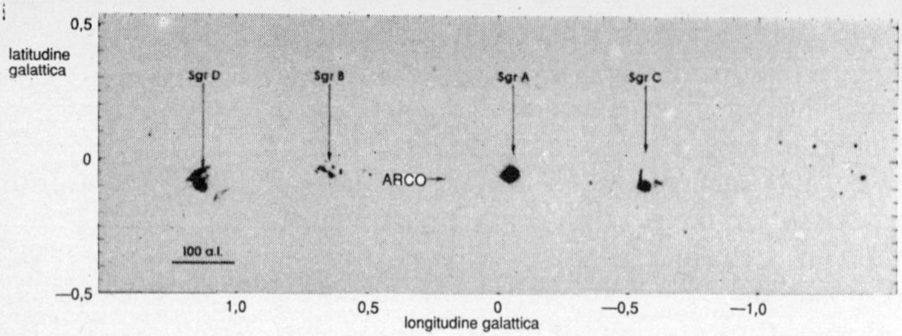

25. La stessa regione è osservata con il grande interferometro VLA (Very Large Array) nel Nuovo Messico alla lunghezza d'onda di 18 cm. I dettagli più piccoli osservabili sono 17 secondi d'arco, corrispondenti a 2 anni luce. Si intravede, molto debole, la struttura ad arco uscente da Sgr A.

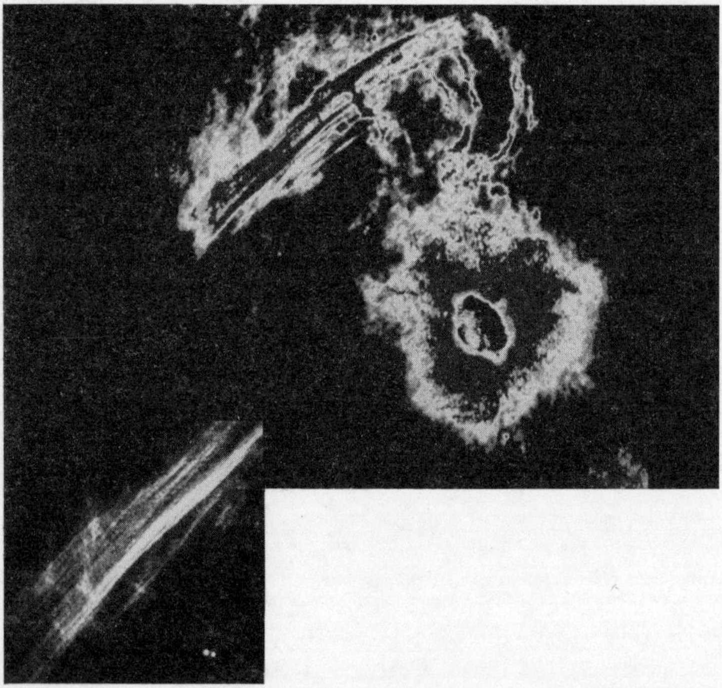

26. Sempre col VLA, ma con un maggior numero di antenne in funzione (e quindi con miglior potere risolutivo -0,4 anni luce), è stata osservata in dettaglio la sorgente Sgr A, che coincide quasi esattamente col centro della Galassia. Si vede bene l'arco uscente da Sgr A, formato da una serie di filamenti paralleli. È largo soltanto 2 anni luce ma esteso più di 60 anni luce. Nel riquadro in basso a sinistra si vede un dettaglio della parte lineare dell'arco. Il perfetto allineamento dei filamenti indica la presenza di un campo magnetico molto regolare.

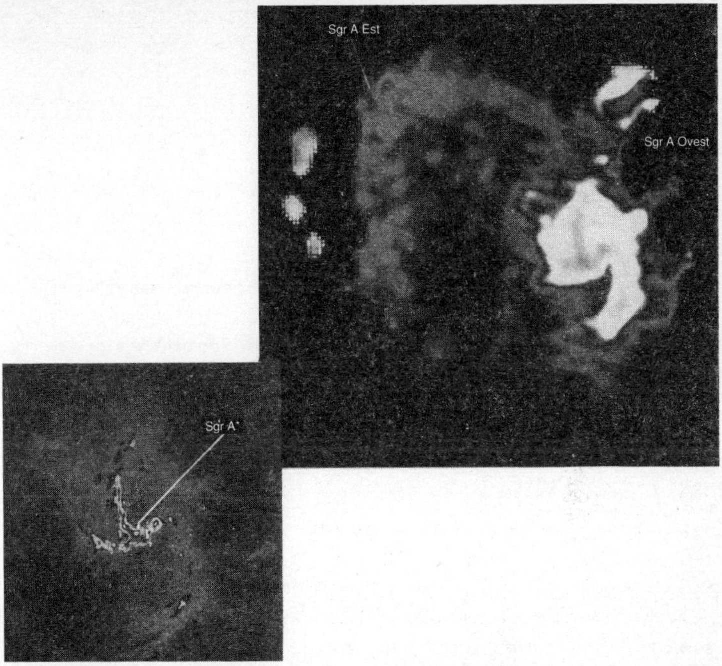

27. Un'immagine ancora più dettagliata di Sgr A. La radiosorgente è chiaramente formata da due componenti: Sgr A Est, più estesa e meno intensa, è una sorgente non termica, probabilmente il resto di una supernova. Le tre piccole sorgenti luminose a sinistra sono regioni di idrogeno ionizzato. Sgr A Ovest, più compatta ed intensa, emette radiazione di origine termica (cioè il gas emette perché è caldo). All'interno di Sgr A Ovest si nota una zona ancora più intensa a forma di T rovesciato. Nel riquadro in basso a sinistra se ne vedono dettagli estesi meno di 0,05 anni luce. Il centro esatto della Galassia, Sgr A*, è indicato dalla freccia, ed è il punto più intenso della sorgente a T rovesciato.

chiaramente osservabile col VLA. Si scorgono dettagli di 3 secondi d'arco, che corrispondono a 0,4 anni luce (Figure 24, 25 e 26). Da notare i filamenti perfettamente allineati che caratterizzano la parte rettilinea del getto, e che si possono spiegare solo ammettendo la presenza di un campo magnetico. Dettagli ancora più fini si possono osservare sempre col VLA alla lunghezza d'onda di 6 centimetri. Sgr A appare ora composta di due sorgenti, Sgr A Est e Sgr A Ovest (Figura 27). La prima, più debole ed estesa, ha uno spettro radio che non si spiega come emissione termica, dovuta cioè a gas caldo, ma solo con l'emissione di natura non termica prodotta da elettroni a velocità prossime a quelle della luce, in moto in un campo magnetico. Questo tipo di emissione non termica è comune nei resti di supernova. Sgr A Ovest, invece, ha un'emissione molto più intensa e tipica delle nubi di gas idrogeno a temperature di circa 10 000-20 000 gradi. Ma non basta: alla più alta risoluzione raggiungibile col VLA, in una regione di appena 10 anni luce attorno al centro galattico, si scorge che nella parte più fortemente emittente di Sgr Ovest, che ha grosso modo la forma di un T rovesciato, c'è una sorgente radio intensa e compatta, chiamata Sgr A*, situata appena sopra la barra orizzontale della T (vedasi la figura 27). Osservazioni a lunghezze d'onda millimetriche, a cui emettono varie molecole presenti nel gas interstellare, fanno vedere dettagli ancora più fini. Si può da queste osservazioni stabilire che Sgr A* rappresenta proprio il centro energetico e dinamico della Galassia. Attorno ad esso si estende una corona di gas molecolare di raggio pari a circa 6 anni luce, ruotante a 100 km/s (Figura 28). La densità dell'anello è di circa 100 000 molecole per centimetro cubo, troppo debole per restare in equilibrio sotto l'azione gravitazionale del nucleo galattico. Le maree prodotte da questa attrazione, come pure gli scontri che possono verificarsi fra i vari agglomerati gassosi presenti nell'anello, devono avere l'effetto di modificarlo drasticamente nel giro di qualche decina di migliaia di anni. Quindi, deve trattarsi di una formazione molto instabile; la parte interna che alloggia Sgr A* (la T rovesciata) potrebbe essere formata da nubi espulse dall'anello e attratte dalla massa centrale.

Siamo dunque arrivati a toccare proprio il punto centrale della Galassia. Ma cos'è questo punto centrale, questa misteriosa sorgente Sgr A*? È questa che produce tutti i complessi moti del gas circostante? Potrebbe essere un buco nero gigante, come quelli che si ritiene siano all'origine delle formidabili emissioni delle quasar? Osservazioni fatte con interferometri intercontinentali, cioè con combinazioni di vari radiotelescopi dislocati addirittura su continenti diversi, danno la possibilità di scorgere dettagli ancora più fini che col VLA. Ebbene, con questi mezzi si può dire che il diametro di Sgr A* è inferiore a tre ore luce, pari al diametro dell'orbita di Saturno. Non è stato osservato nessun moto di espansione, il che esclude esplosioni di supernovae. Potrebbe ospitare un buco nero di un milione di masse solari, ma in questo caso ci si aspetterebbe un'emissione radio molto maggiore di quella di Sgr A*, che invece è appena dieci volte la luminosità del Sole. Infatti, la materia spiralante verso il buco nero si riscalda tanto

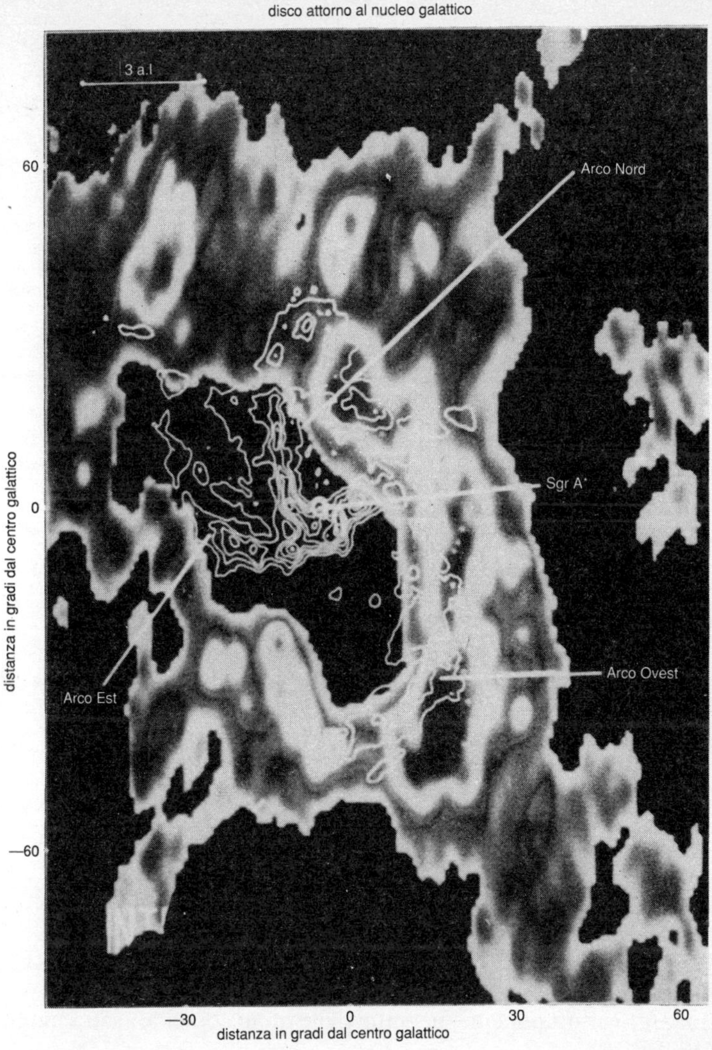

28. Le osservazioni a onde millimetriche del centro della Galassia mostrano la presenza di una struttura grossolanamente ad anello inclinato rispetto al piano perpendicolare alla nostra visuale, e che perciò appare ellittico. Si trova a circa 6 anni luce dal centro e ruota attorno ad esso a 100 km/s. La sua massa è stimata pari a quella di 10 000 soli. Sono riportate, per confronto, la struttura a T rovesciato e Sgr A*.

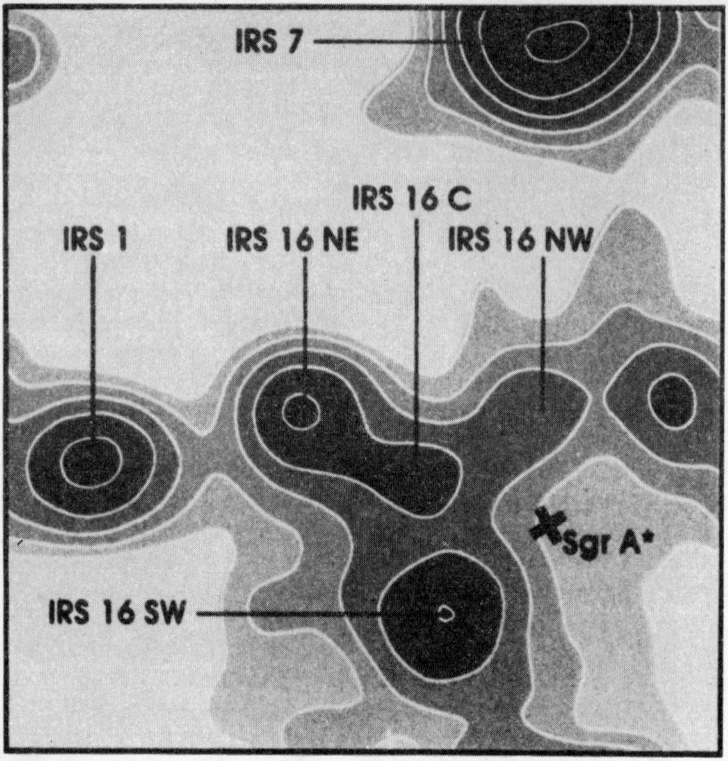

29. Osservazioni nell'infrarosso della regione attorno a Sgr A* mostrano la presenza di alcune sorgenti compatte: IRS 1, IRS 16 NE, IRS 16 C, IRS 16 NW, IRS 16 SW, ma nessuna sorgente compatta coincide con Sgr A*.

per attrito da dar luogo a potenti emissioni radio, infrarosse, e anche ottiche, ultraviolette, X e gamma. In effetti, c'è una forte sorgente infrarossa vicino al centro galattico chiamata IRS 16 (Figura 29), però non è una sorgente singola ma è formata da almeno quattro componenti, nessuna delle quali coincide esattamente con Sgr A*.

Nel 1987 un gruppo di astrofisici del Max Planck Institut in Germania annunciarono di avere osservato emissione gamma proveniente dal centro galattico. Il loro telescopio a raggi gamma montato su un pallone aveva scoperto infatti una forte sorgente coincidente col centro galattico. Purtroppo la risoluzione spaziale era di soli 10 gradi. Osservazioni successive fatte nel 1988 da astronomi del California Institute of Technology con un telescopio in grado di «vedere» dettagli molto più fini hanno mostrato che in realtà la sorgente gamma è spostata di 0,7 gradi, corrispondenti a 340 anni luce, a sud ovest del centro galattico. Quindi anche questa sorgente non prova la presenza di un buco nero al centro della Galassia.

Eppure ci sono anche fatti, seppure incerti, che indicano forti analogie con i nuclei delle quasar. Le emissioni di queste ultime sono tanto energetiche che non conosciamo altra fonte d'energia in grado di spiegarle se non un massiccio buco nero. Le analogie, oltre al getto ad arco uscente dal centro, consistono nella possibile presenza di un altro getto, molto più esteso, che sembra provenire dal centro della Via Lattea. Si tratta di un getto emittente radioonde, che è stato osservato da C.G.T. Haslam e collaboratori col radiotelescopio di Parkes in Australia di 64 metri di diametro, alla lunghezza d'onda di 73,5 centimetri. Si estende fino a 25 gradi sopra il piano galattico e si trova proprio alla longitudine del nucleo galattico. Però la forte emissione del piano galattico non permette di seguirlo fino al centro del disco. Allora altri tre radioastronomi, Yoshiaki Sofue, Wolfgang e Patricia Reich, hanno pensato di ripetere l'osservazione col radiotelescopio da 100 metri di diametro di Bonn alla lunghezza d'onda di 21,3 centimetri, dove l'emissione del disco galattico è minore. Così hanno potuto seguire il getto fino a 2 gradi dal centro galattico. Se veramente il getto si trova alla distanza del centro galattico da noi, un angolo di 25 gradi corrisponde ad una estensione di 13 000 anni luce. L'emissione è non termica e può essere causata dal frenamento che elettroni a velocità prossima a quella della luce espulsi dal centro galattico subiscono spiralando in un campo magnetico presumibilmente uscente dal centro galattico e diretto perpendicolarmente al piano galattico. Misure della polarizzazione della luce delle stelle lontane, avevano già fatto sospettare la presenza di questo campo più di quarant'anni fa. Infatti il campo magnetico che è generalmente concentrato sul piano galattico, presenta un braccio che si stacca dal piano e si innalza al disopra di esso fino a circa 40 gradi di latitudine proprio alla longitudine del centro galattico.

Le dimensioni del getto sono paragonabili a quelle osservate in altre galassie, ma la sua emissione è da cento a mille volte più bassa.

Tutti i dati concorrono a indicare che al centro della Galassia (la misteriosa sorgente Sgr A*) c'è una concentrazione di massa eccezionale, ma l'energia che da esso promana è troppo bassa per un buco nero. Ma se non è un buco nero, che cosa può essere?

Potrebbe trattarsi di un ammasso stellare molto denso, qualcosa di simile a un ammasso globulare ma con proprietà ancora più estreme. Solo misure accurate dei moti delle stelle entro un anno luce dal centro potranno stabilire con maggior precisione la massa e forse la natura del cuore della Galassia.

ALL'ESTREMA PERIFERIA DELLA GALASSIA

Ce la immaginavamo fredda e vuota, con rari ammassi globulari o rare stelle isolate. Invece anche qui c'è stata una sorpresa. Osservazioni degli spettri ultravioletti di alcune stelle membri delle Nubi di Magellano, che sono proiettate sulla volta celeste ad alta latitudine galattica, ossia molto lontane angolarmente dal piano dell'equatore galattico, presentavano delle deboli righe di assorbimento dovute al carbonio tre volte ionizzato. Dalla posizione delle righe, grazie all'effetto Doppler, si ricavava una velocità quasi nulla rispetto al Sole. Se questi assorbimenti fossero dovuti al gas o alle stelle delle Nubi di Magellano, la loro velocità avrebbe dovuto essere di circa 300 km/s in allontanamento, perché questa è la velocità delle Nubi, che insieme alla nostra Galassia e alle altre galassie del gruppo locale di cui facciamo parte, orbitano attorno al baricentro del gruppo stesso. Ciò significa che il gas si trova nell'alone galattico, a grande distanza dal piano galattico. Ma ancora più sorprendente è il fatto che questo gas è carbonio tre volte ionizzato. Questo significa che ha perso tre dei suoi sei elettroni. Perché questi possano venire strappati all'attrazione del nucleo di carbonio, deve essere fornita un'energia corrispondente a quella che ha un gas alla temperatura di circa 400 000 gradi. Qual è la fonte di tanta energia in queste remote e oscure parti della Galassia?

Un'ipotesi plausibile è che ripetute esplosioni di novae e supernovae producano onde d'urto nel gas interstellare accelerandolo a velocità di qualche centinaio o migliaio di km/s, rispettivamente, e fornendogli così l'energia sufficiente per strappare gli elettroni agli atomi di carbonio con cui l'onda d'urto entra in collisione. Osservazioni meno estese e più incerte indicherebbero la presenza nell'alone galattico di energie ancora maggiori, capaci di ionizzare quattro volte gli atomi di azoto e addirittura cinque volte quelli di ossigeno. In quest'ultimo caso occorrono energie comparabili a quelle di un gas alla temperatura di circa un milione di gradi.

Scendendo di nuovo verso il piano galattico, oltre alle stelle, agli ammassi e alle nubi di gas e polveri, troviamo un'altra classe di abitanti della Galassia, sconosciuta fino a una ventina di anni fa. Sono le nubi molecolari giganti, enormi ammassi di gas e polveri, le cui masse possono raggiungere le duecentomila masse solari, paragonabili cioè a quelle degli ammassi globulari. Si stima che siano anche venti volte più numerose degli ammassi globulari. Sebbene siano formate prevalentemente di molecole di idrogeno H_2 (composte di due atomi di idrogeno, l'elemento di gran lunga più abbondante nell'universo), la loro scoperta è stata resa possibile grazie alle emissioni di un'altra molecola, il monossido di carbonio CO. Data la bassa temperatura di queste nubi — circa 10 gradi assoluti o –263° C — le loro uniche emissioni sono quelle dovute agli irraggiamenti a microonde da parte delle molecole. Precisamente questi irraggiamenti sono causati dalla rotazione della molecola che fa oscillare gli elettroni avanti e indietro. Una data molecola può ruotare solo a certe determinate velocità. La transizione da un determinato valore ad un altro più basso della velocità di rotazione dà luogo ad emissione di radiazione a una frequenza ben definita. Purtroppo, la molecola di idrogeno, essendo formata di due atomi eguali, non emette in conseguenza della rotazione, perché l'asse di rotazione è equidistante dai due atomi e perciò la rotazione non produce un'oscillazione della carica. Invece, nella molecola del monossido di carbonio (dato che l'ossigeno ha massa 16 — presa eguale ad uno la massa dell'atomo di idrogeno — e il carbonio 12), l'asse di rotazione è più vicino all'ossigeno; nella rotazione la carica oscilla, per questa asimmetria della molecola, e dà luogo ad un'emissione a 2,6 millimetri di lunghezza d'onda.

La molecola del monossido di carbonio è la più abbondante nel cosmo, dopo quella dell'idrogeno molecolare, in quanto composta dei due elementi, carbonio e ossigeno, che hanno la maggiore abbondanza cosmica dopo l'idrogeno e l'elio, il quale ultimo però, essendo un gas nobile, non forma molecole.

Sebbene le nubi molecolari si trovino sul piano galattico, soprattutto concentrate nei bracci spirali, esse sono presenti anche all'estrema periferia del disco galattico. Questo fatto si è rivelato di estrema importanza.

Le stelle e tutta la materia che compone la Galassia ruotano attorno al centro galattico; più rapidamente quella più vicina al centro, più lentamente quella più lontana. Allo stesso modo i pianeti ruotano attorno al Sole. Proprio dai loro moti è possibile calcolare quella che è la massa del Sole. Analogamente i moti delle stelle nelle loro orbite attorno al centro della Galassia permettono di determinarne la massa. Dal moto del Sole nella sua orbita a circa 25 000 anni luce dal centro si era stimato che la massa di tutta la Galassia doveva essere pari a circa 140 miliardi di masse solari. Oltre il Sole, si pensava, la densità di stelle e materia diffusa andrà gradatamente diminuendo, e la velocità di rivoluzione diminuirà più o meno con legge kepleriana, la stessa cioè che regola i moti dei pianeti del sistema solare. A più di 50 000 anni luce dal centro, le stelle sono poche e deboli, anche a causa dell'attenuazione della loro luce da parte delle polveri, e le misure delle loro velocità sono molto incerte. Ma le nubi molecolari sono ben osservabili a microonde, e la misura degli effetti Doppler sull'emissione del CO a 2,6 millimetri di lunghezza d'onda ha mostrato che la velocità di rivoluzione attorno al centro invece di diminuire gradualmente resta quasi costante fino a circa 50 000 anni luce dal centro e poi riprende addirittura a crescere. A 56 000 anni luce dal centro la velocità ha raggiunto i 300 km/s, superando anche quella delle regioni a meno di 1000 anni luce dal centro che è di 250 km/s. Questo dato, interpretato grazie alle leggi della meccanica celeste, ci dice che la massa della Galassia è molto maggiore di quanto si credesse; la massa che si può scoprire grazie alle sue emissioni di radiazione elettromagnetica — luce, onde radio, raggi X o gamma — è cinque volte più piccola di quella che si fa sentire attraverso la sua forza di gravitazione. C'è dunque una gran quantità di materia «oscura» che non sappiamo cosa possa essere. E questo enigma è comune anche alle altre galassie, agli ammassi di galassie e all'universo nel suo insieme. Come vedremo, sembra addirittura che quanto più esteso è il sistema considerato, tanto maggiore è la percentuale di materia «oscura». Ma su questo torneremo parlando di ammassi di galassie e dell'universo nel suo insieme.

CAPITOLO DECIMO

UN UNIVERSO POPOLATO DA «UNIVERSI ISOLE»

La nostra Galassia è popolata da almeno 300 miliardi di stelle, ma l'universo di cui fa parte contiene miliardi di galassie. Alcune sono galassie nane, composte da meno di un miliardo di stelle, altre sono giganti, dieci volte più ricche di stelle della nostra. Alcune hanno una forma sferica o ellittica, le stelle sono fittamente addensate verso il centro e non si nota traccia di polveri e gas interstellari. Somigliano a dei giganteschi ammassi globulari. Altre hanno un nucleo centrale da cui si snodano due o più bracci spirali e la maggior parte delle stelle e del mezzo interstellare giace su un disco molto sottile rispetto al suo diametro. Ve ne sono alcune che hanno il nucleo traversato da una specie di sbarra dalle cui estremità si staccano le braccia spirali, altre ancora hanno una forma completamente irregolare.

Le dimensioni delle galassie possono variare da 10 000 anni luce a 200 000 o più anni luce, ma tutte sono separate fra loro da distanze che si contano a milioni di anni luce. Di qui il nome che fu loro dato negli anni '20 di «universi isole».

Forse il record di estensione è detenuto da una galassia spirale con un nucleo molto brillante, a 300 milioni di anni luce da noi. Si chiama NGC 262 (dove NGC sta per New General Catalogue), al confine fra le costellazioni dei Pesci e di Andromeda. È stata osservata sia fotograficamente che alla lunghezza d'onda di 21 centimetri emessa dall'idrogeno neutro. Ha un diametro di 1,3 milioni di anni luce, tredici volte quello della Via Lattea. Ma anche questo record sembra sia stato battuto, perché, alla fine del 1990, è stata annunciata la scoperta di una galassia ancora più grande, con un diametro di quasi sessanta volte quello della Via Lattea. È posta al centro di un ammasso di galassie noto come Abell 2029. Probabilmente la galassia centrale dell'ammasso è andata successivamente aggregandosi delle galassie minori orbitanti attorno al centro dell'ammasso, e ha raggiunto così dimensioni tanto eccezionali.

Notiamo dunque che, come le stelle di una galassia sono raggruppate in ammassi, così, a loro volta, le galassie sono raggruppate in ammassi più o meno grandi. L'universo contiene quindi una serie di strutture che vanno dalle più piccole, le stelle coi loro eventuali cortei di pianeti, separate le une dalle altre da distanze che in media sono pari a 100 milioni di volte il loro diametro medio, alle strutture più grandi, gli ammassi di galassie, i cui diametri sono pari a decine di milioni di anni luce e separati fra loro da distanze dieci volte maggiori. E forse anche gli ammassi fanno parte di ammassi di ammassi, i quali invece quasi si toccano, cosicché è molto difficile dire dove cominci l'uno e termini l'altro.

Questa serie di strutture gerarchiche deve avere a che fare con i processi di formazione di questi agglomerati di materia da un universo primordiale, originariamente uniforme. Ma come questo possa essere avvenuto, è ancora uno dei maggiori problemi dell'astrofisica e della cosmologia.

Se la formazione, evoluzione e fine delle stelle è ben compresa, anche nei dettagli, lo stesso non si può dire delle galassie. E che sia così lo si può capire facilmente. Prima di tutto, le galassie sono tanto lontane che solo con gli strumenti più potenti se ne possono studiare le caratteristiche. La stragrande maggioranza ci appare infatti come una macchiolina indistinta, in cui non è possibile discernere le singole stelle. Si aggiunga che le stelle sono soltanto sfere gassose, e il gas è lo stato più semplice in cui si trova la materia. Praticamente, la massa della stella è quella che determina tutta la sua vita.

Le galassie, al contrario, sono organismi complessi, formati da miliardi di stelle, da polveri e gas interstellari e percorsi da campi magnetici. È probabile che se la massa di gas da cui si è formata la galassia era in rapida rotazione, essa si sia velocemente appiattita a forma di disco, dando origine a una galassia spirale; se invece era in lenta rotazione ha mantenuto una forma sferica o ellittica. Se poi il gas è agitato da moti turbolenti, la formazione delle stelle avviene con difficoltà e si avrà una galassia ricca di materia interstellare; in caso contrario, si avranno una rapida formazione di stelle e un rapido esaurimento del mezzo interstellare. Infine sembra che l'ambiente in cui si trova una galassia possa determinarne le caratteristiche. In realtà, si osserva che verso il centro di ammassi molto popolosi abbondano le ellittiche mentre le spirali sembrano confinate alla periferia; forse perché le interazioni fra galassia e galassia avrebbero l'effetto di spogliarle reciprocamente del loro gas. Anche i campi magnetici galattici debbono avere un loro ruolo, benché per il momento non sia ben compreso. Perché poi certe spirali hanno la sbarra e altre no? Perché hanno due, quattro o più bracci spirali? Perché alcune hanno bracci aperti ed in altre le spirali si chiudono a formare un anello?

E soprattutto perché ci sono tante galassie spirali?

Questa domanda ha tormentato gli astronomi per gran parte di questo secolo. Infatti, come abbiamo già detto, una galassia non ruota come un corpo rigido — come una ruota — ma ha una rotazione differenziale, come quella kepleriana che governa i moti dei pianeti attorno al Sole. La materia più vicina al centro ruota più rapidamente di quella alla periferia. Allora ci si aspetta che le spirali si avvolgano attorno al nucleo centrale e spariscano dopo qualche centinaio di milioni di anni. Ma poiché l'universo contiene tante galassie spirali, vuol dire che c'è un meccanismo che le riforma continuamente. Circa venti anni fa C.C. Lin e Frank Shu proposero la cosiddetta teoria delle onde di densità. Se le stelle e le nubi di gas descrivono delle orbite ellittiche, la materia nelle varie orbite viene a formare naturalmente dei bracci spirali, come mostrato dalla figura 30. Si formano delle zone di maggior densità, dove la materia viene compressa. Si pensa che questa compressione favorisca la formazione di nuove stelle di grande massa, quelle luminose stelle azzurre che popolano appunto i bracci spirali. Sebbene i bracci appaiano a prima vista come strutture continue, fotografie analizzate con le moderne tecniche di analisi delle immagini a mezzo dei calcolatori elettronici, hanno rivelato

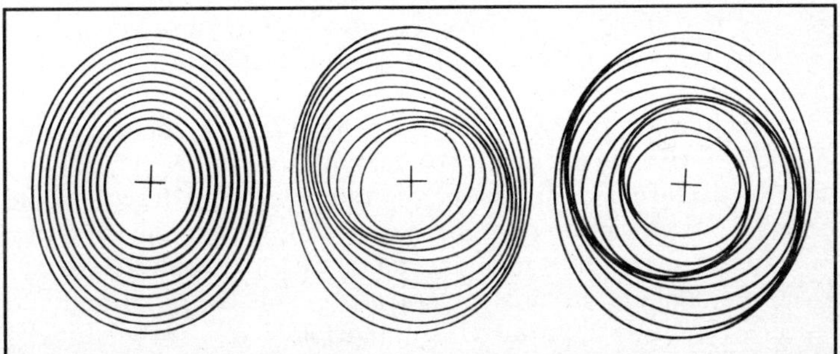

30. Apparente formazione dei bracci spirali: le ellissi rappresentano le orbite descritte da stelle e gas attorno al centro galattico. A sinistra gli assi delle ellissi sono tutti allineati. Per effetto della rotazione differenziale, le ellissi di asse minore ruotano più rapidamente di quelle di asse maggiore; perciò dopo un certo tempo gli assi non saranno più allineati e verranno a formarsi delle configurazioni, come quelle visibili al centro e a destra della figura. Si formano delle zone di maggior condensazione del gas, che si ritiene possano favorire la formazione di stelle.

delle fratture e degli addensamenti che confermano la teoria delle onde di densità, propagantisi attraverso la galassia.

Comunque, ripetiamo, il problema più grande è capire come si sono formate le galassie: qual è l'origine di quelle condensazioni iniziali, in un universo che la radiazione fossile a 3 gradi assoluti suggerisce essere stato altamente uniforme? Ma su questo punto torneremo parlando di cosmologia. Occupiamoci ora in particolare di che cosa le osservazioni ci dicono delle galassie, dei loro moti, della loro distribuzione nello spazio e delle loro proprietà fisiche.

La prima classificazione morfologica fatta da Edwin Hubble negli anni '20 conteneva solo quattro classi essenziali: le ellittiche, le spirali, le spirali sbarrate e le irregolari. Oggi si parla di galassie normali e di radiogalassie, di galassie con nuclei attivi, di quasar, di BL Lac*, di blazar, di liner. Quasar e blazar sono contrazioni di più parole inglesi, rispettivamente QUASi StellAR Radiosource, e BLLacQuaSar e l'inserimento della z al posto della s richiama la parola blaze, cioè fiamma o vampata, a indicare i bruschi aumenti di splendore di questi oggetti. Liner invece è l'acronimo di Low Ionization Nuclear Emission Region.

Va qui detto che l'abuso di acronimi da parte di molti specialisti di un ristretto campo della scienza, e in questo caso dell'astrofisica extragalattica, rende il linguaggio ermetico e difficilmente accessibile anche a chi lavora in un campo relativamente vicino, come per esempio l'astrofisica stellare. Avviene così che ai congressi il non iniziato si arrovelli a immaginare cosa voglia dire un acronimo e intanto perda il filo del discorso più prettamente fisico.

Elenchiamo alcuni tipi di galassie che non rientrano facilmente nella classificazione di Hubble, o che, pur rientrandovi, presentano altre particolarità, come ad esempio radioemissioni di eccezionale intensità. Galassie molto estese e di grande massa con un corpo principale ellittico, ma circondate da un esteso disco di stelle e materia interstellare, senza alcuna struttura spirale, rappresentano la transizione — dal punto di vista morfologico — fra le ellittiche e le spirali, e sono state chiamate galassie lenticolari o S0. Quale sia la loro origine non è chiaro. La maggioranza degli astronomi ritiene che si tratti di spirali che non hanno più il loro mezzo interstellare — polvere e gas — o perché lo hanno consumato o espul-

* BL Lac indica quella che si riteneva essere una delle stelle variabili nella costellazione della Lucertola, e che in seguito si è rivelata un oggetto simile alle quasar.

so o perché è stato strappato via da forze esterne, come per esempio la collisione con un'altra galassia. In tal caso la galassia, spogliata del mezzo interstellare, non potrebbe più generare nuove stelle. Però alcune recenti osservazioni radioastronomiche delle emissioni da parte della molecola del monossido di carbonio hanno mostrato che almeno sei o sette galassie S0 su tredici hanno un mezzo interstellare denso e freddo in quantità pari a circa il dieci per cento di quello che troviamo nella Via Lattea, e c'è anche la prova che si stanno formando nuove stelle, che eccitano il gas, producendo emissioni osservabili in radiazione visibile.

Molte galassie presentano due o più nuclei; si osservano in genere al centro degli ammassi di galassie, e molto probabilmente sono il risultato della collisione e fusione di due galassie. Galassie N (dove N sta per nucleo) o anche galassie Markarian (dal nome dell'astrofisico sovietico Benjamin Markarian dell'osservatorio di Byurakan, che le ha scoperte e classificate) hanno nuclei brillanti e radiazione più blu e ultravioletta delle galassie considerate normali, come la nostra. Queste caratteristiche, come pure le emissioni da parte di gas diffuso, sono indici di attività più o meno intensa nei loro nuclei. Qui per attività si intende una produzione di energia raggiante superiore alla media. Se le emissioni gassose provengono da gas a bassa ionizzazione, ecco che abbiamo i Liner. Galassie in cui si nota un gran numero di stelle azzurre di alta luminosità e breve vita, quindi sicuramente giovani, indicano una produzione eccezionale di nuove stelle. In inglese sono state chiamate Starburst Galaxies, cioè galassie in cui ha luogo un'«esplosione» di natalità stellare.

Recentemente sarebbero state scoperte due enormi regioni di idrogeno neutro, le cui dimensioni sono superiori a quelle delle più grandi galassie, ma in cui non si osserva traccia di stelle. La prima ad essere scoperta sembra far parte di un gruppo di galassie nella costellazione del Leone. Ha l'aspetto di uno strano anello di idrogeno orbitante attorno alle galassie M 105 e NGC 3384. Ha un diametro superiore ai 600 000 anni luce e una massa pari a quella di una grossa galassia. L'altra, scoperta alla fine del 1989 dall'astrofisico italiano Riccardo Giovanelli e da Martha Haynes con il gigantesco radiotelescopio di Arecibo, si trova nella costellazione della Vergine. In una zona apparentemente vuota essi hanno trovato una nube di idrogeno neutro emittente la riga di 21 cm, di diametro pari a 650 000 anni luce; dalla sua velocità di rotazione si può dedurre una massa pari a 20 miliardi di Soli.

Si tratta forse di «protogalassie», cioè galassie in cui la formazione delle stelle non ha ancora avuto luogo? E perché, quali ostacoli si frappongono alla condensazione del gas in stelle? Si tratta di galassie giovani? Come spiegare questo ritardo evolutivo rispetto alle altre galassie, la cui struttura e composizione chimica fa ritenere formate più o meno tutte contemporaneamente?

Giovanelli e Haynes, a proposito della loro scoperta, scrivono che «è altamente improbabile che la materia presente nella nube possa essere stata spazzata via da qualcuna delle galassie vicine... La nube dovrebbe essersi originata da una tenuissima perturbazione di densità nell'universo primordiale... Se questa nube resterà un fantasma di galassia, o eventualmente comincerà a contrarsi e a formare delle stelle, non lo sappiamo... La densità del gas è così bassa che ci sorprenderemmo se la formazione di stelle fosse già cominciata».

E difatti la densità media della nube è almeno un migliaio di volte più bassa della densità media della Via Lattea.

Un'altra sospetta protogalassia, la radiosorgente 3C 326, appariva nel visibile come una nube di gas, di dimensioni galattiche e di colore blu. Non c'era traccia del nucleo centrale. Se però la si osserva nell'infrarosso, ecco che appare un debole nucleo centrale, coincidente in posizione col centro della radiosorgente. Il colore del nucleo è quello tipico di stelle fredde ed evolute. La conclusione è che molto probabilmente 3C 326 non è una galassia neonata, bensì una galassia popolata da stelle vecchie. Queste contraddizioni e interpretazioni anche diametralmente opposte a distanza di pochi anni, indicano quanto sia difficile decifrare le osservazioni di oggetti così lontani e mal definiti.

Fra le galassie strane, incluse genericamente fra le cosiddette galassie peculiari, ricordiamo le galassie interagenti, dovute alla collisione fra due o più oggetti vicini e che assumono le forme più strane, di cui diamo qualche esempio (Figure 31a, b, c); oppure le galassie ad anello, di cui vediamo un bellissimo esempio nella figura 32.

Questa galassia conosciuta come «l'oggetto di Hoag», dal nome del suo scopritore, è veramente unica. Si tratta di una galassia ellittica, con un nucleo perfettamente circolare, circondato da un anello altrettanto perfettamente circolare. Vedremo che esistono altri anelli o archi di anello, addirittura attorno ad ammassi di galassie, ma probabilmente la loro natura è diversa.

Questa galassia dista da noi circa 800 milioni di anni luce; il nucleo ha il tipico colore rossastro delle galassie ellittiche, indicante una popolazione di vecchie stelle rosse, sia giganti che nane. L'anello invece è di colore bluastro, ha quasi lo stesso splendore del nucleo, ed ha un raggio di 75 000 anni luce. Mentre il

31a. Un caratteristico esempio di una coppia di galassie interagenti.

nucleo non presenta strutture visibili, l'anello mostra addensamenti e noduli, e il suo spettro contiene righe di emissione indicanti la presenza di gas eccitato da stelle giovani di alta temperatura superficiale. La forma perfettamente circolare del nucleo e dell'anello fa ritenere molto probabile che si tratti di una galassia il cui piano equatoriale è proprio perpendicolare alla nostra visuale e che l'anello giaccia in questo piano.

Si ritiene che i giganteschi archi scoperti qualche anno fa attorno a intere famiglie di galassie siano, come accennato, di tutt'altra natura. La loro esistenza era già stata sospettata da Roger Lynds e Vahé Petrosian nel 1976, ma le immagini erano di cattiva qualità. Una conferma che avevano visto giusto venne solo nel 1985, quando un altro oggetto analogo fu scoperto indipendentemente da Geneviève Soucail. Si tratta di frammenti di archi attorno agli ammassi di galassie Abell 2218, Abell 963 e Abell 370 (Figura 33). Le enormi dimensioni degli archi fanno pensare che non siano oggetti reali ma immagini gravitazionali di lontane galassie, la cui luce è distorta a formare un'immagine da parte dell'ammasso.

Ritorneremo sull'argomento. Fermiamoci invece a riparlare un po' più estesamente delle galassie interagenti.

Sebbene fossero state chiamate «universi isole», le galassie sono individui socievoli; si raccolgono in gruppi ed ammassi, come abbiamo già visto, ma in questi gruppi ed ammassi si trovano an-

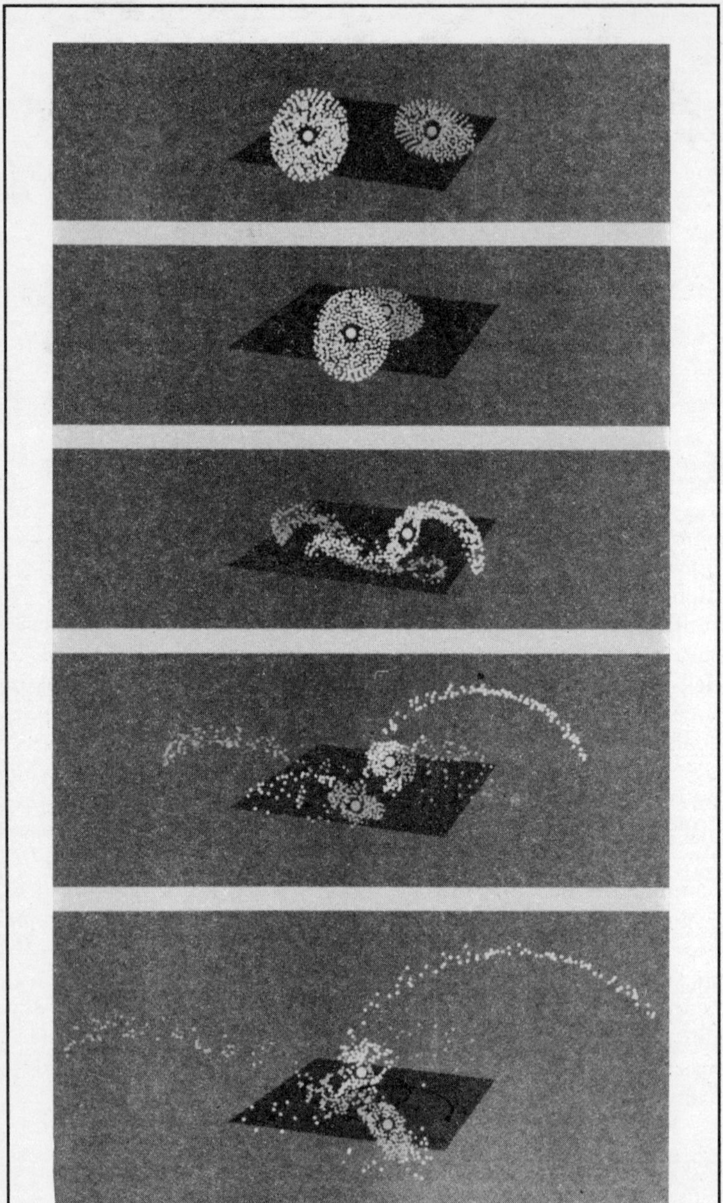

31b. *A fianco:* Una simulazione al calcolatore dell'incontro di due galassie, i cui piani sono inclinati l'uno rispetto all'altro di 60 gradi, dà luogo ad una configurazione molto simile a quella realmente osservata.

che numerose coppie di galassie. In tal caso la vicinanza produce delle distorsioni, per gli effetti mareali che ognuna esercita sull'altra. Si possono avere galassie in cui l'interazione diventa una vera e propria collisione. Però bisogna intendersi sul significato di collisione. In una galassia le stelle sono tanto più piccole della distanza media fra di loro che anche in una collisione frontale fra due galassie è estremamente improbabile che due stelle vengano a collisione, o anche che le loro orbite vengano sensibilmente modificate. Il discorso è molto diverso nel caso del mezzo interstellare. Polveri e gas sono diffusi ovunque e, se addensati in nubi, queste hanno dimensioni paragonabili alla distanza media fra di loro. Il mezzo interstellare entra dunque effettivamente in collisione. Le conseguenze sono varie. Per esempio si nota che i nuclei molto brillanti e attivi sono assai più frequenti fra le coppie in collisione che non nelle galassie singole; la formazione di nuove stelle è accelerata nelle coppie, e si valuta che il gas disponibile potrebbe esaurirsi in poche decine di milioni di anni, un tempo mille volte più breve della vita della galassia. Simulazioni al calcolatore, che fanno interagire due galassie artificiali, tenendo conto degli effetti gravitazionali e della rotazione dei due equatori ga-

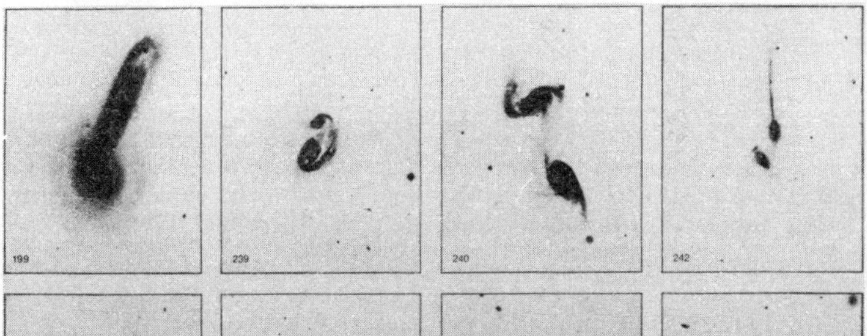

31c. Altri esempi di galassie interagenti.

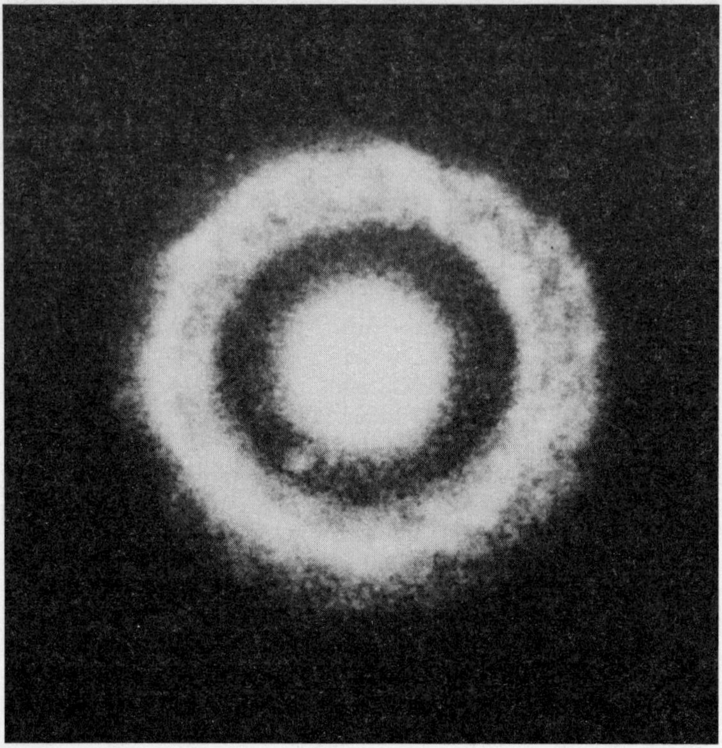

32. Una galassia unica nel suo genere. Fra la parte centrale e l'anello brillante c'è un anello oscuro. Disco ed anelli sono perfettamente circolari e concentrici. L'anello brillante è più bluastro del disco, che somiglia invece ad una normale galassia ellittica di colore rossastro. Il raggio dell'anello brillante è di 75 000 anni luce, ruota attorno al centro della galassia a una velocità di 300 km/s e ha una massa pari a circa 20 miliardi di soli, sotto forma di gas idrogeno neutro. La forma così perfettamente circolare fa ritenere che si tratti di un raro esempio di galassia vista esattamente di fronte.

lattici (Figura 31b), riescono a riprodurre non poche delle più strane configurazioni osservate in natura. La figura 31c mostra alcuni dei più caratteristici esempi di galassie interagenti.

Più o meno peculiari sono anche tutte le radiogalassie. Con questo termine si indicano galassie che emettono nella parte radio del loro spettro migliaia o addirittura milioni di volte più che le galassie normali. L'emissione radio proviene soprattutto da estese regioni, anche dieci e più volte le dimensioni della regione emittente radiazione visibile. Spesso si tratta di due sorgenti disposte

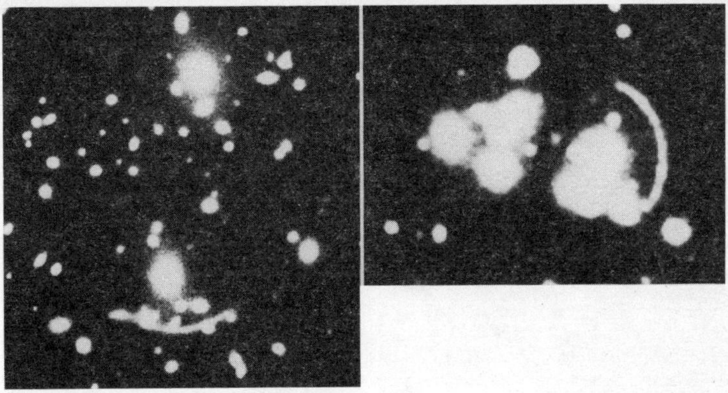

33. Due esempi di enormi archi attorno a due ammassi di galassie: Abell 370 nella costellazione della Balena a sinistra e 2242-02 nell'Acquario a destra. Le loro gigantesche dimensioni fanno ritenere che si tratti di immagini gravitazionali, veri e propri miraggi.

simmetricamente rispetto alla galassia visibile, o di getti uscenti dalla galassia medesima. Il meccanismo di emissione è sempre non termico: abbiamo a che fare con giganteschi sincrotroni naturali e ci sono molte indicazioni che l'acceleratore risieda proprio nel nucleo della galassia. In alcuni casi, come quello della più potente radiosorgente extragalattica, Cygnus A, coincidente con una debole galassia distante 900 milioni di anni luce (Figura 34a) la prima interpretazione che fu data, nel 1951, era che si trattasse di due galassie in collisione. Poi l'ipotesi venne scartata, perché l'energia prodotta dall'urto dei gas diffusi era troppo bassa. Si credeva inoltre che l'eventualità di uno scontro fra galassie fosse estremamente bassa. Un oggetto morfologicamente simile a Cygnus A, che può dare un'idea di come ci apparirebbe quest'ultima se fosse quaranta volte più vicina, è Centaurus A (Figura 34b). La sua immagine ottica sembra la collisione fra una galassia ellittica ed una spirale, ma si ritiene invece che si tratti di un nucleo esplodente. Abbiamo altri esempi di galassie esplodenti, come la famosa M 82 (Figura 34c).

Oggi c'è qualche ripensamento a proposito delle collisioni come causa delle radioemissioni, soprattutto in conseguenza della scoperta di tante coppie di galassie interagenti che sono generalmente anche radioemittenti. Sembra probabile che possano coesistere ambedue le spiegazioni, nel senso che la collisione potrebbe favorire fenomeni esplosivi nei nuclei delle due galassie.

Per completare l'elenco delle galassie strane, ritorniamo a parlare dei cosiddetti AGN (acronimo di Active Galactic Nuclei, o

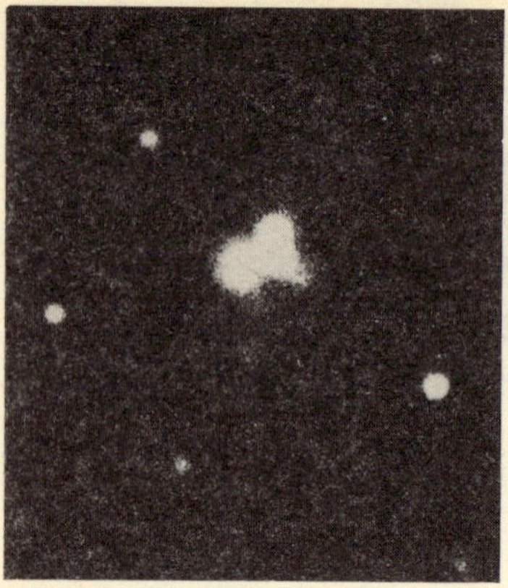

a

34. Le radiogalassie Cygnus A (a), Centaurus A (b) e M 82 (c).

b

c

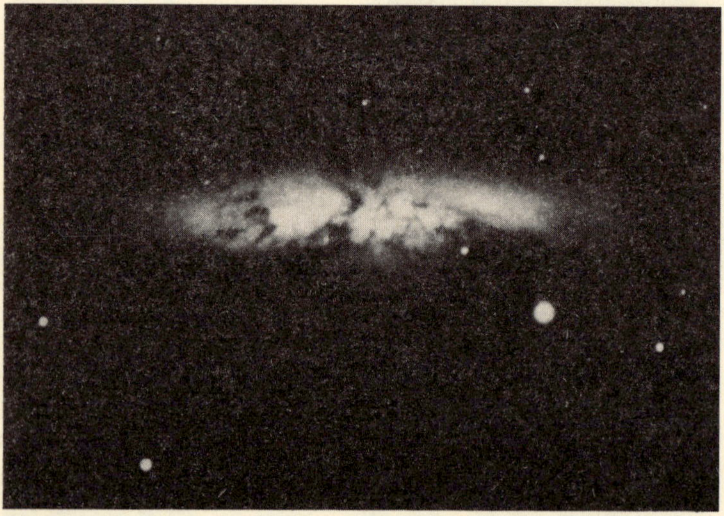

galassie con nuclei attivi), di cui fanno parte vari sottogruppi. Si va dalle galassie Seyfert (dal nome del loro scopritore) alle galassie Markarian o N, ai casi più estremi rappresentati dalle quasar, dalle BL Lacertae e da una classe di oggetti in tutto simili alle quasar, ma non radioemittenti. Più in generale si parla di

QSO o Quasi Stellar Objects, divisi in quasar e in QSO non radioemittenti. BL Lacertae e QSO rapidamente e violentemente variabili formano il gruppo delle blazar.

IL GRUPPO LOCALE

La nostra Galassia, la galassia di Andromeda, la galassia del Triangolo e una quindicina di altre galassie minori formano il cosiddetto «Gruppo locale», il quale a sua volta fa parte di una ben più grande famiglia, l'ammasso della Vergine.

Se la nostra conoscenza delle caratteristiche fisiche e dell'evoluzione delle galassie è ancora scarsa, soprattutto a causa delle grandi distanze e quindi della limitatezza delle nostre osservazioni, abbiamo però la fortuna di avere due galassie satelliti, la Grande e la Piccola Nube di Magellano. Esse sono assai diverse come tipo dalla nostra e anche abbastanza differenti fra loro, da fornirci un eccellente laboratorio per tentare di capire il perché di queste differenze e il legame che può esserci con l'evoluzione. La loro distanza da noi è circa dieci volte più piccola di quella della nostra grande «vicina», la galassia di Andromeda, e questo ci consente di studiarne in dettaglio le loro componenti, stelle e ammassi di stelle, nubi, gas e polveri interstellari.

L'entrata in funzione di grandi telescopi nell'emisfero australe, i progressi raggiunti nel campo dei rivelatori elettronici, che superano di gran lunga in precisione e rapidità la classica lastra fotografica, i satelliti astronomici per i raggi X, l'ultravioletto e l'infrarosso hanno allargato le nostre conoscenze su queste due nostre piccole compagne e posto anche tutta una serie di interrogativi.

Ma vediamo quali sono le principali caratteristiche delle due brillanti nubi che nel 1500 presero il nome da Magellano, sebbene non sia stato certamente lui a notarle per primo.

Queste due nubi erano state classificate fra le galassie irregolari. Poi immagini migliori, capaci di rivelare i dettagli più deboli, hanno mostrato che si tratta di galassie spirali sbarrate, con un nucleo pochissimo evidente e bracci appena accennati.

Campeggiano nel cielo australe, separate l'una dall'altra da un angolo di circa 40 gradi e di circa altrettanto fuori della fascia della Via Lattea, cosicché le polveri di quest'ultima non le oscurano. Il diametro angolare della Grande Nube è poco meno di 8 gradi (estesa cioè come 16 Lune messe in fila), mentre la Piccola ha un diametro di 2,5 gradi (ossia 5 Lune in fila). La Grande Nube ci si presenta quasi di fronte, e poiché dista circa 170 000 anni luce, il suo diametro vero è circa 25 000 anni luce, un quarto di quello della Galassia. La Piccola invece è molto più inclinata; la vediamo quasi di taglio, per cui pur conoscendo la sua distanza — 205 000 anni luce —, è più difficile stimare la sua estensione in profondità. Misure recenti la indicano pari a circa 25 000 e forse anche 30 000 anni luce. La Grande ha una massa pari a 10 miliardi di soli e la Piccola 2 miliardi di Soli. La loro composizione chimica è diversa da quella del disco galattico. Nella Grande Nube carbonio, azoto, ossigeno e metalli sono da 1,5 a 2 volte meno abbondanti che nel disco galattico, e nella Piccola Nube addirittura circa 5 volte.

Un risultato sorprendente e non spiegato è stata la scoperta di numerosi ammassi globulari popolati da stelle azzurre, sicuramente giovani, data la relativamente breve durata della loro vita. Ricordiamo che invece nella Galassia gli ammassi globulari sono una popolazione tipica dell'alone, priva di stelle giovani e di età comparabile a quella della Galassia nel suo insieme. Ma perché questa differenza fra Galassia e Nubi di Magellano? Forse la maggior percentuale di materia interstellare in queste ultime ha prolungato nel tempo la formazione degli ammassi globulari e favorito gli ammassi più fittamente popolati?

In realtà, non lo sappiamo. Ci sono anche altre prove che la popolazione delle Nubi sia in media più giovane di quella galattica: per esempio, il rapporto per unità di volume fra numero di stelle di una data classe che hanno completato la prima fase d'evoluzione (caratterizzata dalla trasformazione di idrogeno in elio nel loro nocciolo) e quelle di una classe più avanti nell'evoluzione (caratterizzata dalla trasformazione di elio in carbonio) è eguale ad 1 per la Galassia, a 4 per la Grande e a 7 per la Piccola Nube.

Negli spettri delle stelle delle Nubi si sono trovate numerose righe di assorbimento aventi velocità comprese fra circa zero e 300 km/s in allontanamento. Addirittura nello spettro della Supernova del 1987 alcune righe presentavano fino a 36 componenti con diverse velocità. Ciò significa che nello spazio intergalattico, fra la Galassia e la Nube, ci sono vari addensamenti di gas che si muovono a velocità comprese fra quelle della nostra Galassia — e quindi quasi ferme rispetto a noi —, e quelle della Grande Nube, che invece si allontana a quasi 300 km/s. Quindi lo spazio intergalattico, almeno all'interno del nostro gruppo locale, è tutt'altro che vuoto: sia pure a bassissima densità, il gas è diffuso ovunque, e forse un unico grande alone abbraccia la Galassia e le sue due satelliti.

Fin dall'inizio del secolo le Nubi di Magellano sono state di aiuto prezioso per lo studio dell'universo. Esse infatti hanno offerto il primo e più efficace metodo di determinazione delle distanze di gruppi, siano essi ammassi stellari o galassie.

Henriette Leavitt intraprese fra il 1908 e il 1912 una ricerca di stelle variabili appartenenti alle Nubi. Molte di queste avevano una variabilità estremamente regolare, con i massimi e i minimi di splendore che si ripetevano a intervalli rigorosamente costanti compresi fra qualche giorno e qualche decina di giorni. Variabili di questo tipo erano note da tempo anche nella Via Lattea e dal nome della prima ad essere scoperta, Delta Cephei (o la quarta stella in splendore della costellazione del Cefeo) erano state chiamate Cefeidi. Henriette Leavitt si accorse presto che più luminose erano le stelle, più lungo era il loro periodo.

Ora, sebbene lo splendore di una stella dipenda sia dal suo splendore intrinseco, sia dalla sua distanza da noi, le Cefeidi di ciascuna Nube si potevano considerare più o meno alla stessa distanza da noi. Difatti le dimensioni di ciascuna Nube erano piccole rispetto alla distanza da noi.

Fu così che Henriette Leavitt enunciò la sua famosa legge periodo-luminosità per le Cefeidi. Essa si rese conto dell'importanza che poteva avere nella determinazione delle distanze delle galassie. Se si fosse riusciti a stabilire qual era lo splendore assoluto di almeno una Cefeide, la relazione fra splendore apparente e periodo, valida per ciascuna Nube, si sarebbe potuta trasformare in una relazione fra splendore assoluto e periodo valida per tutte le galassie; in altre parole gli splendori della relazione erano noti, a meno di una costante, determinata la quale si sarebbero potuti facilmente trasformare in valori assoluti. Misurato il periodo di una Cefeide, membro di una qualsiasi galassia (purché abbastanza vicina da poterne distinguere le singole stelle), dalla relazione periodo-luminosità si sarebbe risaliti al suo splendore assoluto, e di qui alla distanza della Cefeide e quindi anche della galassia che la contiene. Prima Hertzsprung nel 1913, e poi Shapley nel 1918, riuscirono a determinare la distanza di alcune Cefeidi galattiche e quindi a tarare la relazione della Leavitt.

Fu questo il primo metodo per la determinazione delle distanze delle galassie.

Poco più distanti delle due Nubi, ma questa volta visibili dall'emisfero boreale, ci sono due piccole galassie ellittiche, una nella costellazione del Drago, e una nella costellazione dell'Orsa Minore. Ambedue sono a circa 220 000 anni luce. La prima ha un diametro di un migliaio di anni luce e la seconda di circa 2600 anni luce. Le loro masse, stimate pari a 100 000 Soli, le farebbero classificare più come ammassi globulari che come galassie.

Un'altra galassia ellittica nana la troviamo nella costellazione dello Scultore, a 280 000 anni luce; ha un diametro di 2500 anni luce e una massa di 3 milioni di Soli.

C'è chi ritiene che l'alone galattico sia tanto esteso da includere tutti questi piccoli sistemi, i quali, insieme alla Galassia, formerebbero un minigruppo dentro il gruppo locale (Figura 35).

Anche la galassia di Andromeda ha due galassie ellittiche nane come satelliti, e la galassia del Triangolo ha pure nelle sue vicinanze altre due piccole galassie ellittiche.

Le tre galassie giganti con le loro satelliti e altri sistemi minori ruotano attorno al loro comune baricentro; per effetto di questo moto alcune sembrano avvicinarsi; altre, come le due Nubi di Magellano, allontanarsi a velocità comprese fra circa 200 e 300 km/s.

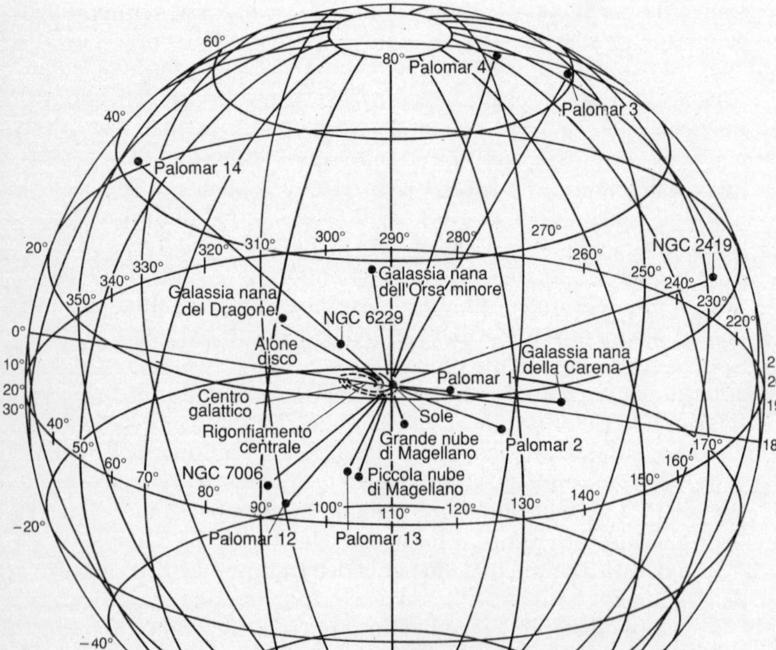

35. La Galassia e le sue satelliti come appaiono sulla volta celeste.

Quando Edwin Hubble provò che le nebulose spirali erano in realtà galassie esterne e ben distinte dalla Via Lattea e poi iniziò la sua ricerca sistematica di altri continenti stellari, ne scoprì le varie forme, che ebbero per risultato la sua classificazione morfologica. Ma poiché la fonte maggiore di informazione sulla natura fisica dei corpi celesti sono gli spettri, come era già stato ampiamente dimostrato dai rapidi progressi della fisica stellare, era abbastanza ovvio che Hubble cercasse di ottenere anche gli spettri delle galassie.

In realtà, un certo numero di spettri di quelle che allora si riteneva fossero nebulose galattiche era già stato ottenuto da Vesto Slipher fra il 1910 e il 1917. Come Hubble si aspettava, questi erano una combinazione degli spettri dei vari oggetti: stelle azzurre, stelle rosse e nubi di gas. Il risultato più sorprendente fu che le righe spettrali caratteristiche dei vari elementi erano regolarmente spostate verso il rosso, rispetto alla posizione tipica osservata nei laboratori terrestri, e lo spostamento era tanto più forte quanto maggiore era la distanza della galassia da noi. Tuttavia c'era qualche eccezione. Per esempio la nostra vicina, la galassia di Andromeda, aveva uno spettro le cui righe erano spostate verso il violetto, e questo spostamento, se dovuto ad effetto Doppler, indica una velocità di avvicinamento di 300 km/s. Slipher, che l'aveva misurata per primo, se ne era grandemente meravigliato, perché per nessuna stella aveva trovato velocità così grandi. Nel 1929 Hubble, mettendo assieme le sue misure, quelle precedenti di Slipher e quelle del suo assistente Milton Humason, aveva un totale di 46 galassie di cui era nota sia la distanza, sia lo spostamento delle righe spettrali. Ne risultò una ben definita relazione fra velocità e distanza: eccezion fatta per le galassie del nostro gruppo locale, come la galassia di Andromeda, la velocità cresceva regolarmente al crescere della distanza. Nel 1936 la relazione conteneva più di cento galassie. Per le più lontane si raggiungevano i 20 000 km/s. Cosa significavano queste enormi velocità? Hubble se lo chiedeva e sospettava che il risultato delle sue osservazioni non si potesse ingenuamente interpretare come una vera e propria fuga di tutte le galassie da noi; infatti parlava di «velocità apparenti».

Sebbene alcuni astronomi, fra cui Zwicky, avessero proposto di interpretare lo spostamento verso il rosso come una perdita di energia dei fotoni, tanto maggiore quanto maggiore era la distanza* percorsa, questa scappatoia di attribuire ai fotoni una proprietà non comprovata né dalla teoria né dall'esperienza, non soddisfaceva Hubble.

Frattanto — eravamo nel 1917 — Einstein aveva sviluppato la sua teoria della relatività generale. Secondo questa, la gravitazione non era una forza che agiva a distanza come postulato da Newton, ma era la materia stessa che modificava la curvatura dello spazio per cui un corpo seguiva «naturalmente» la traiettoria della curva. Sviluppando la sua teoria per un universo infinito riempito uniformemente di materia, Einstein trovò che questo non era stabile. Per stabilizzarlo introdusse nelle sue equazioni una costante, chiamata «costante cosmologica» che era del tutto trascurabile a distanze relativamente piccole, ma agiva in modo sensibile sulle grandi distanze: era un termine repulsivo che si opponeva all'attrazione gravitazionale. Pochi anni dopo, nel 1922, Alexander Friedmann, un matematico russo, studiando i risultati di Einstein si accorse che se si eliminava quell'artificiosa costante cosmologica si otteneva un universo in espansione. Si spiegavano così in maniera naturale le osservazioni di Hubble: era lo spazio stesso che espandeva. Come nella pasta di un dolce che lievita tutti i canditi in essa immersi si allontanano l'uno dall'altro, così le galassie (o meglio i gruppi di galassie, poiché entro un gruppo prevale l'attrazione gravitazionale che costringe i suoi membri a ruotare attorno al baricentro del sistema) sembrano fuggire le une dalle altre. Se dopo un certo tempo t, le dimensioni dell'universo sono raddoppiate, io vedrò la galassia a distanza d portarsi a distanza 2d e la galassia a distanza d′ portarsi a distanza 2d′. Perciò mi sembrerà che la prima abbia una velocità $\frac{d}{t}$ e l'altra $\frac{d'}{t}$. A seconda che d è maggiore o minore di d' anche la velocità della prima sarà maggiore o minore della velocità della seconda. Naturalmente un eventuale astronomo abitante una di quelle galassie vedrà la nostra allontanarsi alla stessa velocità a cui noi vediamo allontanarsi la sua.

La relazione fra distanza e velocità fu costruita in un primo tempo utilizzando galassie abbastanza vicine da potervi individuare delle Cefeidi e misurarne il periodo di variazione luminosa. Per galassie più lontane si ricorse ad altri metodi. Per esempio le supernovae esplose in galassie a distanza nota avevano tutte

* Ricordiamo che un fotone è tanto più energetico quanto minore è la lunghezza d'onda corrispondente; quindi fotoni che producono la sensazione di luce rossa sono meno energetici di quelli che producono la sensazione di luce violetta.

all'incirca lo stesso splendore assoluto al momento dell'esplosione. Poiché una supernova è circa 200 000 volte più brillante di una Cefeide, la si può vedere da una distanza $\sqrt{200\ 000} = 440$ volte più grande. Grazie alle supernovae, si è visto che in media galassie di uno stesso tipo morfologico hanno anche le stesse dimensioni. Perciò quanto più piccolo è il diametro angolare tanto maggiore sarà la distanza della galassia. Si tratta di un metodo statistico, valido sulla media di molti individui, ma ci può essere il singolo individuo che scarta dalla media e ci porta a conclusioni errate. Questo ci fa capire come la misura delle distanze extragalattiche sia estremamente difficile ed affetta da varie cause di errore. Comunque, una volta conosciuta la relazione velocità-distanza per galassie di distanza nota, si può usarla per determinare la distanza di galassie di cui si sia osservato lo spettro e misurato lo spostamento verso il rosso. È con questo metodo che siamo arrivati a misurare distanze da 10 a 15 miliardi di anni luce. Infatti la legge di Hubble dice che la velocità V è proporzionale alla distanza d: V = Hd, dove H è la cosiddetta costante di Hubble. Ma per determinare H occorreva conoscere d. Ai tempi di Hubble le distanze erano inquinate da errori molto grossi, che sono andati via via riducendosi nel tempo. Così anche il valore della costante di Hubble ha subìto numerosi ritocchi, le cui conseguenze sono tutt'altro che trascurabili per il nostro quadro dell'universo.

In base alle prime determinazioni di distanze extragalattiche Hubble stabilì per la costante il valore di 520 km/s per ogni 3,26 milioni di anni luce. In altre parole, la velocità di allontanamento delle galassie cresceva di 520 km/s ogni 3,26 milioni di anni luce. Se questa legge indica veramente che l'universo sta espandendo, si può immaginare di fare il cammino a ritroso e trovare quanto tempo è trascorso dal momento in cui tutto l'attuale universo era ridotto praticamente ad un punto. Se l'universo fosse completamente vuoto, l'inverso di H, $\frac{1}{H}$ ci darebbe questo tempo. Poiché, in realtà la presenza di materia rallenta l'espansione, l'età è un po' inferiore a questo valore limite. Riducendo gli anni luce a chilometri e facendo il conto, si trovava per il valore di $\frac{1}{H}$ circa 2 miliardi di anni, quindi minore di quella che era l'accertata età della Terra. Varie correzioni alla scala delle distanze extragalattiche portarono il valore della costante di Hubble a 200 km/s per 3,26 milioni di anni luce. Così negli anni '50 si calcolava che l'inizio dell'espansione fosse avvenuto circa 5 miliardi di anni fa, un valore compatibile con l'età del nostro sistema solare, ma non con l'età delle più vecchie stelle galattiche, che le teorie dell'evoluzione stellare ponevano pari ad almeno 10 miliardi di anni. Le più recenti determinazioni delle distanze extragalattiche hanno stabilito che H è compresa fra 100 e 50 km/s per ogni 3,26 milioni di anni luce: di conseguenza, l'inizio dell'espansione è avvenuto fra circa 10 e 20 miliardi di anni fa.

L'INCOSTANTE COSTANTE DI HUBBLE

Val la pena di sottolineare ancora una volta quanto sia importante conoscere con la maggior precisione possibile il valore della costante di Hubble. Non solo essa determina la scala di grandezza del nostro universo, ma anche il suo tasso di espansione e l'età dell'universo.

Ci sono vari metodi per determinare la costante di Hubble. Ma per quanto essi si siano andati raffinando nel corso di questi ultimi anni, anche grazie alle misure sempre più precise e per un numero sempre crescente di oggetti più deboli e lontani, rese possibili dai progressi strumentali, l'ampio margine di incertezza, compreso grosso modo fra 50 e 100, rimane.

Un metodo basato più su argomenti filosofici che scientifici è quello «copernicano». Esso parte dal presupposto che la nostra galassia non ha niente di speciale, è una indistinguibile fra i tanti miliardi di altre. Se allora H avesse un valore molto inferiore a 50, tutte le altre galassie sarebbero ancora più lontane e pertanto il loro splendore assoluto e le loro vere dimensioni sarebbero molto maggiori di quelle della Via Lattea. Quest'ultima sarebbe eccezionale per la sua debole luminosità, contraddicendo il principio copernicano. Se invece H fosse molto maggiore di 100, tutte le distanze risulterebbero più piccole di quanto abbiamo creduto finora, e di conseguenza tutte le galassie avrebbero splendori assoluti e dimensioni più piccoli della nostra. Quest'ultima sarebbe eccezionale per il suo grande splendore e le sue enormi dimensioni. Ancora una volta sarebbe violato il principio copernicano.

Tutti i tentativi di restringere l'intervallo di incertezza per H sembrano per ora vani.

Si possono dividere i vari metodi di determinazione dell'età dell'universo, e quindi di H, in due grandi classi: quello basato sulla determinazione dell'età delle stelle più vecchie, che indica valori superiori a 15 miliardi di anni e quindi incompatibile con l'età che si ricava dal valore più alto di H, e quelli basati su misure di distanza delle galassie, fra cui quelli ritenuti più attendibili danno invece valori di H più vicini a 100, da cui un'età di circa 10 miliardi di anni.

La determinazione dell'età degli ammassi globulari, che sono le più vecchie famiglie stellari della Via Lattea, si ottiene calcolando teoricamente come evolvono stelle di varia massa e quindi come si modificano le grandezze direttamente osservabili: la loro temperatura superficiale e la loro luminosità. Si ha così un diagramma teorico che dà le luminosità in funzione della temperatura superficiale. Le stelle di massa più grande sono diventate giganti rosse, quelle di massa più piccola sono ancora sulla sequenza principale del diagramma di Hertzsprung-Russell. La luminosità a cui si arresta la sequenza principale e da cui si diparte il ramo delle giganti è un'indicazione molto precisa dell'età dell'ammasso, purché se ne conosca anche la composizione chimica, che può essere determinata dall'analisi degli spettri. Il confronto di questi diagrammi teorici con quelli effettivamente osservati per gli ammassi globulari che popolano l'alone galattico indicano età comprese fra 13 e 18 miliardi di anni. Malgrado le varie cause di errore, sia teoriche (semplificazioni fisiche e matematiche dei modelli stellari, incerta conoscenza della composizione chimica delle stelle e quindi dell'opacità del materiale stellare, che ne determina il flusso di radiazione uscente dalla superficie) che osservative (errori di misura nella determinazione del diagramma HR, incertezze dovute alla correzione dell'arrossamento da parte delle polveri, che influisce sulle misure di temperatura superficiale), la probabilità che gli ammassi più vecchi abbiano un'età inferiore a 12 miliardi di anni è molto bassa. L'età più probabile è stimata in 16 miliardi di anni con un'incertezza in più o meno di 3 miliardi di anni (e quindi compresa fra 13 e 19 miliardi di anni).

Un altro metodo si basa sulla nucleocosmocronologia. Come dice il nome, la cronologia dell'universo si basa sull'abbondanza e il tasso di produzione di nuclei radioattivi. Purtroppo questo metodo dà un ampio margine di incertezza. Tutto quello che si può dire è che il rapporto in numero di atomi fra uranio e torio pone un limite inferiore, secondo alcuni calcoli di 9 miliardi di anni, e secondo altri di 11 miliardi; quello fra renio e osmio pone un limite superiore di 18 miliardi di anni secondo alcune stime, e di ben 26 secondo altre. Quindi il metodo nucleocosmocronologico allarga ancora il margine di incertezza.

Un altro metodo ancora si basa sulla misura di distanza delle galassie, usando come indicatori le supernovae di tipo I, quelle cioè che si osservano nelle galassie ellittiche e negli aloni delle spirali, e la cui origine è più misteriosa in quanto non sarebbero stelle di grande massa ma (come abbiamo già accennato) sistemi binari interagenti e contenenti una nana bianca prossima al limite di Chandrasekhar. Si riteneva che fossero indicatori attendibili di distanza perché sembrava avessero tutte praticamente lo stesso splendore assoluto al massimo di luce. Poi si è scoperto che esistono tre sottotipi, le SN Ia che sono le più numerose e meglio conosciute, e quelle di tipo SN Ib e SN Ic. Che esse differiscano fisicamente è provato dal fatto che quelle di tipo Ia presentano forti righe del silicio, quelle Ib mostrano invece righe dell'elio e quelle di tipo Ic mancano di ambedue le caratteristiche. Inoltre gli ultimi due tipi sono quattro volte più deboli al massimo di luce. Prendendo allora in considerazione solo il tipo Ia si può determinare con buona precisione la distanza di galassie di cui sia nota la velocità di allontanamento. Il valore della costante di Hubble risulta assai basso, 45, pienamente compatibile con le stime di età degli ammassi globulari e con quelle nucleocosmocronologiche.

Invece altri metodi di misura della distanza delle galassie danno valori di H più vicini a 100. Uno di questi metodi, ritenuto molto affidabile, è quello di Tully-Fisher. I due autori hanno osservato che quanto più grande e luminosa è una galassia, tanto più larghe sono le righe spettrali — in particolare la 21 cm dell'idrogeno neutro. Questo risultato è facilmente comprensibile. L'allargamento delle righe è dovuto alla differenza di velocità di rotazione dei due estremi del diametro della galassia: un estremo si allontana e l'altro si avvicina all'osservatore. Quanto più estesa e massiccia è questa galassia, tanto maggiore è la sua velocità di rotazione, e quindi le parti ai due opposti estremi del suo diametro avranno valori più o meno eguali e di segno opposto. Per effetto Doppler la riga risulta allargata. L'eccellente relazione fra allargamento e splendore assoluto ha permesso di determinare la distanza e quindi il valore di H, che, con questo metodo, risulta di 85, difficilmente compatibile con l'età degli ammassi globulari più vecchi. Una limitazione del metodo di Tully-Fisher, basato sulla misura di righe prodotte nel gas interstellare, è che si applica solo alle galassie spirali, poiché le ellittiche sono sprovviste di gas.

Indicatori di distanza molto precisi sono le variabili Cefeidi, che, come scoperto da Henriette Leavitt, hanno splendore assoluto tanto più grande quanto più lungo è il loro periodo di variabilità. Purtroppo non sono abbastanza luminose da poterle scorgere in galassie relativamente lontane.

Proprio in questi ultimi mesi tre astrofisici, G.H. Jacobi, R. Ciardullo e H.C. Ford hanno scoperto un nuovo indicatore di distanza che sembra molto preciso. Si tratta delle nebulose planetarie. Queste, come abbiamo già detto, rappresentano la fase evolutiva di stelle di massa solare o poco più grande, che segue la fase di gigante rossa. La rarefatta atmosfera sfugge gradatamente all'attrazione del nocciolo centrale e lo lascia nudo: una nana bianca. L'atmosfera espande formando un inviluppo sferico attorno alla nana bianca. Si osserva che lo splendore assoluto di queste nebulose planetarie è costante e non dipende nemmeno dalla maggiore o minore abbondanza di elementi pesanti (che può essere una caratteristica che distingue una galassia dall'altra). Il perché di questo uniforme splendore assoluto di nebulose planetarie trovate in varie galassie, sia spirali che ellittiche, non è chiaro. Ma che il metodo sia attendibile lo riprova il fatto che dà distanze in ottimo accordo con quelle derivate dal metodo di Tully-Fisher e dalle Cefeidi. Il metodo applicato al popolatissimo ammasso di galassie della Vergine dà un valore di H compreso fra 75 e 100. Questo ci pone seri problemi: l'universo sarebbe troppo giovane per spiegare l'età degli ammassi globulari nell'alone della nostra Galassia.

Perciò anche questo risultato è considerato ancora incerto e accolto con scetticismo da gran parte dei cosmologi.

Le misure di H continuano, nel tentativo di ridurre le discrepanze, ma sembrerebbe che, almeno a tutt'oggi, i nostri metodi siano affetti da errori troppo grandi per permettere di ottenere una precisione maggiore. È un po' come se ci ostinassimo a misurare lo spessore di un sottile filo di cotone usando il doppio decimetro.

Nel gennaio 1995 Weny Freedman e collaboratori, hanno annunciato di esser riusciti a misurare col telescopio spaziale Hubble le variazioni luminose di alcune Cefeidi nella galassia M 100 nell'ammasso della Vergine e a determinarne il periodo. Quindi, dalla relazione periodo-luminosità, hanno derivato lo splendore intrinseco e di conseguenza la distanza della galassia. Da queste misure si ricava un valore della costante di Hubble pari a circa 80. Però anche questo valore è affetto da alcune incertezze. Infatti la velocità della galassia che fa parte di un ammasso molto popolato, non è dovuta solo all'espansione dell'universo, ma contiene una componente non ben definita, causata dal moto della galasssia intorno al baricentro del sistema. Inoltre la relazione periodo-luminosità per le Cefeidi dipende anche dalla composizione chimica che è anch'essa non perfettamente nota.

La tabella seguente dà i valori della costante di Hubble e l'età corrispondente dell'universo, determinata con i vari metodi che abbiamo descritto. L'età è calcolata per il caso limite di densità nulla: età $= \frac{1}{H}$.

DETERMINAZIONI DELLA COSTANTE DI HUBBLE
CON VARI METODI

Metodo	*Età* (in miliardi di anni)	*H* (in km/s per 3,26 milioni di anni luce)
Età dei più vecchi ammassi globulari	maggiore di 13 e minore di 19	minore di 81 e maggiore di 55
Nucleocosmocronologia	maggiore di 9 e minore di 26	minore di 117 e maggiore di 40
Distanza delle galassie usando come indicatori di distanza:		
le supernovae	18	57 + o -10
le variabili Cefeidi	11,9	88
le regioni di idrogeno ionizzato	12	87 + o -10
le nebulose planetarie	maggiore di 10,5 e minore di 14	minore di 100 e maggiore di 75
metodo di Tully-Fisher secondo vari autori	12,6 13,8 11,7	84 + o -11 76 + o -9 90

GALASSIE CON NUCLEI ATTIVI: DALLE SEYFERT ALLE RADIOGALASSIE ALLE QUASAR E LORO SIMILI

Agli inizi degli anni '60, i radioastronomi stavano elaborando un catalogo di tutte le radiosorgenti note, conosciuto come il catalogo 3C o terzo catalogo di Cambridge. Il compito dei radioastronomi consisteva nel dare la posizione delle radiosorgenti, con la maggior precisione possibile, e l'intensità delle loro radioemissioni. Per capire cosa fossero queste radiosorgenti era necessario identificarle otticamente: vedere cioè quali oggetti celesti si trovavano nella stessa posizione della radiosorgente. L'identificazione non era affatto immediata, perché quella che potremmo definire l'«acuità visiva»* dei radiotelescopi era inferiore a quella dei telescopi ottici, e di conseguenza nel campo abbracciato dalla radiosorgente si potevano trovare decine di stelle e di galassie. D'altra parte si sapeva che le stelle, anche le più brillanti e vicine, non emetteva-

* Ricordiamo che l'«acuità visiva» o potere risolutivo di un telescopio è tanto più grande quanto più piccola è la lunghezza d'onda e quanto più grande è il diametro del telescopio.

no apprezzabilmente nel dominio radio, mentre le più forti radiosorgenti erano o resti di supernovae o galassie. Escludendo quindi gli oggetti meno probabili, si arrivava in genere a stabilire quale poteva essere la sorgente delle radioonde. L'entrata in funzione dei radiointerferometri e poi degli interferometri intercontinentali, che fanno interferire i segnali raccolti da radiotelescopi situati su varie parti del globo terrestre, hanno fatto sì che oggi la risoluzione ottenibile in radioastronomia supera quella ottica.

Appunto grazie all'interferometro di Cambridge fu possibile stabilire con grande precisione la posizione della più intensa radiosorgente dopo Cassiopeia A, quest'ultima, come abbiamo già visto, indentificata con un resto di supernova a circa 9000 anni luce. Siccome era la prima scoperta nella costellazione del Cigno, fu chiamata Cygnus A. Furono due famosi astronomi, Walter Baade e Rudolph Minkowski, che col telescopio di 5 metri di Monte Palomar riuscirono a trovare cosa c'era nella posizione di Cygnus A. Si trattava di una galassia, molto debole, formata da due addensamenti più brillanti separati da una strozzatura (vedasi la Figura 34a). Ne presero lo spettro e dalla relazione di Hubble fra velocità e distanza dedussero che si trovava a circa 900 milioni di anni luce, 100 000 volte più lontana di Cassiopeia A; eppure era quasi ugualmente intensa. Se fossero state alla stessa distanza, Cygnus A avrebbe emesso quasi come 10 miliardi di sorgenti Cassiopeia A!

L'identificazione degli oggetti del catalogo 3C procedeva, stimolata dalla speranza di trovare altri oggetti straordinari come Cygnus A. Da notare la radiogalassia M 87 nella costellazione della Vergine (Figura 36) — una galassia ellittica gigante, divenuta famosa per lo strano getto uscente dal suo nucleo centrale, e rimasta per molto tempo l'unico oggetto ad avere questa peculiarità, e la galassia irregolare M 82, che presenta chiare tracce di fenomeni esplosivi nel suo nucleo (vedasi la Figura 34c). Per molte radiosorgenti non si riusciva però a trovare alcuna controparte ottica.

Col tempo e con il perfezionarsi delle tecniche radioastronomiche in molte di queste regioni, che erano anche chiamate «campi vuoti», si sono trovate delle deboli galassie, emittenti molto di più nel dominio radio che in quello ottico. Ma restano ancora numerose radiosorgenti apparentemente non coincidenti con nessun oggetto visibile.

Fra le radiosorgenti classificate nel terzo catalogo di Cambridge, una, elencata come 3C 48, sembrava proprio coincidere con una debole stellina azzurrastra, di magnitudine 16 (cioè 10 000

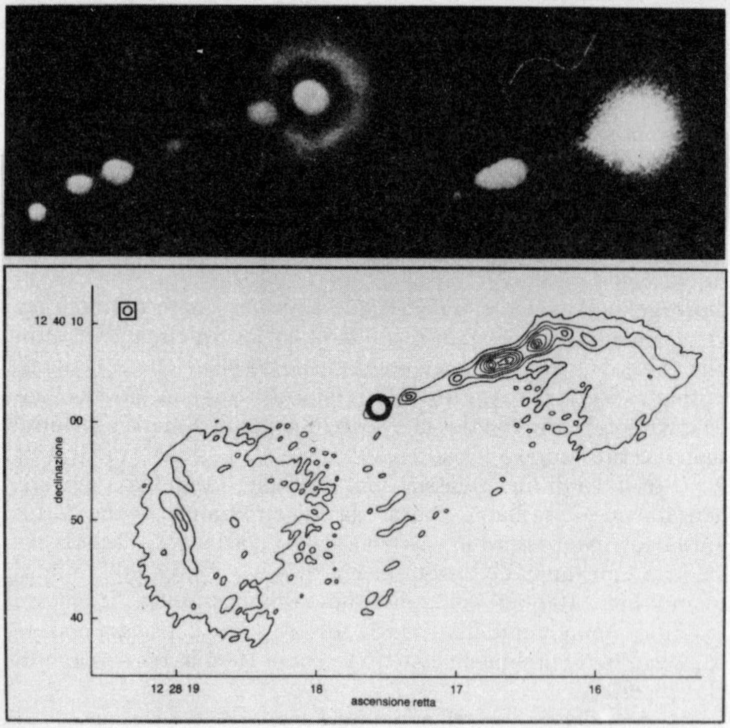

36. La galassia peculiare M 87 e il suo getto: sopra a destra, immagine in luce visibile; a sinistra, si è sottratta la luce dalla parte centrale della galassia per mettere in evidenza la struttura del getto. Sotto: immagine radio.

volte più debole delle più deboli stelle visibili a occhio nudo). Era il 1960, e fino ad allora nessuna stella, ad eccezione del Sole, aveva dato luogo a radioemissioni misurabili. E, se il Sole fosse stato a poco più di 4 anni luce, come la stella più vicina, nessun radiotelescopio avrebbe potuto rivelare le sue radioemissioni. Perciò, quando l'astrofisico Allan Sandage e il radioastronomo Thomas Matthews annunciarono di aver scoperto la prima stella radioemittente, la notizia suscitò scalpore e anche diffidenza. Ero a Varenna nell'estate del 1962, ad un seminario sull'evoluzione stellare, quando Margaret e Geoffrey Burbidge, che come Sandage e Matthews lavoravano a Pasadena in California, mi dissero, molto eccitati, di questa nuova, sorprendente scoperta. E soprattutto mi raccontavano, durante l'intervallo per il caffè, che questa stella aveva uno spettro straordinario, del tutto fuori dell'usuale. Non solo c'erano soltanto righe in emissione invece delle normali righe in assorbimento, tipiche degli spettri stellari, ma queste righe sfuggivano ad ogni tentativo di identificarle con quelle di un qualche elemento noto. Ora, va detto che sebbene si conoscano gli spettri di centinaia di migliaia di stelle, questi possono essere raggruppati tutti in un numero molto piccolo di classi — cosa di cui si era accorto già padre Angelo Secchi, alla metà del 1800, quando stabilì la prima classificazione spettrale.

Sembrava che altre quattro radiosorgenti, 3C 147, 3C 196, 3C 273 e 3C 286 coincidessero con altrettante deboli stelle. Ma l'identificazione restava incerta a causa della troppo bassa «acuità visiva» dei radiotelescopi. Finalmente, nel 1962, 3C 273 fu identificata con un'altra stella straordinaria. Questa volta l'identificazione era sicura al cento per cento perché 3C 273 si trovava in una posizione tale da venire occultata dalla Luna. Appena avveniva l'occultazione, l'emissione radio spariva per riapparire subito dopo. Poiché la posizione della Luna è conosciuta con grande precisione, anche quella della radiosorgente poteva essere determinata esattamente. Non c'erano dubbi: la stella e la radiosorgente coincidevano. Poiché queste due stelle erano le prime stelle radiosorgenti, e inoltre non termiche, dovevano avere caratteristiche comuni: ci si aspettava dunque che avessero anche lo stesso spettro. In realtà, pure questa seconda stella presentava righe non identificabili. Però non erano le stesse della precedente. Fu Marteen Schmidt, un astronomo olandese da poco trasferitosi al California Institute of Technology, ad avere un lampo di genio: le righe non erano identificabili perché si pensava che avessero spostamenti Doppler piccoli, come tutte le stelle galattiche. Eppure la distribuzione delle righe nello spettro era quella ben nota della serie di righe dell'idrogeno osservabili fra l'ultravioletto e il rosso; solo che erano tutte spostate verso il rosso di quantità corrispondenti a velocità di 45 000 km/s per 3C 273 e di quasi 100 000 km/s per 3C 48. Grazie alla legge di Hubble si ricavava che la prima era a 3 miliardi di anni luce e la seconda a più di 5 miliardi di anni luce. Dunque questi oggetti non erano stelle, ma galassie, anche se avevano proprio l'apparenza stellare! Da notare che le galassie normali, poste circa alla stessa distanza, mostrano chiaramente la loro struttura non stellare, apparendo non come dei puntolini ma come delle macchioline sfumate, in cui si può distinguere traccia delle spirali e del nucleo. Fu così coniato il nome «quasar», contrazione di «Quasi Stellar Radiosource», o sorgente radio quasi stellare.

Nota la distanza, era facile risalire allo splendore assoluto; ebbene, da quel volume certamente molto più piccolo di quello di un'intera galassia, proveniva un flusso di radiazione da cento a mille volte più grande. Dopo le prime due, furono scoperte altre quasar, e tutte avevano forti spostamenti verso il rosso. Nel 1964, 3C 147 aveva il record di distanza con 8 miliardi di anni luce. Ma già un anno dopo, Marteen Schmidt ne trovò una, 3C 9, che aveva uno spostamento verso il rosso di 2.012, corrispondente a una distanza di circa 14 miliardi di anni luce. Mai si erano trovate galassie normali con spostamenti verso il rosso così grandi. Solo molti anni dopo, nel 1981, furono scoperte alcune galassie normali alla distanza record di 10 miliardi di anni luce. Esse hanno spostamenti verso il rosso pari a circa 1; in altre parole una riga che in laboratorio ha la lunghezza d'onda di 0,65 micron, e cade nella parte rossa dello spettro, sarà spostata di altri 0,65 micron per cui cadrà a 1,3 micron, nell'infrarosso vicino. Oggi se ne sono scoperte molte altre, probabilmente ancora più lontane. Solo sofisticati sistemi di riduzione delle osservazioni, consistenti nella sottrazione del fondo del cielo, debolmente luminoso a causa della luce diffusa della totalità di stelle e galassie, ci consente di individuarle.

Le prime quasar scoperte erano ben più luminose e facilmente visibili. Apparivano come stelline bluastre, per lo più di magnitudine 15-16, o, come abbiamo già detto, circa 10 000 volte più deboli delle più deboli stelle ancora visibili ad occhio nudo. Se fossero state veramente stelle galattiche, anche a grande distanza, per esempio a 30 000 anni luce, il loro splendore assoluto sarebbe stato pari a una trentina di Soli. Ma se la loro distanza è quella indicata dallo spostamento verso il rosso, 10 o più miliardi di anni luce, il loro splendore intrinseco sarebbe pari a cento e più volte quello di una delle più grandi galassie.

Cominciò così una vera caccia alle quasar, e la sorpresa cresceva via via che se ne trovavano altre, tutte con forti spostamenti verso il rosso. Il record di distanza cadeva continuamente, come cadono i record di atletica o di nuoto da un'Olimpiade all'altra. Oggi se ne conosce già un discreto numero con spostamenti verso il rosso superiori a 4. Il record è 4,73, detenuto dalla quasar PC 1158 + 4635 nella costellazione dell'Orsa Maggiore. La forte riga dell'idrogeno Lyman α che cade nell'ultravioletto accessibile solo da satellite, a 0,1215 micron, è spostata a quasi 0,70 micron, nel rosso, ben osservabile dal suolo; l'altra forte riga dell'idrogeno, a 0,6562 micron, cade invece nell'infrarosso, a 3,8 micron. La velocità è pari a quasi 96 centesimi della velocità della luce e la distanza a quasi 18 miliardi di anni luce (ammesso un valore della costante di Hubble pari a 55). Ciò significa che noi vediamo questi oggetti non come sono oggi, ma come erano 18 miliardi di anni fa, quando l'universo aveva meno di un miliardo di anni. Esse ci raccontano, quindi, quali sono le proprietà delle galassie appena formate. E poiché la stragrande maggioranza delle quasar si trova a distanze molto più grandi di quelle della maggioranza delle galassie, si tende a pensare che il grande splendore intrinseco delle quasar sia un indice della loro giovinezza. A meno che... non ci sia un effetto di selezione, per cui noi vediamo solo le più splendenti delle galassie più lontane, appunto le quasar, mentre le altre sono al di sotto della potenzialità dei nostri strumenti. D'altra parte, che quelle vicine siano molto poche significherebbe che esse sono molto meno numerose, per unità di volume, delle galassie normali.

Attualmente si stima che ci sia una quasar ogni 100 000 galassie, e anche guardando indietro nel tempo, e cioè a distanze superiori ai 10 miliardi di anni luce, si trova una quasar ogni 100 galassie. Le più lontane, a 14 o 15 miliardi di anni luce, si sarebbero formate quando l'età dell'universo era di appena due o tre miliardi di anni. Un fatto molto difficile da spiegare, perché le attuali teorie che tentano di descrivere la formazione delle galassie richiedono tempi molto più lunghi. Evidentemente queste teorie sono ancora in una fase molto preliminare.

La scarsità odierna di quasar può significare che questa fase, nella vita di una galassia, è di breve durata, e che solo qualcuna, per ragioni a noi ancora sconosciute, vi è rimasta più a lungo. Oppure, si può anche pensare che si formino numerose generazioni di quasar, che evolvono e muoiono rapidamente, cosicché il numero di esse, osservabile ad una certa epoca, è sempre molto piccolo.

Si trovarono poi anche altre numerose pseudo-stelle, il cui spettro indicava forti spostamenti verso il rosso, in tutto simili alle quasar, ma che non emettevano radioonde; o, per lo meno, emettevano troppo debolmente per poterle captare. Fu così stabilita l'esistenza di due classi di lontane galassie, raccolte sotto l'unico nome di «oggetti quasi stellari», o QSO, dall'inglese Quasi Stellar Objects: i QSO radio quieti e le quasar. A queste due classi se ne aggiunse una terza chiamata BL Lac (Lac è l'abbreviazione di Lacerta, la costellazione della Lucertola, dove BL stava ad indicare una stella di splendore variabile di quella costellazione). Infatti BL Lac era stata ritenuta una normale debole stellina variabile, finché non si scoprirono le sue proprietà di radiosorgente. Questo fece ritenere che anche BL Lac e molte altre «stelle» simili fossero in realtà oggetti extragalattici come i QSO. Ma a differenza di questi ultimi, il cui spettro presenta righe in emissione e in assorbimento, grazie al cui spostamento verso il rosso si può risalire alla distanza, le BL Lac hanno uno spettro continuo, del tutto o quasi privo di righe. Quando finalmente si riuscì a scoprire che BL Lac era immersa in una normale galassia ellittica, a circa un miliardo di anni luce da noi, si cominciò a sospettare che QSO e BL Lac fossero dei nuclei estremamente brillanti di lontane galassie. In qualche altro oggetto della classe BL Lac si riuscì a scorgere la presenza di alcune deboli righe e a misurarne lo spostamento verso il rosso. La stretta parentela con i QSO era ormai accertata.

La proprietà più sorprendente di questa nuova e, fino al 1963, insospettata classe di oggetti extragalattici, consisteva nel loro enorme splendore assoluto. Era difficile capire quale potesse essere la loro fonte di energia. Ma altre sorprese e problemi di ancora più difficile soluzione attendevano i cacciatori di QSO.

Se QSO e BL Lac avevano l'apparenza di stelle, era probabile che fossero state fotografate più volte e passate inosservate, come stelle insignificanti fra migliaia di altre. Andando a scovare vecchie lastre negli archivi degli osservatori, se ne rintracciarono parecchie, addirittura risalenti alla fine del secolo scorso. Fu così che si arrivò ad una nuova grande sorpresa: i QSO variavano di splendore in modo irregolare. Perché tanta sorpresa? Perché un oggetto non può variare di splendore in un periodo più breve di quello che la luce impiega a traversarlo, altrimenti le variazioni ad un estremo dell'oggetto compensano quelle all'altro estremo e l'oggetto appare di splendore costante. Ora i QSO e le BL Lac presentavano variazioni con periodi da pochi mesi a un anno. Osservazioni sistematiche hanno rivelato variazioni addirittura su periodi di settimane, giorni o anche ore.

La conclusione immediata è che l'oggetto splendente quanto dieci o cento grandi galassie ha un diametro inferiore all'anno luce; in qualche caso addirittura poche ore luce, paragonabile cioè al diametro del nostro sistema solare.

Le variazioni nel dominio radio hanno periodi maggiori di quelli ottici, ad indicare che le radioemissioni provengono da volumi più estesi che non quelle ottiche.

Ma com'è possibile che da volumi così piccoli si sprigioni tanta energia?

Il risultato era così paradossale che molti astronomi cominciarono a chiedersi se i QSO erano veramente così lontani come suggeriva lo spostamento verso il rosso. Se solo fossero dieci volte più vicini, la loro produzione di energia sarebbe cento volte più piccola e potrebbe rientrare quasi nella norma.

Quali altre leggi fisiche sono in grado di produrre spostamenti verso il rosso come quelli osservati?

Un primo suggerimento fu che potesse trattarsi di oggetti vicini, tanto densi e massicci, da dar luogo a forti spostamenti verso il rosso di natura gravitazionale. Un altro, che avessero delle loro forti velocità intrinseche di allontanamento che si sommavano a quella dell'espansione dell'universo.

La prima possibilità è una conseguenza della relatività generale e tale effetto era stato previsto da Einstein già nel 1907 e sviluppato ulteriormente fra il 1911 e il 1916. Un corpo di raggio R e massa M, a causa del campo gravitazionale che produce, dà luogo ad uno spostamento verso il rosso della radiazione uscente dalla sua superficie, e questo spostamento è tanto più grande quanto più grande è la massa e più piccolo il raggio. Per spiegare spostamenti verso il rosso da 1 a 4 occorrevano oggetti così compatti da essere molto prossimi al buco nero. Le righe spettrali emesse dalle parti più esterne e da quelle più interne delle atmosfere di questi oggetti avrebbero avuto spostamenti verso il rosso sensibilmente diversi; di conseguenza le righe spettrali sarebbero dovute essere molto più larghe di quello che effettivamente si osserva. Inoltre, negli spettri delle quasar sono presenti righe che possono apparire soltanto in condizioni di bassissima densità, condizioni che non ci aspettiamo certo di trovare nell'immediata vicinanza di un quasi buco nero.

Caduta l'ipotesi dello spostamento gravitazionale, restava l'altra alternativa: che allo spostamento verso il rosso dovuto all'espansione dell'universo, e quindi legato alla distanza, si sommasse un altro moto, per esempio una vera velocità di allontanamento, dovuta per esempio all'espulsione della quasar dal nucleo di una galassia. Questa seconda ipotesi pone, tuttavia, più problemi di quanti non ne risolva. Infatti, perché la quasar dovrebbe sempre essere espulsa in direzione opposta a quella dell'osservatore e mai verso di lui? E quale sarebbe la causa di una così gigantesca esplosione? Inoltre, si osservano veramente associazioni fra galassie e quasar? E quanto sono numerose? E abbiamo prove di esplosioni dei nuclei delle galassie associate? Le risposte a tutte queste domande o non ci sono o sono negative. Salvo per una, l'associazione fra galassie e quasar.

È stata fatta un'accurata ricerca per scoprire quasar angolarmente vicine a galassie aventi uno spostamento verso il rosso inferiore a quello della quasar. Questa avrebbe potuto essere la prova che la quasar era fisicamente legata alla galassia, da cui si stava allontanando ad una sua propria velocità. In effetti, si sono trovati parecchi casi di associazione apparente, e i sostenitori di questa ipotesi, primo fra tutti Halton Arp, affermano che il numero di questi casi è superiore a quello che ci si potrebbe aspettare da una distribuzione casuale. Inoltre, in qualche caso, un getto uscente da un oggetto sembra connesso con l'altro oggetto. Ma può benissimo trattarsi di un effetto di prospettiva, e gli argomenti statistici — cioè se il numero di associazioni apparenti è più alto oppure è quello che ci si può attendere dal caso — sono tutt'altro che convincenti. C'è ampia evidenza che le galassie espellono radiosorgenti, come vedremo parlando delle radiogalassie, ma non c'è nessuna chiara prova che espellano anche delle quasar.

Attualmente, la grande maggioranza degli astronomi ritiene che gli oggetti quasi stellari siano proprio alla distanza indicata dal loro spostamento verso il rosso. Solo Halton Arp, già membro dello staff di Monte Wilson e Palomar, e pochi altri suoi fedeli cercano ancora prove contrarie, senza però poter dare una risposta a tutte le altre domande suscitate dalla loro ipotesi.

La controversia fra Halton Arp e quasi tutto il resto della comunità scientifica internazionale merita però alcune considerazioni di carattere più umano che scientifico.

Sebbene gli scienziati debbano attenersi alle prove sperimentali o osservative, ed essere freddi interpreti di queste, ciò succede raramente, e la natura umana ha il sopravvento. Così si assiste spesso a controversie feroci, ad amicizie di decenni che si trasformano in inimicizie accanite fra sostenitori di diverse e opposte interpretazioni dei fatti. Questo accadeva negli anni '50 fra i sostenitori della teoria dell'universo stazionario e i sostenitori dell'universo evolutivo. Poi si verificarono delle scoperte, come la radiazione di 3 K (o -270° C), di cui parleremo in seguito, che misero fuori combattimento l'universo stazionario. La storia si è ripetuta con l'interpretazione delle quasar. Da un lato Halton Arp, Geoffrey Burbidge e pochi altri, dall'altro la gran maggioranza della comunità astronomica.

Discutiamone più a fondo. Gli argomenti di Arp sono tutt'altro che trascurabili. Ci sono parecchi casi in cui quasar e galassie, o anche gruppi di galassie, sembrano chiaramente collegati da ponti di materia, eppure i loro spostamenti verso il rosso sono molto diversi. In tutti questi anni, dalla scoperta della prima quasar a oggi, Arp ha svolto un egregio lavoro di osservatore raccogliendo numerosi casi in appoggio alla sua teoria.

Particolarmente interessante è il caso di una galassia spirale, NGC 3067, che dal suo spostamento verso il rosso risulta a 95 milioni di anni luce da noi e la quasar 3C 232, una forte radio-

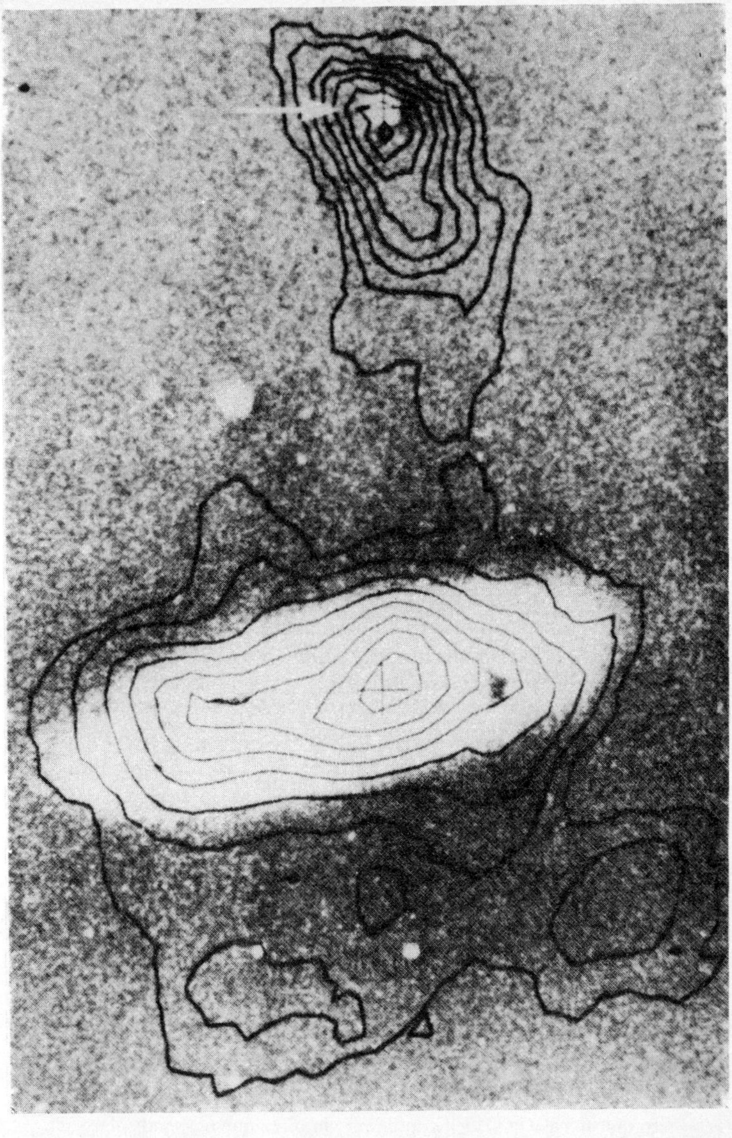

37. La galassia spirale NGC 3067 e la quasar 3C 232 che si trova 2 minuti d'arco più a nord. La fotografia è stata ottenuta da Halton Arp col telescopio da 4 metri dell'osservatorio nazionale americano di Kitt Peak in Arizona. Vi sono sovrapposte le isofote (linee di eguale intensità) a 21 cm. Si noti il braccio che si estende dalla galassia verso la quasar.

sorgente, a 2 minuti d'arco più a nord (Figura 37). Dal suo spostamento verso il rosso essa risulta a ben 9 miliardi di anni luce. Il radiotelescopio VLA nel Nuovo Messico ha osservato l'emissione di idrogeno dalle due galassie. Sembra proprio che le due radiosorgenti siano fisicamente collegate. Però, lo spostamento verso il rosso della riga di 21 cm dell'idrogeno indica che ambedue le radiosorgenti sono in realtà collegate con la spirale, sia pure estendendosi fino a 50 000 anni luce da questa. Inoltre osservazioni ottiche hanno mostrato assorbimenti da parte di idrogeno e calcio nello spettro della quasar, ma con spostamento verso il rosso simile a quello della spirale. Perciò sembra proprio che ci sia una estesa nube di gas che si protende dalla spirale e si piazza davanti alla più lontana quasar.

Ma forse l'obiezione più seria viene dalla scoperta di un certo numero di quasar con componenti «superluminali». Se ne conosce una mezza dozzina e sono state osservate a diverse epoche con gli interferometri intercontinentali. Esse non solo variano di splendore, ma anche di forma e presentano una seconda componente che si allontana dalla prima. Confrontando le osservazioni fatte a distanza di qualche anno, si può determinare lo spostamento angolare, e nota la distanza grazie allo spostamento verso il rosso, si risale allo spostamento lineare. Dividendo questo per il tempo intercorso fra due osservazioni si risale alla velocità. Ebbene, questa risulta pari a dieci, venti o anche trenta volte la velocità della luce, violando così uno dei fondamenti della relatività, comprovato invece da numerose altre esperienze. Se la quasar fosse molto più vicina, a pari spostamento angolare, il suo spostamento lineare e quindi la sua velocità sarebbero molto più piccoli. C'è una via d'uscita a questo problema: sempre dalla relatività si trova che se un corpo si muove in direzione molto prossima a quella dell'osservatore a velocità di poco inferiore a quella della luce, sembrerà avere una velocità in direzione perpendicolare all'osservatore molto superiore a quella della luce, appunto «superluminale»*. È chiaro che questa soluzione non viola le leggi della relatività. Ma non è facile accettare, dal punto di vista fisico, l'esistenza di materia che fuoriesce da una quasar a velocità così enormi. O per lo meno è altrettanto difficile da accettare quanto l'ipotesi, proposta da Arp,

* In questo caso la velocità apparente in direzione perpendicolare alla visuale dell'osservatore è data da $v\ (\text{apparente}) = \dfrac{v \operatorname{sen}\theta}{1 - \dfrac{v}{c}\cos\theta}$ dove θ è l'angolo fra la direzione apparente del moto e la visuale dell'osservatore e c la velocità della luce. Per es. per $\theta = 20°$ e $v = 0{,}99\ c$ si ha v apparente = 1 457 298 km/s pari a 4,86 c.

che una galassia espella quasar a velocità tali che, sommate a quella propria di espansione, simulino una maggiore distanza.

Però è più facile e comodo accettare quest'ultima soluzione, che non quella proposta da Arp. Infatti, la possibilità che gli spostamenti verso il rosso delle galassie non siano sempre un indice di distanza, mette in discussione tutto l'edificio su cui si regge la nostra interpretazione dell'universo.

Forse per questo, e in modo poco scientifico, si tende a non dare importanza ai fatti che disturbano, sottolineando invece quelli di segno opposto.

Contro le idee di Arp sta soprattutto la difficoltà di trovare una spiegazione fisica diversa da quella comunemente accettata.

Questo, però, non spiega il trattamento riservato ad uno scienziato che per molti anni era stato considerato uno dei migliori astronomi di tutto il mondo. Messo dapprima più o meno ufficiosamente al bando, pochi anni fa è stato esplicitamente informato che le sue ricerche erano inaccettabili; e, a meno che non decidesse di cambiare, non gli sarebbe stato assegnato altro tempo ai grandi telescopi di Monte Wilson, Monte Palomar e Las Campanas. Così Arp ha deciso di andare in pensione avanti tempo e ora seguita a lavorare in Europa, all'Istituto Max Planck, in Baviera.

Quello di Arp non è stato l'unico caso. Prima di lui Fritz Zwicky, pure membro dello staff di Monte Wilson e Palomar, aveva spesso avuto il torto di non credere alle teorie che godevano di maggior popolarità. Egli non rassegnò le dimissioni, seguitò a lavorare fino alla fine, ma il suo lavoro veniva ignorato e il suo nome accompagnato da risolini. Sebbene molti aspetti del suo carattere e del suo modo di fare fossero un po' strambi, oggi molte delle sue previsioni sono state verificate dai fatti. Quando, ai congressi, ripeteva a ogni momento col suo forte accento tedesco: «As I said in 1925... as I said in 1930...», noi, allora giovani ricercatori, si sghignazzava. Eppure, aveva ragione lui.

IL VUOTO INTERGALATTICO È DAVVERO VUOTO?

Ci sono, comunque, altre prove indirette che gli oggetti quasi stellari siano veramente alle grandi distanze indicate dall'applicazione della legge di Hubble. Gli spettri dei QSO sono in genere dominati da righe di emissione. Tuttavia, in quelli più lontani, soprattutto con spostamenti verso il rosso maggiori di 1, si osservano anche numerose righe di assorbimento, molto più sottili delle righe di emissione, e con spostamenti verso il rosso sistematicamente più piccoli. Esse devono perciò essere prodotte in nubi di gas poste davanti al QSO in modo da assorbirne la radiazione. L'importanza di queste righe di assorbimento è grande perché è l'unico modo che abbiamo di scoprire distribuzione, densità, composizione chimica del gas intergalattico.

Oggi, grazie a grandi telescopi, come per esempio il Multimirror in Arizona, e i sensibilissimi rivelatori elettronici, è possibile ottenere spettri degli oggetti quasi stellari, altrettanto dettagliati di quelli disponibili per le brillanti stelle galattiche.

Come le righe di assorbimento interstellari negli spettri delle stelle lontane permettono di scandagliare la distribuzione delle nubi di gas, la loro temperatura, densità e composizione chimica, così le righe di assorbimento negli spettri dei QSO danno informazioni sul gas intergalattico. Come nel gas interstellare, così, e a maggior ragione, nel rarefatto gas intergalattico, ci aspettiamo di vedere solo le righe più forti degli elementi più abbondanti. Queste, come abbiamo visto, cadono quasi tutte nell'ultravioletto non accessibile dal suolo. Di qui, i grandi progressi, nello studio del gas interstellare, ottenuti coi satelliti COPERNICUS e IUE. Gli oggetti quasi stellari sono troppo deboli e lontani per poterli studiare in gran dettaglio con questi satelliti. Però, grazie all'espansione dell'universo, le righe dei loro spettri sono tutte spostate verso il rosso di quantità crescenti al crescere della distanza. Di conseguenza anche il loro spettro ultravioletto sarà accessibile dal suolo, e studiabile con i telescopi più potenti di cui si disponga attualmente.

In alcune delle quasar più lontane, vicino all'emissione della riga Lyman α dell'idrogeno, si osservano più righe di assorbimento a vari spostamenti verso il rosso, che vengono interpretate come dovute ad assorbimenti Lyman α da parte di nubi discrete poste a varie distanze fra noi e la quasar. Potrebbe trattarsi di nubi isolate, come di estesi aloni di galassie che la nostra linea di visuale verso la quasar traversa. Con un'espressione pittoresca, questo addensamento di righe viene chiamato «la foresta Lyman».

Di grande interesse è accertare qual è la composizione chimica di tali nubi intergalattiche. Infatti, se esse sono costituite di puro idrogeno, significa che si tratta di materia primordiale, che non hanno mai fatto parte di alcuna galassia e quindi non hanno subito il processo di arricchimento in elementi pesanti da parte di supernovae o altre stelle esplodenti. Se, invece, sono presenti anche atomi di carbonio, azoto, ossigeno e altri elementi abbondanti, vorrà dire che il gas ha fatto parte di qualche galassia da cui è sfuggito o è stato espulso in seguito a fenomeni esplosivi. Purtroppo, non è così semplice stabilire quali elementi diano luogo alle righe di assorbimento. Siamo certi della Lyman α perché è la riga più forte dell'elemento di gran lunga più abbondante; ma come essere sicuri che fra le tante righe presenti, esse siano tutte Lyman α con diversi spostamenti verso il rosso, invece di righe di altri elementi aventi tutte lo stesso spostamento verso il rosso? Complicati spettri di diversi elementi a diverse velocità si confondono e si intersecano producendo un intreccio difficile da sbrogliare.

Si riteneva che solo la Ly α, essendo la riga più forte dell'elemento più abbondante, potesse essere osservabile in un mezzo tanto rarefatto. Invece, grazie alla maggiore potenzialità strumentale raggiunta in questi ultimi anni, si è potuto distinguere tre categorie di righe di assorbimento negli spettri dei QSO. Oltre alla ben accertata presenza della foresta Lyman, si sono osservate righe d'assorbimento molto allargate, e che vengono attribuite a gas in espansione da parte dello stesso QSO. C'è una terza categoria con righe di elementi più pesanti, come carbonio, ossigeno, silicio, magnesio, ferro e altri metalli che si ritiene possano essere dovuti alle varie galassie frapposte fra i QSO e l'osservatore. Come abbiamo accennato, non è facile distinguere le righe degli altri elementi da quelle della foresta Lyman, a meno che non cadano a lunghezze d'onda maggiori di quelle della componente Ly α più spostata verso il rosso, e cioè più vicina al QSO.

Al crescere della distanza dei QSO, diventeranno osservabili da terra regioni ultraviolette di lunghezza d'onda via via più corta.

Così in QSO a spostamenti verso il rosso poco più piccoli di 0,3 diventeranno osservabili dal suolo righe del ferro e del magnesio una volta ionizzati (che cadono rispettivamente a circa 2600 e 2800 Å), mentre per spostamenti verso il rosso di circa 1 diventeranno osservabili righe a lunghezza d'onda superiore a 1500 Å; infine per spostamenti verso il rosso eguali a 2 tutto lo spettro ultravioletto fino a 1100 Å sarà osservabile da terra. Certamente lo studio delle righe d'assorbimento intergalattiche può dare informazioni dirette sull'evoluzione del mezzo intergalattico e sull'abbondanza primordiale degli elementi. Per quanto si può dedurre da questi primi risultati, l'abbondanza degli elementi rispetto all'idrogeno sembra da cento a mille volte più bassa di quella solare.

Le righe di assorbimento da parte di elementi più pesanti dell'idrogeno, prodotte a spostamenti verso il rosso relativamente piccoli (diciamo minori di 0,3, che per H = 55 corrispondono a distanze inferiori a 5 miliardi di anni luce), sono chiaramente prodotte in galassie frapposte fra noi e il QSO, e possono essere delle sonde efficaci degli aloni di queste. Si tratta di righe dovute al magnesio e al ferro una volta ionizzati, ma anche al calcio ionizzato e al sodio neutro, che pure hanno un'abbondanza cosmica circa cento volte più bassa.

Solo un piccolo numero di QSO presentano questi assorbimenti intergalattici, mentre la maggioranza ha dato risultati negativi. Considerando le posizioni relative sulla volta celeste dei QSO e delle galassie antistanti, si arriva alla conclusione che gli assorbimenti sono osservabili soltanto quando la nostra linea visuale verso il QSO passa ad una distanza dal centro delle galassie antistanti minore di un valore compreso fra 26 000 e 59 000 anni luce. Queste sarebbero dunque le massime dimensioni raggiungibili dagli aloni galattici. Il risultato sorprendente è che tanto le righe del magnesio ionizzato che quelle del calcio ionizzato sono osservabili fino alla stessa distanza dal centro della galassia interposta, sebbene le righe del magnesio siano molto più forti di quelle del calcio. È come se gli aloni galattici avessero un confine netto a una data distanza dal centro.

A distanze di circa 10 miliardi di anni luce diventano osservabili da terra le righe del carbonio tre volte ionizzato, che sono di gran lunga le più forti. Inoltre sono presenti altre righe di elementi più volte ionizzati, come silicio (tre volte) e alluminio (due volte), e righe di più bassa ionizzazione, come carbonio, silicio, alluminio e ferro una volta ionizzati. Mentre nell'alone galattico le righe del carbonio una volta ionizzato sono sempre più forti di quelle del carbonio tre volte ionizzato, nei sistemi corrispondenti ad un grande spostamento verso il rosso, succede il contrario. Cioè il grado di ionizzazione del tenuissimo gas intergalattico è maggiore di quello che si riscontra nell'alone galattico.

In conclusione questi risultati, anche se per ora abbastanza preliminari, indicherebbero che il gas intergalattico, anche a distanze superiori a 10 miliardi di anni luce (e cioè quando l'universo era molto più giovane), conteneva già elementi pesanti, in abbondanza non troppo diversa da quella del gas interstellare galattico. Non si tratta dunque di materia primordiale, ma di gas che è già stato processato nell'interno delle stelle. Inoltre almeno alcune nubi avrebbero temperature superiori ai 50 000 gradi.

LA FATA MORGANA NON C'È SOLO NEL SAHARA

Un'altra prova della grande distanza dei QSO deriva dall'osservazione di alcune loro immagini gravitazionali.

Abbiamo già detto quali sono gli effetti che una grande massa ha su un fascio di radiazione: anch'esso subisce un'attrazione gravitazionale; o, nel linguaggio della relatività generale, viene deviato seguendo la distorsione dello spazio provocata dalla presenza di un agglomerato di materia. Allora è possibile che la radiazione proveniente da un lontano QSO, passando in prossimità di una galassia o ammasso di galassie posto fra noi e il QSO, venga deviata. Poiché noi vediamo l'oggetto lontano non dove effettivamente si trova, ma sul prolungamento dei raggi che ci arrivano, vedremo oltre all'oggetto una sua immagine. Le immagini prodotte possono assumere le forme più varie, in dipendenza dell'estensione della galassia «lente», dell'oggetto stesso, e del loro allineamento più o meno perfetto.

Insomma avremo degli effetti simili a quelli che i viaggiatori assetati nel deserto del Sahara hanno chiamato la «fata Morgana». La rifrazione della luce da parte dell'atmosfera surriscaldata fa vedere oasi là dove c'è solo sabbia. Difatti i raggi luminosi vengono incurvati dal rapido variare delle proprietà rifrangenti dell'atmosfera, causate dalla forte differenza di temperatura fra suolo, strati atmosferici più vicini e più lontani. Così ci appaiono luoghi posti oltre il nostro orizzonte, o meglio noi ne vediamo l'immagine.

Analogamente, una grossa galassia o un ammasso di galassie che devia i raggi provenienti da un lontano QSO, ce ne fa vedere una o più immagini.

Già nel 1919 il fisico Oliver Lodge aveva proposto per primo che la luce potesse essere deviata e focheggiata da una lente gravitazionale. Si calcolava, per esempio, che la luce di una stella lontana che fosse passata proprio radente al lembo di una stella più vicina, avrebbe dato luogo a un'immagine a forma di anello attorno alle due stelle, per un osservatore esattamente allineato con esse.

Einstein si occupò del problema e concluse che l'anello sarebbe stato così piccolo da risultare confuso con la stella «lente». Però l'idea fu ripresa da Zwicky nel 1937. Egli concluse che le galassie potevano essere delle ottime lenti gravitazionali, e che sarebbe stato possibile scoprire delle immagini di galassie poste dietro la galassia lente. Si sarebbero vedute più immagini, a seconda di come era distribuita la massa; e, in certi casi di «lenti trasparenti», come per esempio un ammasso di galassie, si sarebbe visto anche l'oggetto vero e proprio. Mentre i teorici si sbizzarrivano a calcolare tutte le varie forme che un'immagine gravitazionale può assumere, a seconda della posizione relativa lente-oggetto, e a seconda che l'oggetto sia esteso o puntiforme, gli osservatori cercavano, senza troppa fiducia, qualche possibile caso di immagine gravitazionale. Nel 1979 la ricerca ebbe successo. Walsh, Carswell e Weymann scoprirono due quasar separate da poco più di 6 secondi d'arco e con identico spostamento verso il rosso. Dato che anche i loro spettri erano praticamente identici, sembrava molto probabile che si trattasse di due immagini dello stesso oggetto.

Nell'81 Young e collaboratori trovarono anche la lente: era una galassia quasi allineata con le due quasar, e cioè, a poco meno di 1 secondo d'arco a nord dell'immagine più meridionale.

Un esempio particolarmente bello di immagini gravitazionali è la cosiddetta «Croce di Einstein». Si tratta di quattro immagini di una quasar visibile nella costellazione del Pegaso, a circa 9 miliardi di anni luce, prodotte da una galassia venti volte più vicina.

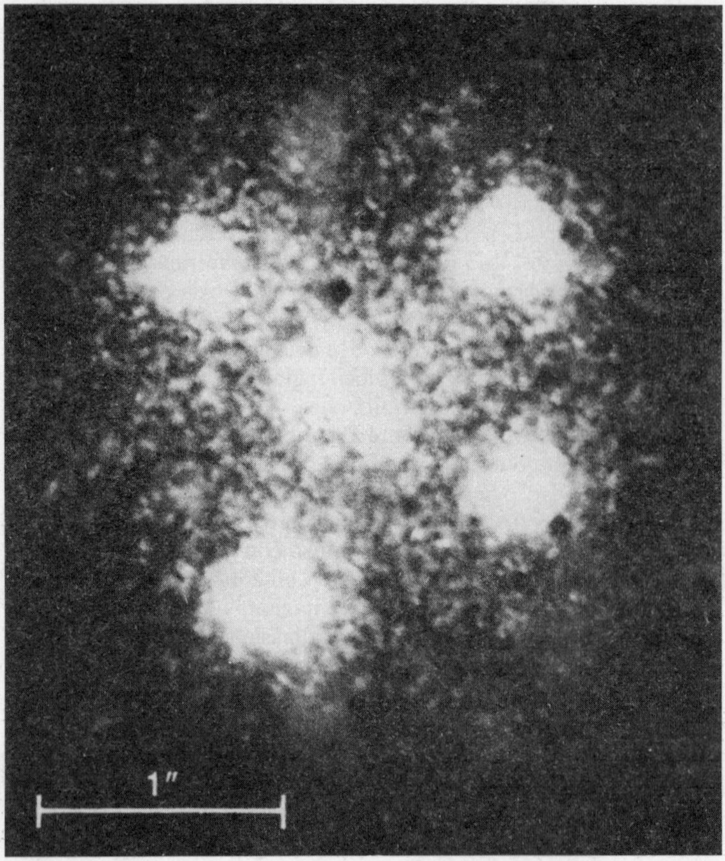

38. Immagine della «Croce di Einstein» ottenuta con la camera per oggetti deboli FOC applicata al telescopio spaziale Hubble. L'oggetto diffuso al centro è la galassia che funge da lente gravitazionale, e gli altri quattro oggetti a contorno circolare sono immagini gravitazionali di un quasar a 9 miliardi di anni luce, 20 volte più lontano della «lente».

La galassia «lente» è visibile come una macchia diffusa al centro della croce formata dalle quattro immagini (Figura 38). Questo «miraggio» era stato osservato da terra, ma la camera per oggetti deboli (costruita dall'Agenzia Spaziale Europea) applicata al telescopio spaziale Hubble ne ha dato una splendida, dettagliata immagine.

Quando si hanno oggetti estesi e non allineati con l'asse della galassia lente, si possono avere configurazioni quanto mai varie e complesse. Per esempio se l'oggetto è una galassia ellittica e la lente è un ammasso di galassie, si vedrà la galassia ellittica, perché l'ammasso è una lente trasparente. Infatti è una grossa concentrazione di materia, ma gli ampi spazi fra i vari membri lasciano vedere le galassie dello sfondo. L'immagine invece assumerà la forma di giganteschi archi di anello. Tali archi sono stati effettivamente trovati, facendo crescere nuovo interesse attorno alla teoria delle lenti gravitazionali (vedasi Figura 33, a p. 155).

Ancora più interessante è il seguente fatto: se una galassia vicina genera l'immagine di un lontano QSO con un getto, si può ottenere una configurazione dell'immagine tale che il QSO sembra essere connesso fisicamente dal getto alla galassia vicina. Si conosce, grazie anche alle numerose osservazioni di Halton Arp, un piccolo numero di oggetti che presentano queste caratteristiche: essi sono stati da lui presi a riprova della ipotesi che i QSO sono molto più vicini di quanto non indichi il loro spostamento verso il rosso.

FONTI D'ENERGIA DEI QSO: ANCORA UN MISTERO?

Accettato che la distanza dei QSO sia quella indicata dal loro spostamento verso il rosso e, nel caso di quelli variabili, essendo note anche le loro dimensioni, veniamo alla domanda: qual è la fonte di tanta energia? Per rendersi conto dell'enormità di questa emissione, ricordiamo che è frequente il caso di oggetti di diametro inferiore ad un anno luce che emettono quanto dieci o cento galassie come la nostra. Ciò significa che l'energia prodotta per unità di volume è qualche milione di miliardi di volte più grande.

Questo enorme valore aveva fatto ritenere che i QSO fossero oggetti eccezionali, differenti da tutte le altre galassie; che esistesse un grande, incolmabile salto fra queste ultime e i QSO. Ma via via che le nostre conoscenze procedevano, si è visto che, in effetti, esiste una sequenza continua di galassie con nuclei più o meno attivi. Sequenza che va da galassie normali come la nostra, in cui il nucleo dà modesti segni di attività, alle galassie Seyfert, N e Markarian, o più generalmente AGN (Active Galactic Nuclei), che presentano, in scala minore, gli stessi fenomeni dei QSO (nucleo molto brillante rispetto alla galassia che lo circonda, variabilità con scale di tempi dell'ordine di anni, mesi e anche giorni, spettri molto simili, con righe di emissione, indicanti grande abbondanza di nubi di gas ad alta temperatura), alle radiogalassie, la cui struttura morfologica somiglia a molte quasar, e infine ai QSO, sia radioemittenti che radio quieti.

Un bell'esempio di galassia normale con un QSO in scala ridotta è la famosa galassia nei Cani da Caccia M 51 (Figura 39): essa è in realtà una galassia doppia, una bella spirale vista di fronte con una piccola compagna all'estremità di un suo braccio spirale. I nuclei di ambedue le galassie sono molto più brillanti delle altre parti e mostrano di essere sede di fenomeni energetici simili, ma più deboli, di quelli che si verificano nelle Seyfert.

Questa somiglianza qualitativa ha portato a pensare che la fonte d'energia deve essere la stessa, che il motore centrale che alimen-

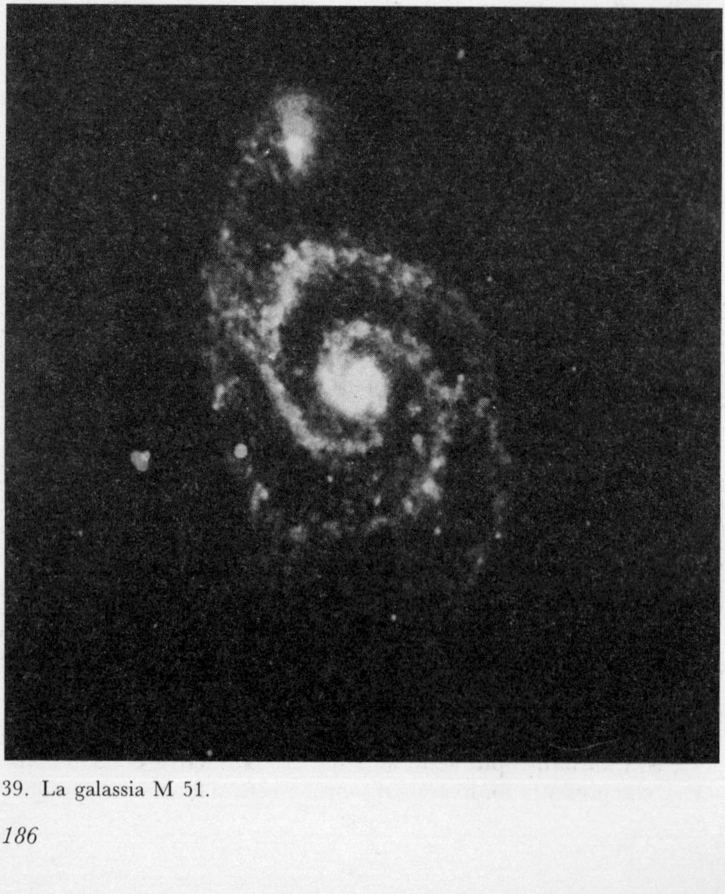

39. La galassia M 51.

ta il nucleo di tutte queste galassie sia dello stesso tipo, sia pure con potenze variabili da 1 a 10 milioni. È come dire che tutte le auto a benzina hanno un motore a scoppio, e che funzionano tutte in base allo stesso principio, sia che si tratti di una Fiat 500 che di una Ferrari.

La straordinarietà dei QSO consiste, quindi, nella capacità di produrre enormi energie in volumi tanto piccoli; e la somiglianza di proprietà e di spettri con galassie vicine del tipo AGN indica che queste, sebbene siano molto meno straordinarie dei QSO, devono avere gli stessi meccanismi. Altri meccanismi non sufficienti a spiegare i QSO, ma che potrebbero invece render conto dei meno energetici AGN, andranno scartati anche per questi ultimi, proprio per le suddette somiglianze fra QSO e oggetti meno eccezionali. Ecco, dunque, che queste analogie ci permettono di restringere il campo delle ipotesi e dire quali meccanismi sono più o meno accettabili.

La luminosità delle galassie normali è dovuta essenzialmente alla luminosità delle stelle che la compongono e a quella del gas che è illuminato ed eccitato dalle stesse stelle. Di conseguenza la prima idea fu che i QSO avessero nuclei in cui si addensava un numero tanto grande di stelle da spiegarne lo splendore. Ma il disappunto fu grande quando ci si accorse che in molti casi il volume del nucleo centrale era troppo piccolo per contenere tutte le stelle necessarie a spiegare la sua produzione di energia.

Un altro modo di liberare energia raggiante, e che ha luogo in varie fasi transitorie della vita stellare, è la liberazione di energia gravitazionale che, come abbiamo visto, spiega anche l'emissione da parte delle binarie emittenti raggi X. Questa fonte d'energia è ancora più efficiente dell'energia nucleare. Infatti la maggior quantità di energia E che può liberarsi nella trasformazione da idrogeno a ferro è data dall'equazione di Einstein $E = mc^2$, dove m è pari a soli otto millesimi delle masse in gioco. In altre parole il risultato della reazione — i nuclei di ferro — avranno una massa inferiore di soli otto millesimi a quella dei nuclei di idrogeno da cui si sono formati. Se invece consideriamo un corpo di massa m che cade per attrazione gravitazionale su un buco nero di massa M e raggio R, l'energia gravitazionale liberata sarà pari a $0{,}5\ mc^2$, o 62 volte quella nucleare*.

* L'energia cinetica del corpo di massa m attratto da quello di massa M e raggio R sarà data da $\frac{1}{2}mv^2 = \frac{GmM}{R}$ e perciò sarà tanto più grande quanto più grande è M e più piccolo è R. Nel caso estremo che il nucleo centrale sia un buco nero, il suo raggio $R = \frac{2GM}{c^2}$ e di conseguenza $E = 0{,}5\ mc^2$.

Ancora più efficiente sarebbe la completa annichilazione della materia, che si ottiene quando una particella di materia incontra il suo analogo di antimateria. Sebbene particelle di antimateria vengano prodotte nelle grandi macchine acceleratrici, non c'è nessuna evidenza che nell'universo e tanto meno nel nucleo di una stessa galassia esistano agglomerati, come stelle o ammassi di stelle, costituiti sia di materia che di antimateria. Uno dei problemi della cosmologia consiste proprio nel rispondere al perché di questa asimmetria.

Invece siamo certi che si abbia liberazione di energia gravitazionale per lo meno su scale di dimensioni stellari. Lo stesso modello che spiega le binarie X e in particolare quell'oggetto unico che è SS 433 può spiegare anche le emissioni dei QSO.

Questi sono i nuclei eccezionalmente luminosi di lontane galassie. Soltanto essi risultano generalmente osservabili, perché la tenue luminosità dell'ammasso di stelle e polveri che li circonda non è osservabile a quelle enormi distanze. Lo diverranno forse nel prossimo futuro quando i giganteschi telescopi della nuova generazione, formati dall'accoppiamento di due o più grandi specchi, ci consentiranno di vedere oggetti da dieci a venti volte più deboli. Al centro del nucleo sta il motore che genera sia la produzione di radiazione elettromagnetica dal dominio radio a quello dei raggi X e gamma, sia di energia cinetica, capace di produrre getti di materia radioemittente estesi per decine di migliaia di anni luce. Oggi è generalmente accettato, per mancanza di alternative possibili, che questo motore sia un buco nero, con una massa tipica di nucleo galattico — da cento milioni a un miliardo di masse solari — e raggio dedotto dai tempi di variabilità del nucleo stesso: da mesi a ore luce.

Ma restano numerose domande. Per esempio, i motori centrali sono simili in tutti i QSO? Perché alcuni sono più brillanti di altri? Perché hanno nuclei di massa maggiore o perché riescono a «fagocitare» più materia di altri?

Perché molte quasar hanno uno o due getti radioemittenti che fuoriescono dal loro nucleo e altre no? In generale, quando ci sono due getti, uno è molto più debole dell'altro; alcuni di questi si estendono anche per centinaia di migliaia di anni luce. Si ritiene che la fonte d'energia risieda nella parte centrale della radiosorgente, ma il meccanismo non è affatto compreso.

È possibile che al centro di ogni galassia ci sia un QSO quiescente? Abbiamo visto i dubbi e la risposta, che per ora sembra negativa, per il centro della nostra Galassia.

Come abbiamo già detto, quando furono scoperte le quasar,

esse sembrarono oggetti straordinari, del tutto diversi dalle galassie normali. Quando però si cominciò a confrontarle con le radiogalassie, ci si accorse di molte somiglianze. Anche le radiogalassie avevano spettri simili alle quasar, e le proprietà della radiosorgente associata alla galassia erano simili a quelle della radiosorgente associata alla quasar. Poi ci si accorse che le quasar erano solo una parte della più vasta categoria dei QSO, includenti le quasar e gli oggetti radio quieti. Le somiglianze dei QSO con la classe delle galassie Seyfert apparvero evidenti. In ambedue le classi il nucleo era estremamente brillante, da sopravanzare di gran lunga la galassia in cui era immerso; inoltre gli spettri delle Seyfert e dei QSO erano praticamente indistinguibili, tanto che si cominciò a pensare che le Seyfert altro non fossero che QSO più vicini; o, se volete, che i QSO fossero Seyfert tanto lontane da non poter distinguere, o da scorgere a stento, la galassia in cui erano immersi.

Studi di un esteso campione di galassie Seyfert e di QSO suggeriscono che ambedue le classi rappresentino, in realtà, un'unica sequenza: QSO e Seyfert sarebbero la fotografia di una stessa popolazione presa ad epoche diverse della loro vita: le QSO rappresenterebbero la giovinezza e le Seyfert un'età più matura nella loro evoluzione galattica. Tanto per le une come per gli altri, è l'energia gravitazionale la fonte delle emissioni da parte dei nuclei attivi. È probabile che la diminuzione di splendore che accompagna l'invecchiamento sia dovuta alla progressiva diminuzione di materia che irraggia prima di cadere, spiralando, dentro al buco nero massiccio acquattato al centro della galassia.

Ci si chiede, infine, qual è la ragione per cui alcuni QSO sono radioemittenti ed altri no. Studi dei QSO più vicini, tanto da poterne discernere la galassia circostante, indicherebbero che le proprietà radioemittenti sono piuttosto legate a quest'ultima che non al nucleo compatto. Infatti, le radioemittenti sono al centro di galassie ellittiche molto luminose, mentre i QSO emittenti solo nell'ottico e a raggi X sono dentro a galassie spirali, il cui splendore è in media sei volte più piccolo che per le ellittiche. Il perché di questa differenza non è chiaro. Si può solo dire che anche fra le radiogalassie, la maggioranza sono galassie ellittiche giganti, che presentano delle anomalie, o morfologiche, o spettroscopiche rispetto alle normali ellittiche non radioemittenti.

Una delle risposte che speriamo avere dai futuri giganteschi telescopi della nuova generazione, sarà quando si sono cominciati a formare i QSO. C'è qualche indicazione che il numero di QSO per unità di volume cominci a diminuire al di là di una certa distanza, e quindi a partire da una certa epoca.

Sarà un effetto reale — saremo dunque arrivati a vedere tanto indietro nel tempo, quando le galassie si cominciavano appena a formare — oppure sarà solo un effetto di selezione, dovuto al fatto che i nostri strumenti non riescono a penetrare oltre una certa distanza, perché anche i QSO di maggior splendore assoluto diventano troppo deboli? Ci saranno davvero solo galassie con nuclei QSO o ci saranno anche galassie «normali» intrinsecamente troppo deboli per essere scorte dai nostri attuali strumenti?

Questa complessità di oggetti extragalattici così diversi è in un certo senso disturbante. Infatti, quasi per un inconscio senso estetico, molti scienziati ritengono che la natura sia semplice e che le spiegazioni e le teorie più «eleganti» siano quelle che fanno ricorso al minor numero possibile di cause. Un'ipotesi avanzata da Peter D. Barthel dell'Università di Groningen in Olanda viene incontro a questa aspirazione. Egli suggerisce che tutte quelle potenti generatrici di energia che sono le quasar, le blazar, e le radiogalassie appartengano, in realtà, ad un'unica classe e che le loro diverse caratteristiche siano solo un'apparenza dovuta al loro diverso orientamento rispetto alla visuale dell'osservatore. Queste conclusioni erano state raggiunte dopo aver esaminato le proprietà di una quarantina di galassie con nucleo attivo a distanze comprese fra 8 e 12 miliardi di anni luce (assumendo per la costante di Hubble il valore di 50 km/s per ogni 3,26 milioni di anni luce). Quasar e radiogalassie sono quasi egualmente intense in radioonde, ma le quasar sono molto più brillanti nell'ottico. Le radiosorgenti attorno alle radiogalassie sono molto più estese che quelle attorno alle quasar. Inoltre la maggioranza delle quasar mostra un unico getto brillante, mentre le radiogalassie, quando hanno i getti, ne hanno due, deboli e in direzioni opposte. In base a queste constatazioni, Barthel afferma che tutte queste differenze possono essere spiegate ammettendo che una galassia con nucleo attivo sia composta dal «motore centrale» circondato da una specie di ciambella opaca formata da polveri. Le particelle, espulse dalla pressione di radiazione esercitata dagli strati più caldi e più vicini al centro, sono costrette dalla presenza della ciambella a sfuggire in direzione perpendicolare ad essa, attraverso il foro centrale. Si formano così naturalmente due getti allineati di particelle che muovendosi nel campo magnetico della galassia emettono radiazioni sincrotrone. Ora, se la galassia è orientata in modo tale che i getti formino un angolo da qualche grado a meno di 45 gradi con la nostra visuale, vedremo un nucleo brillante e un getto intenso diretto verso di noi, mentre l'altro sarà tanto più debole che raramente potremo scorgerlo. Avremo così la quasar.

Se invece la ciambella è vista di taglio, vedremo due getti e la luce della galassia sarà oscurata dalle polveri, così da apparirci molto indebolita; invece le radioonde, a causa della loro maggior lunghezza d'onda, passano indenni attraverso la ciambella. Avremo la radiogalassia. Se poi i getti giacciono quasi esattamente sulla nostra visuale, avremo le blazar, caratterizzate da violenta variabilità nell'ottico. Di conseguenza, le sorgenti superluminali dovrebbero essere osservabili solo nelle quasar e blazar, e mai nelle radiogalassie, un dato che per ora sembra confermato dalle osservazioni.

Queste diverse alternative e il gran numero di verbi al condizionale che ho usato indicano quanto poco si sappia ancora sulle galassie con nuclei attivi, in particolare, e più in generale su tutti i tipi di galassie. Fra l'altro non sappiamo spiegarci come possano essersi formate queste disomogeneità da un universo primordiale altamente omogeneo. Ma torneremo su questo problema quando parleremo di cosmologia.

UN CIELO AFFOLLATO DI GALASSIE

Nel 1981 l'astronomo californiano Hyron Spinrad e i suoi collaboratori dell'Osservatorio Nazionale di Kitt Peak in Arizona e di quello californiano di Lick annunciarono un nuovo record astronomico: per la prima volta si era misurato uno spostamento verso il rosso di due galassie normali, cioè non quasar, superiori ad 1. Erano anche radioemittenti e coincidevano con la radiosorgente 3C 421.1 e 3C 13 a distanze rispettivamente di 11,5 e 10,9 miliardi di anni luce. Da allora ad oggi, grazie alle nuove tecniche di osservazione, il numero di queste lontane galassie è cresciuto rapidamente, e si sono ottenute immagini di galassie ancora più lontane, di cui è impossibile per ora ottenere lo spettro e quindi misurare lo spostamento verso il rosso.

Con la lastra fotografica le immagini di queste deboli galassie vengono completamente «affogate» nel velo prodotto dalla luce diffusa del cielo notturno. Invece i recettori elettronici, noti come CCD (Charge Coupled Devices o dispositivi ad accoppiamento di carica) sono molto più sensibili: ogni singolo fotone viene registrato, mentre per impressionare un granulo dell'emulsione fotografica occorrono dagli 8 ai 10 fotoni. Inoltre, la precisione delle misure è molto maggiore. Infine è possibile fare una serie di esposizioni, sottrarre il fondo del cielo e poi sommare le varie esposizioni. In questo modo, con un lavoro da pioniere, Anthony Tyson ha ottenuto le immagini di galassie fino alla magnitudine 28, la stessa che ci si prefiggeva di raggiungere con lo Space Telescope, sessanta volte più deboli di quelle raggiunte con le tecniche fotografiche. In campi apparentemente vuoti di stelle e galassie, estesi 2,5 × 5 minuti d'arco (ricordiamo che il Sole è visto sotto un angolo di 32 minuti d'arco) e con esposizioni di 5 ore e mezzo, Tyson ha contato circa mille galassie fino alla magnitudine 28. Egli stima che gli spostamenti verso il rosso di questi lontanissimi oggetti — si noti, normali galassie, non quasar, né radiogalassie — siano compresi fra 1 e 4, paragonabili cioè a quelli delle più lontane quasar. Le immagini ottenute da Tyson mostrano un cielo quasi completamente ricoperto di deboli macchioline bluastre, fra cui campeggiano alcune brillanti stelle e galassie vicine (Figura 40). Se si corregge il colore di queste macchioline per l'effetto di arrossamento dovuto all'espansione dell'universo, si trova che esse sono ancora più blu, e che emettono intensamente nel lontano ultravioletto. Ciò indica la presenza di un grandissimo numero di stelle molto calde e giovani; queste galassie, che noi vediamo com'erano più di 15 miliardi di anni fa, stanno proba-

40. Immagini di deboli galassie mostrano un cielo quasi completamente coperto da questi lontanissimi oggetti.

bilmente attraversando una fase di rapida formazione di stelle, dopodiché, quando avranno esaurito completamente la loro riserva di gas e polveri, si avvieranno a diventare galassie popolate soltanto da stelle vecchie di colore rossastro, così come ci appaiono le vicine galassie ellittiche. L'analisi dei colori di queste macchioline indica dunque che sono composte da stelle giovani, sì, ma comunque già formate. E allora, ci si chiede, dove sono le galassie in formazione? Quando è cominciata questa importantissima fase nella vita dell'universo, se già ora siamo in grado di guardare tanto indietro nel tempo, ad età comprese fra il 50 per cento e addirittura il 92 per cento dell'età dell'universo? Oppure si sono formate prima le stelle e poi si sono agglomerate in galassie? Solo riuscendo a guardare ancora più lontano e più indietro nel tempo potremo avere una risposta.

Un'obiezione che è stata fatta a Tyson è se non sia possibile che queste deboli galassie, invece di essere tanto lontane, non siano galassie nane relativamente vicine. Ma questo, secondo Tyson, è altamente improbabile, perché tutte le galassie nane che noi conosciamo sono popolate da vecchie stelle rosse e quindi il loro colore blu non si spiegherebbe. Inoltre esse non sono molto numerose. Certo è sempre possibile che sia stata scoperta una nuova debole popolazione extragalattica. Solo la misura delle distanze, tramite lo spostamento verso il rosso, potrà dare una risposta definitiva. Perciò occorrono strumenti ancora più grandi e rivelatori ancora più sensibili. E forse essi ci faranno intravedere altri oggetti, per svelare la cui natura occorreranno altri strumenti ancora più potenti, in una corsa forse senza fine.

Però, anche le galassie nane e vicine sono molte di più di quanto si credeva una volta. Molte deboli galassie ellittiche, senza traccia di spirali, di gas o di stelle giovani, sono state trovate da Chris Impey, Greg Bothun e David Malin nel grande ammasso della Vergine. Sono oggetti in sé poco interessanti, ma la conoscenza del loro numero è molto importante perché potrebbero render conto di quella discrepanza fra massa che si vede e massa che si sente soltanto per il suo effetto gravitazionale e che rappresenterebbe più del novanta per cento della massa contenuta nell'universo. Altre sorprese verranno quando sarà in orbita il telescopio europeo per l'infrarosso ISO (Infrared Space Observatory), il cui lancio è previsto per la fine del 1995. Più potente del suo predecessore IRAS, spingerà il suo sguardo ben più lontano. Già IRAS ha trovato delle galassie del tutto insignificanti nella banda ottica, che invece sono brillanti quanto le più brillanti quasar nell'infrarosso. Anch'esse potrebbero essere una risposta al problema della massa che si fa sentire gravitazionalmente ma che non si vede, almeno per ora.

STRUTTURA A GRANDE SCALA DELL'UNIVERSO DI GALASSIE: BOLLE VUOTE E UNA GRANDE MURAGLIA

Abbiamo parlato di galassie e ammassi di galassie, di galassie normali e di galassie straordinarie, di galassie giovani e di galassie vecchie. Tutte partecipano del moto di espansione dello spazio in cui sono immerse. Ma come sono distribuite in questo spazio? Ed hanno anche dei moti loro propri, velocità reali che si sommano al moto di espansione? Domande a cui non è facile rispondere, tanto che fino a una decina o poco più di anni fa si faceva l'ipotesi semplificatrice che gli ammassi di galassie fossero distribuiti in modo uniforme per tutto l'universo e che le singole galassie, oltre al moto di espansione dell'universo, avessero il loro proprio moto di rivoluzione attorno al baricentro dell'ammasso a cui appartenevano.

La nostra conoscenza della distribuzione delle galassie è stata fino a pochi anni fa essenzialmente bidimensionale. Infatti è abbastanza semplice determinare come sono distribuite le galassie sulla volta celeste. Con l'aumentare della potenza dei telescopi e della sensibilità dei rivelatori, la volta celeste risulterà sempre più affollata di deboli e lontane galassie, ma la nostra sarà sempre una rappresentazione bidimensionale. Per passare da questa rappresentazione alla vera distribuzione tridimensionale, occorre conoscere la terza coordinata: la distanza. Abbiamo visto che esistono vari metodi per determinare la distanza delle galassie più vicine, ma quando queste appaiono solo come indistinte macchioline l'unico modo è misurarne lo spostamento verso il rosso. Ma per far questo occorre disperdere la già tanto scarsa radiazione per ottenere lo spettro della galassia. Anche con i più potenti telescopi e i più sensibili recettori sono molto poche le galassie lontane, quasar eccettuate, di cui si sia potuto misurare lo spettro. La distribuzione bidimensionale delle galassie non contraddiceva l'ipotesi che esse fossero distribuite in modo più o meno uniforme; ma intanto cresceva il numero di spettri disponibili e la distribuzione tridimensionale cominciava a prender forma. Oggi sono state esplorate vaste aree di cielo e ne è emerso un risultato sorprendente: gli ammassi di galassie non sono distribuiti in modo uniforme ma si addensano sulla superficie di enormi spazi vuoti, come delle enormi bolle. Ma vediamo alcuni di questi risultati più in dettaglio.

La ricerca è stata iniziata una decina di anni fa, in seguito ad un suggerimento di M. Joeveer, J. Einasto e E. Tago secondo cui la distribuzione delle galassie avrebbe una struttura «cellulare» con gli ammassi più densamente popolati collegati da strutture filamentose. La scoperta di un grande volume vuoto di galassie nella costellazione dei Bootes, nel 1981, e una rassegna di galassie emittenti la riga di 21 cm dell'idrogeno fatta da Martha Haynes e da Riccardo Giovanelli nel 1986 confermarono questo suggerimento, anche se le osservazioni riguardavano regioni piuttosto limitate e relativamente vicine. Estensione delle misure a maggiori distanze da parte di D. Koo, R. Kron e A. Szalay indicavano che, anche spostandosi lungo la terza dimensione, si incontravano estese regioni vuote. Una serie di misure sistematiche di quasi tremila galassie dell'emisfero boreale sono state raccolte da Margaret Geller, J.P. Huchra e numerosi collaboratori, fra cui il triestino Massimo Ramella, al Centro di Astrofisica di Cambridge, nel Massachusetts; mentre nell'emisfero australe, Anthony P. Fairall e Angela Jones raccoglievano dati per più di seimila galassie. La rassegna è per ora limitata a galassie con velocità di allontanamento eguale o inferiore a 15 000 km/s, che per un valore della costante di Hubble di 55 km/s per ogni 3,27 milioni di anni luce, equivale a una distanza pari o inferiore a circa 900 milioni di anni luce. Data la difficoltà di rappresentare su un foglio una distribuzione tridimensionale, le figure danno una coordinata sulla volta celeste (l'ascensione retta, che è l'analogo della longitudine terrestre) in funzione della velocità (e cioè della distanza) per un certo intervallo di valori dell'altra coordinata, la declinazione (che è l'analogo della latitudine terrestre), oppure la declinazione in funzione della velocità per un certo intervallo di valori dell'ascensione retta. La struttura a bolle emerge chiaramente, mentre era molto meno evidente nella rappresentazione bidimensionale in ascensione retta e declinazione, anche se si potevano intravedere degli addensamenti e delle rarefazioni di galassie (Figura 41).

Si noti anche che gli ammassi più ricchi si trovano proprio nelle regioni in cui si incontrano le superfici di due bolle adiacenti, e che lo spessore delle superfici è meno di un decimo del loro diametro. Ogni bolla è dunque un immenso vuoto esteso decine di milioni di anni luce. Ci potremmo rappresentare questa parte di universo come una serie di grappoli di bolle di sapone, o come le celle di un gigantesco alveare.

Impressionante diventa l'aspetto di questa distribuzione, quando si guardi l'insieme di tutte le misure fatte fino ad ora, che coprono circa tre quarti della volta celeste, e si estendono in pro-

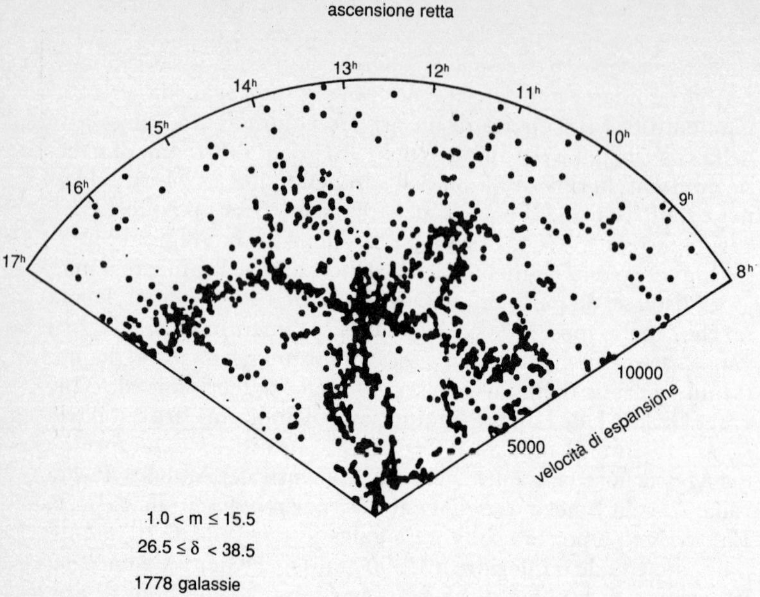
ascensione retta
13h
12h
14h
11h
15h
10h
16h
9h
17h
8h
10000
5000
velocità di espansione
1.0 < m ≤ 15.5
26.5 ≤ δ < 38.5
1778 galassie

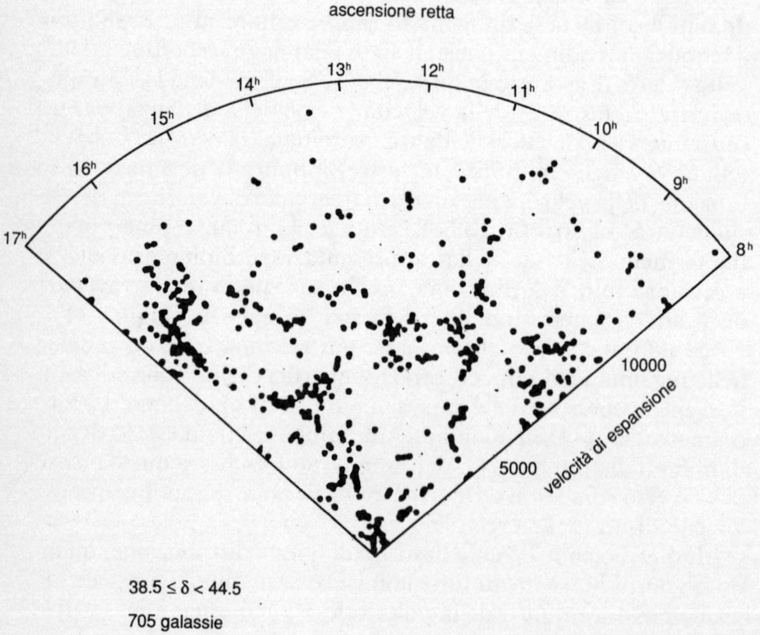
ascensione retta
13h
12h
14h
11h
15h
10h
16h
9h
17h
8h
10000
5000
velocità di espansione
38.5 ≤ δ < 44.5
705 galassie

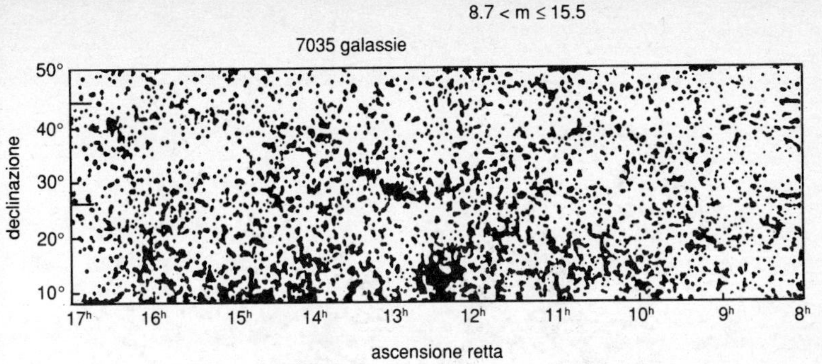

41. *Sopra*: Posizione delle galassie come appaiono proiettate sulla volta celeste, e comprese fra 8 e 17 ore di ascensione retta (ricordiamo che l'ascensione retta è la coordinata analoga alla longitudine terrestre) e fra 10 e 50 gradi di declinazione nord (ricordiamo che la declinazione è l'analogo della latitudine terrestre). Si notano delle regioni più dense ed altre meno, ma nessuna struttura ben definita.
A fianco: Le due figure rappresentano la posizione delle stesse galassie comprese fra ascensione retta 8 e 17 ore e velocità di allontanamento comprese fra spostamenti verso il rosso trascurabili e 0,05 (cz = 15 000 km/s) corrispondenti a distanze fino a 963 milioni di anni luce, assumendo H = 55. Questa rappresentazione è bidimensionale, per la difficoltà di rappresentare su un foglio le tre dimensioni. La coordinata ascensione retta da una delle coordinate sulla volta celeste, mentre la coordinata velocità è una misura della distanza. La figura in alto è relativa a galassie comprese fra declinazioni 26,5 e 38,5 gradi nord e quella in basso per declinazioni fra 38,5 e 44,5 gradi nord. Esse dunque abbracciano la stessa regione della figura in alto, ma mostrano la distribuzione in profondità. Ed è facile vedere come ora appaiono evidenti le strutture «a bolle»: addensamenti di galassie e ammassi di galassie sulle superfici grosso modo circolari di estese regioni vuote. Le figure contengono galassie di magnitudini più splendenti della 15,5.

fondità fino a velocità d'allontamento di 15 000 km/s. Le parti bianche corrispondono a regioni oscurate dalle polveri del piano della nostra Via Lattea. È evidente una fascia di galassie che si allunga dall'ascensione retta di 8 ore e velocità di allontamento di circa 7000 km/s a 17 ore e 10 000 km/s (Figura 42). È una vera e propria muraglia, tanto è vero che Geller e Huchra l'hanno chiamata «La Grande Muraglia». La figura 43 dà una rappresentazione tridimensionale (ascensione retta misurata lungo gli archi, declinazione perpendicolarmente agli archi e velocità, o distanza, lungo i segmenti che vanno dalla nostra posizione presa come origine a velocità zero, verso l'alto dove, sugli archi, la velocità è di 15 000 km/s) della figura precedente.

Ma le bolle sono veramente vuote? non esistono galassie isolate là dentro? Una ricerca sistematica fatta da Maret Einasto del-

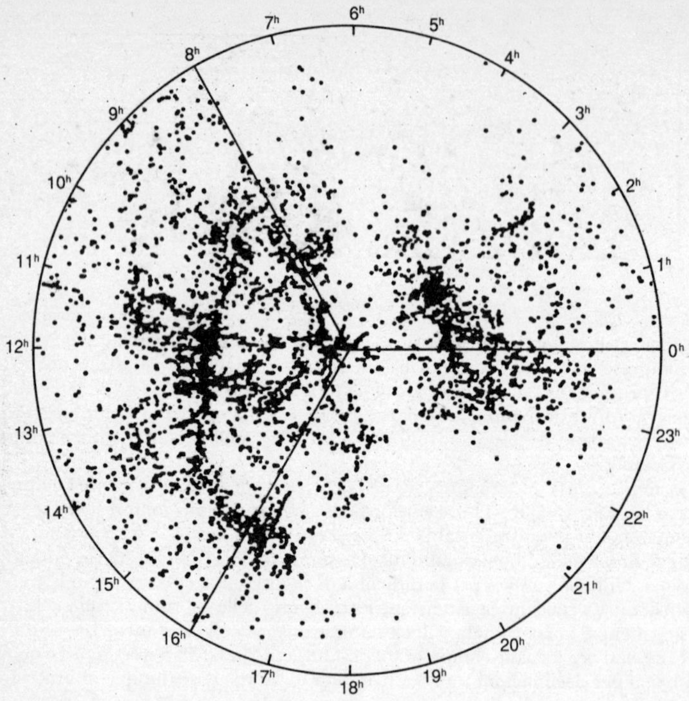

42. La figura è analoga alle due precedenti, ma copre tutto l'intervallo di ascensioni rette da 0 a 24 ore per declinazioni comprese fra 20 e 40 gradi nord e senza limitazioni in magnitudini. In altre parole comprende tutte le galassie che si trovano in una fascia dell'emisfero boreale larga 20 gradi e che avvolge tutta la volta celeste lungo un'intera circonferenza. La distanza limite è ancora 963 milioni di anni luce per H = 55.

l'Osservatorio di Tartu in Estonia, ha mostrato che anche queste galassie che sembravano isolate erano alla periferia di ammassi. Essa conclude che nei vuoti non ci sono galassie isolate distribuite a caso.

La catalogazione di molti altri ammassi di galassie e le misure di velocità di allontanamento dei loro membri più deboli e lontani proseguono e ci diranno nel prossimo futuro se questa distribuzione a bolle è di formazione relativamente recente o se si ritrova anche a grande distanza nello spazio e quindi molto indietro nel tempo.

Oggi si sono misurate le velocità di più di trentamila galassie

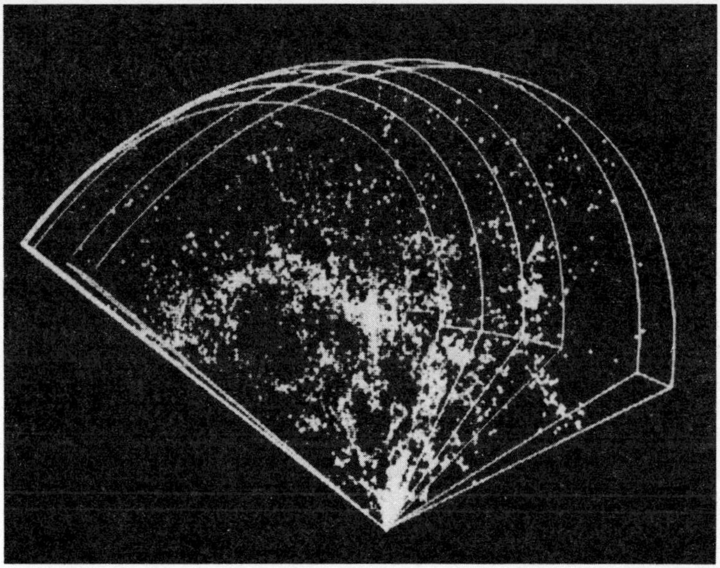

43. La figura dà una rappresentazione tridimensionale di parte della mappa precedente: l'ascensione retta, compresa fra 8 e 17 ore, è contata sugli archi in alto della figura; ogni arco, andando in prospettiva dalla parte più vicina a quella più lontana dall'osservatore, corrisponde a valori della declinazione compresi fra 8,5 e 44,5 gradi nord. Le velocità (e quindi le distanze) si contano sui tratti diretti dal vertice del triangolo, v = 0, verso l'alto.

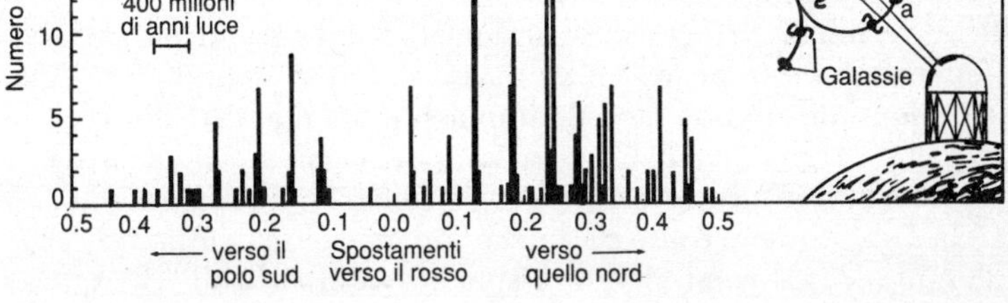

44. La struttura a bolle, con vuoti e addensamenti di galassie, si riflette nella distribuzione degli spostamenti verso il rosso: i valori si addensano in corrispondenza della distanza a cui si trovano le superfici delle bolle e si rarefanno in corrispondenza delle distanze corrispondenti ai vuoti entro le bolle.

e questo numero è destinato a crescere rapidamente grazie a nuove tecniche che consentono di misurare lo spettro di dozzine di galassie simultaneamente, mentre con gli spettrografi classici se ne poteva misurare solo una alla volta.

Naturalmente, questa distribuzione a bolle si riflette anche nella misura degli spostamenti verso il rosso; in base alle misure esistenti per spostamenti verso il rosso fino a 0,5 (più di 7 miliardi di anni luce) sembrerebbe che le bolle fossero distribuite in maniera abbastanza regolare, cosicché le galassie cadrebbero in addensamenti separati da qualcosa come 700 milioni di anni luce almeno entro il volume considerato (Figura 44).

Le separazioni regolari riguardano per ora solo una sottile fetta d'universo e un raggio solo dieci volte le separazioni stesse. Perciò il risultato, ben difficilmente spiegabile, deve essere confermato da ulteriori misure, più estese sia in superficie che in profondità.

Ma se dovesse essere confermato, «si può tranquillamente dire che noi capiamo meno di zero sui primi istanti dell'universo», dice il cosmologo californiano Marc Davis in un articolo apparso su «Nature» del 22 febbraio 1990.

UN TRENO DI GALASSIE IN CORSA VERSO IL MISTERIOSO GRANDE ATTRATTORE

L'accumularsi di misure di velocità delle galassie ha avuto anche un altro sorprendente risultato, che però non è del tutto sicuro.

Non solo la nostra Via Lattea ruota attorno al baricentro del gruppo locale; essa si muove, insieme alle galassie di questo gruppo, attorno al baricentro del grande ammasso della Vergine, di cui la nostra famigliola fa parte. Il moto di espansione e il moto dovuto all'attrazione gravitazionale dell'ammasso si sommano. Per determinare il moto di espansione dell'universo, depurato dell'effetto gravitazionale dell'ammasso di cui facciamo parte, gli astronomi misurano i moti di ammassi posti al di là dell'ammasso della Vergine, come l'ammasso del Perseo e quello dell'Idra-Centauro. Però, i ricercatori Vera Rubin, Norbert Thonnard e Kent Ford si resero conto che anche andando oltre l'ammasso della Vergine si trovavano dei moti spuri, non attribuibili all'espansione dell'universo. L'interpretazione più ovvia era che la nostra Galassia col suo gruppo locale e l'ammasso della Vergine fossero attratti da una enorme massa — probabilmente una grande accumulazione di galassie — in direzione del superammasso dell'Idra-Centauro ad una velocità di circa 600 km/s, oltre alla velocità d'espansione. Però nel 1986 il gruppo di sette astronomi che conducevano queste ricerche e che sono meglio noti nell'ambiente astronomico come «i sette samurai», si accorsero che anche l'ammasso Idra-Centauro partecipava di questo moto, perché la sua velocità di allontanamento da noi era più alta del previsto, e anch'esso correva a 600 km/s in una direzione coincidente grosso modo con la Croce del Sud. Per produrre questa attrazione gravitazionale su una scala così estesa ci doveva essere una concentrazione di galassie con massa pari a più di 100 000 Vie Lattee.

Non tutti accettarono questo sorprendente risultato. Alcuni obiettarono che quando si ha a che fare con oggetti così lontani, con velocità di allontamento fra i 5000 e i 10 000 km/s, un errore di misura del 10 per cento equivale già a 500-1000 km/s, sufficiente a spiegare le deviazioni osservate dalla legge di Hubble. L'obiezione sarebbe giusta se si fosse trattato di un piccolo numero di galassie e se le deviazioni fossero state distribuite a caso, dando velocità di espansione a volte più grandi, a volte più piccole di quelle previste. Ma la conferma della presenza di quello che è stato chiamato «il Grande Attrattore» è venuta anche recentemente. È stato trovato che qualche centinaio di galassie sia spirali che ellittiche poste entro 200 milioni di anni luce (assumendo sempre per H il valore 55), e cioè situate fra noi e il Grande Attrattore, hanno velocità più alte di 600 km/s di quanto previsto dalla legge di Hubble; e circa altrettante situate a più di 290 milioni di anni luce (oltre il Grande Attrattore) hanno velocità più basse di 600 km/s rispetto a quanto previsto dall'espansione dell'universo. Questi risultati indicano che l'inversione della deviazione delle velocità avviene per una velocità d'espansione di 4000 km/s corrispondente a circa 260 milioni di anni luce: là sarebbe situato il Grande Attrattore (Figura 45).

Sebbene questo misterioso attrattore sia a una distanza pari a quasi metà di quella della Grande Muraglia ed abbia una massa paragonabile a quest'ultima, non è facilmente individuabile. Le polveri del piano della nostra Galassia, su cui giace la costellazione della Croce del Sud, che individua la direzione verso cui si dirige il treno di galassie, ce lo nascondono.

Ma, come abbiamo accennato, non tutti sono persuasi dell'esistenza di questa enorme e misteriosa massa, e malgrado questi ultimi risultati che ne stabiliscono anche la distanza, le voci critiche non mancano. Fra questi un noto astronomo inglese — Michael Rowan-Robinson — e i suoi collaboratori hanno esamina-

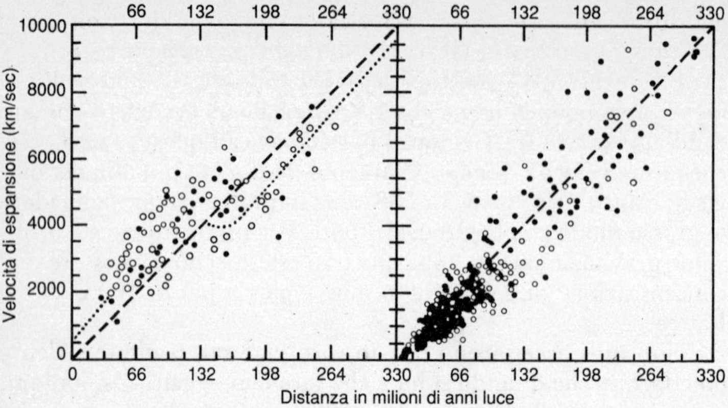

45. Il diagramma di Hubble fra velocità e distanza. A sinistra: nella direzione del Grande Attrattore si vede chiaramente che le galassie a distanze inferiori a 78 milioni di anni luce hanno una velocità superiore a quella che ci si aspetterebbe dalla semplice espansione, mentre quelle a distanze superiori hanno velocità più piccole di quanto ci si aspetterebbe dalla sola espansione. A destra: il diagramma di Hubble in un'altra direzione: non si nota alcuna deviazione sistematica dalla relazione media fra velocità e distanza ma solo una dispersione casuale dovuta agli errori di misura delle distanze.

to come sono distribuite in cielo 2400 galassie osservate dal satellite per l'infrarosso IRAS e concludono che esse sono sufficienti a spiegare direzione e velocità della Via Lattea. Rowan-Robinson è sempre stato scettico riguardo al Grande Attrattore e fin dal primo momento si è chiesto: Ma dove diavolo è? Quando si va a guardare i dati di IRAS si trova un bel niente. Secondo lui la velocità di 600 km/s a cui viaggia la Via Lattea è proprio quella che ci si aspetterebbe per l'attrazione gravitazionale dell'insieme di materia che riempie l'universo, ammesso che la densità media sia proprio quella necessaria per equilibrare esattamente l'espansione, e che è nota come densità critica. Secondo l'astronomo inglese i grandi ammassi di galassie della Vergine, dell'Idra e del Centauro sono praticamente confinanti l'uno con l'altro così da formare un unico enorme superammasso, ma niente di misteriosamente invisibile.

La polemica continua e probabilmente continuerà ancora per molto tempo, finché osservazioni più precise e per oggetti ancora più lontani daranno il colpo di grazia all'una o all'altra interpretazione.

CAPITOLO UNDICESIMO

COSMOLOGIA FISICA E COSMOLOGIA QUASI METAFISICA

Cosmologia significa studio del cosmo, e cosmogonia significa origine del cosmo. Nell'uso pratico, con questi due termini oggi si intendono due branche ben diverse delle scienze astronomiche: la cosmologia studia l'origine e l'evoluzione dell'intero universo; in poche parole il suo passato, presente e futuro. Per cosmogonia si intende invece la scienza che studia l'origine del sistema solare.

È della prima che vogliamo occuparci.

L'origine dell'universo è un problema che ha sempre appassionato il genere umano fino dagli albori della civiltà. Mitologie e religioni hanno tentato di dare le risposte più svariate, sempre fortemente condizionate dalle conoscenze dell'epoca e dai costumi e credenze religiose delle varie popolazioni.

Solo all'inizio di questo secolo la cosmologia ha cessato di essere una pura speculazione filosofica per diventare interpretazione fisica di fatti osservati.

La scoperta fondamentale è stata l'espansione dell'universo (Hubble 1920-1930), da cui sono derivate la previsione (Gamow, 1940) e in seguito la scoperta (Wilson e Peebles, 1965) della radiazione fossile. Questa poi ha permesso il calcolo delle abbondanze cosmiche di deuterio ed elio rispetto all'idrogeno e la verifica dell'ottimo accordo con le abbondanze cosmiche osservate.

I maggiori problemi della cosmologia sono: come dall'estrema uniformità della radiazione fossile possa essersi originata l'attuale struttura gerarchica dell'universo, in stelle, ammassi di stelle, galassie, ammassi e superammassi di galassie; e l'enigma della massa mancante, a meno che questo non sia un falso problema, come è stato ipotizzato da qualcuno.

Gli anni '60 hanno assistito a tre scoperte nel campo astronomico, che hanno rivoluzionato le nostre conoscenze. Tutte e tre le scoperte sono avvenute grazie alle tecniche radioastronomiche e tutte e tre sono avvenute per caso. Abbiamo già parlato della scoperta delle quasar nel 1963 e di quella delle pulsar nel 1967. Nel 1965 si verificò l'avvenimento forse più sconvolgente: la scoperta della radiazione fossile. Ma andiamo per ordine. Il fisico russo-americano George Gamow aveva predetto, nel 1948, che se l'universo in espansione era il risultato di un fenomeno iniziato circa 10 o 20 miliardi di anni fa e comunemente indicato come il Big Bang, oggi l'universo dovrebbe essere riempito uniformemente da radiazione di appena qualche grado assoluto (ricordiamo che lo zero assoluto corrisponde a -273 gradi centigradi). Cosa significa, e perché?

Consideriamo il forno della nostra cucina, ermeticamente chiuso, alla temperatura, per esempio, di 200 gradi centigradi. Dopo un certo tempo la temperatura dell'aria dentro il forno e quella delle pareti si troveranno in equilibrio alla stessa temperatura. Se apriamo il forno saremo investiti da una vampata di calore, ed un misuratore di radiazione ci direbbe che il forno irraggia onde elettromagnetiche con un massimo nell'infrarosso, tipiche di quella temperatura. Così, una fornace per la fusione di materiali ferrosi avrà una temperatura di qualche migliaio di gradi, e anche la radiazione che emette, e che sarà sotto forma sia di radiazioni infrarosse che visibili, sarà tipica di quella temperatura. In altre parole, sia il forno che la fornace sono riempiti di radiazione alla stessa temperatura del rispettivo contenitore.

Tanto il forno che la fornace sono delle buone approssimazioni di un corpo ideale, chiamato «corpo nero», che ha la proprietà di assorbire completamente tutte le radiazioni che riceve. Un corpo nero ideale emette a sua volta radiazioni da lunghezze d'onda infinitamente piccole a lunghezze d'onda infinitamente grandi secondo una legge ben precisa, stabilita teoricamente da Planck. L'emissione del corpo nero non dipende dalla sostanza di cui è fatto, ma soltanto dalla sua temperatura. Facciamo un esempio. Prendiamo un contenitore e riempiamolo di gas di sodio. Portiamolo a una temperatura di un migliaio di gradi. Se il gas è abbastanza rarefatto da essere trasparente, vedremo le radiazioni tipiche del sodio, due righe di un bel giallo brillante. Aggiungiamo altro gas; la densità aumenta e le due righe si allargano. Aumentiamo ancora la quantità di gas fino a renderlo opaco.

Non vedremo più le due righe gialle ma un continuo con un massimo ad una lunghezza d'onda che dipende esclusivamente dalla temperatura del corpo e che cade a lunghezze d'onda tanto più corte quanto maggiore è la temperatura. Lo stesso avviene se riempiamo il recipiente di un altro gas, per esempio idrogeno. Dapprima vedremo le righe caratteristiche dell'idrogeno: nel visibile la riga rossa, quella verde-azzurra, quella violetta. Aumentando la densità le righe si allargano e quando il gas sarà così denso da essere diventato opaco si avrà, a parità di temperatura, la stessa identica emissione osservata per il gas di sodio.

L'universo è un'enorme fornace le cui dimensioni vanno crescendo nel tempo per effetto dell'espansione. Ma pensiamo, come fece Gamow cinquant'anni fa, cosa succederebbe facendo fare il cammino a ritroso all'evoluzione del nostro universo. Tutta la materia in esso contenuta verrebbe compressa in volumi sempre più piccoli a densità sempre più alte. Ora è esperienza comune che, quando si comprime un gas, questo si riscalda. L'universo primordiale doveva dunque essere riempito di materia e radiazione a temperature molto alte. Sui dettagli di queste prime fasi dell'universo ritorneremo parlando dei modelli d'universo. Ma per ora, limitiamoci a dire che con l'espansione la radiazione si deve essere raffreddata tanto da raggiungere valori prossimi allo zero assoluto.

Gli scopritori della radiazione predetta da Gamow sono due ingegneri della Bell Telephone Company, Arno Penzias e Robert Wilson, i quali, nel 1978, per questa loro scoperta hanno ottenuto il premio Nobel. Essi non cercavano la radiazione fossile, ma stavano tentando di stabilire quali fossero le cause di rumore che disturbavano le trasmissioni a microonde da e per i satelliti per teletrasmissioni. La storia si ripeteva: più di trent'anni prima, un altro ingegnere della Bell Telephone Company, Karl Jansky, scopriva per caso le radioemissioni galattiche, mentre cercava le cause di rumore che disturbavano le trasmissioni transoceaniche a onde corte. Jansky non ha avuto il Nobel, ed è morto quasi ignorato a soli quarantaquattro anni. Tuttavia il suo nome è stato dato all'unità di misura dei flussi delle radiosorgenti celesti (1 Jansky = 10^{-26} watt per metro quadro e per hertz).

Dunque, Penzias e Wilson stavano scrutando tutto il cielo con un'antenna a corno (una specie di grande cornetto acustico), collegato a un ricevitore per lunghezze d'onda di pochi centimetri. Eliminate le cause di rumore terrestre, si accorsero che, in qualunque direzione puntassero l'antenna, restava un tenue rumore di fondo costante.

Intanto, all'Università di Princeton, a pochi chilometri di distanza, due astrofisici, Robert Dicke e James Peebles, memori delle previsioni di Gamow, stavano progettando uno strumento per tentare di scoprire proprio la radiazione fossile. Quando seppero della scoperta di Wilson e Penzias probabilmente saltarono dalla gioia, per poi mordersi le mani per non averla rivelata per primi.

Per essere sicuri che questa radiazione era proprio quella contenuta nell'universo primordiale e poi raffreddata dall'espansione, si doveva accertare che, ad ogni lunghezza d'onda, l'emissione per unità di volume fosse proprio quella di un corpo nero a temperatura di pochi gradi assoluti. Per far ciò, si sono dovute eseguire moltissime misure a lunghezze d'onda comprese fra una decina di centimetri e qualche frazione di millimetro. A lunghezze d'onda maggiori l'emissione sincrotrone da parte della Via Lattea diventa predominante, a lunghezze d'onda di pochi millimetri e nell'infrarosso la nostra atmosfera assorbe e riemette in modo predominante. Quindi, una misura della radiazione fossile era possibile solo fra 10 centimetri e 10 millimetri. Le misure indicavano un buon accordo con la curva teorica di un corpo nero a circa 3 gradi assoluti. Però per averne la certezza si sarebbe dovuto misurare una porzione maggiore di curva e soprattutto il suo massimo che cade intorno al millimetro. Queste osservazioni erano molto difficili perché il vapor acqueo atmosferico è molto assorbente a queste lunghezze d'onda. Le osservazioni furono tentate da località a grande altitudine e molto secche, e da palloni.

Varie misure da parte di diversi gruppi di ricercatori e con tecniche diverse davano risultati in buon accordo fra loro: la curva si accordava con quella di un corpo nero alla temperatura di 2,75 gradi assoluti con un'incertezza in più o in meno inferiore al decimo di grado. Ne deriva che noi e tutte le galassie nell'universo siamo immersi in un mare di radiazione alla temperatura di 2,75 gradi sopra lo zero assoluto. La sua uniformità riflette l'uniformità dell'universo primordiale: una fornace infuocata in cui ogni punto era indistinguibile da un altro. Però, sappiamo che oggi l'universo non è più uniforme: esistono degli addensamenti di materia — le galassie e gli ammassi di galassie — e delle rarefazioni, i vuoti intergalattici.

Abbiamo già visto che l'universo è molto meno uniforme di quanto si credesse fino ad una decina di anni fa. Non soltanto ci sono le galassie e gli ammassi di galassie, ma anche questi sono distribuiti sulla superficie di bolle vuote; c'è la muraglia di galassie e al moto di espansione si sovrappongono moti differenziali attribuiti al Grande Attrattore.

Ebbene, si ritiene che tutte queste disomogeneità dell'universo attuale abbiano avuto la loro origine a qualche epoca dopo il Big Bang, in piccole discontinuità nella distribuzione del gas che si dovrebbero riflettere in altrettante distorsioni nello spettro della radiazione fossile. L'esistenza di queste esigue deviazioni è stata più volte annunciata e smentita.

L'unica deviazione sicura e facilmente spiegabile è un leggero spostamento del massimo verso lunghezze d'onda più corte in una direzione, e uno eguale e contrario in direzione opposta: è l'effetto Doppler, dovuto al moto della galassia rispetto allo sfondo di radiazione cosmica.

Nel secolo scorso era stata postulata l'esistenza di un fantomatico «etere», un mezzo con qualità straordinarie, e cioè estremamente tenue e allo stesso tempo continuo, rigido ed elastico. Era stato postulato per spiegare la trasmissione delle radiazioni elettromagnetiche; esso avrebbe riempito l'intero universo e avrebbe costituito un immobile riferimento dei moti di tutti i corpi. Infatti per analogia con le onde sonore che hanno bisogno di un mezzo per propagarsi, non si ammetteva che le onde elettromagnetiche potessero propagarsi nel vuoto. Ripetuti tentativi di misurare il moto della Terra rispetto all'etere furono inutili e finalmente la teoria della relatività lo spazzò via definitivamente.

La radiazione fossile non è l'etere, è radiazione elettromagnetica, che però rappresenta quel sistema di riferimento stazionario rispetto al quale è possibile evidenziare il moto della Galassia attraverso lo spazio.

La necessità di raggiungere una precisione ancora maggiore, per mettere in risalto eventuali distorsioni, una volta corretto per l'effetto del moto della Galassia, e poi soprattutto il bisogno di esplorare quella regione spettrale fra mezzo millimetro e 10 millimetri, dove l'atmosfera terrestre è di grave ostacolo, ha portato alla costruzione di un satellite proprio per questo specifico scopo.

Si chiama COBE (da Cosmic Background Experiment, o esperimento per lo studio del fondo cosmico). Lanciato il 18 novembre 1989, dopo dieci anni e mezzo di preparazione, appena nove minuti dall'inizio delle sue osservazioni ha cominciato a dare il suo responso: lo spettro della radiazione fossile (o cosmica) è identico a quello di un corpo nero alla temperatura di 2,735° e non presenta deviazioni, almeno entro una precisione dell'1 per cento, e per la limitata regione esplorata fino ad ora (Figura 46).

Ciò poneva non pochi problemi alla comprensione di come si possano essere originate quelle disomogeneità che sono le galassie. Però secondo i progettisti del COBE esso doveva raggiun-

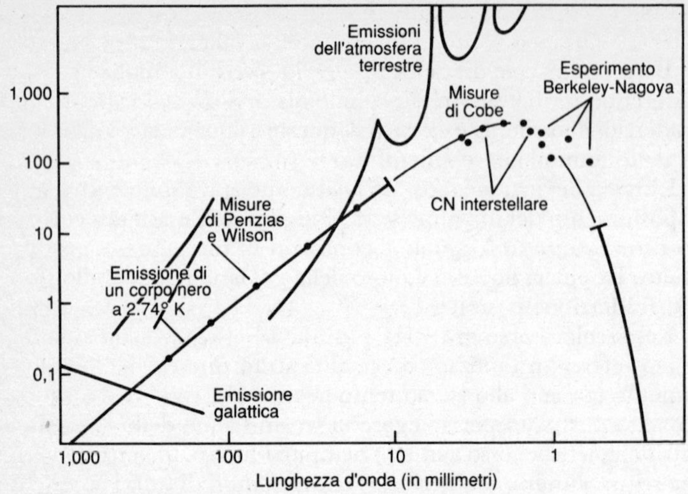

46. Planckiana per la temperatura di 2,735 gradi assoluti. A lunghezze d'onda superiori a 300 mm circa la radiazione galattica diffusa di tipo sincrotrone diventa dominante, mentre a lunghezze d'onda inferiori a 30 mm circa è dominante l'emissione atmosferica. I circoletti neri rappresentano le osservazioni della radiazione fossile fatte sia da terra, fra 300 mm e 30 mm di lunghezza d'onda, sia da razzi e satelliti. Si vede che i punti si adattano perfettamente alla curva del corpo nero a 2,735°K, ad eccezione delle osservazioni dell'esperimento Berkeley-Nagoya, che però non sono state confermate da COBE. Le misure di quest'ultimo, infatti, che cadono nella parte di planckiana indicata col tratto più chiaro, fra 0,5 e 10 mm di lunghezza d'onda, si piazzano esattamente sopra la curva con scarti inferiori all'1 per cento.

gere una precisione dieci volte maggiore, e quindi mettere in evidenza eventuali minime deviazioni spettrali. Dopo due anni di osservazioni le attese disomogeneità sono state rivelate.

COBE ha anche un altro compito: misurare la radiazione infrarossa diffusa (fra 1,2 e 12 micron di lunghezza d'onda). Essa potrebbe rappresentare la luce emessa da stelle e galassie della prima generazione: quelle formatesi per prime dopo il Big Bang. Vi abbonderebbero le giovani stelle azzurre emittenti intensa radiazione ultravioletta, che per effetto dello spostamento verso il rosso dovuto all'espansione vedremmo invece nell'infrarosso.

Lo strumento a bordo del COBE, dedicato a questa ricerca, si chiama DIRBE (da Diffuse Infrared Background Experiment) e dovrà quindi guardare indietro nel tempo fra epoche corrispondenti allo spostamento verso il rosso di 1000 — quello della radiazione fossile* — fino a circa 4,7, corrispondente alle quasar più lontane osservate fino ad oggi. Forse DIRBE potrà svelarci il mistero della formazione delle prime galassie e stelle.

Inoltre, a bordo di COBE c'è un altro rivelatore — DMR, che sta per Differential Microwave Radiometer — che osserva il cielo a tre lunghezze d'onda, 3,3, 5,7 e 9,6 millimetri, con una coppia di ricevitori per ogni lunghezza d'onda. Ciascun ricevitore è collegato a due antenne a corno, che puntano due zone di cielo separate di circa 60 gradi. Alternando rapidamente il collegamento da un'antenna all'altra si possono evidenziare piccolissime differenze di intensità dalle due regioni celesti. Con questo strumento, dopo due anni di osservazioni, si sono potute finalmente misurare regioni un po' più fredde e regioni un po' più calde della media, di qualche centomillesimo di grado. Esse rappresentano zone rispettivamente più o meno dense della media, e rappresenterebbero il seme da cui si sono formate le attuali disomogeneità: gli ammassi di galassie separati da grandi spazi praticamente vuoti.

IL MISTERO DELLA MASSA MANCANTE

La materia ha due modi per farsi notare: per le radiazioni elettromagnetiche che emette, sia sotto forma di luce sia altre, come raggi gamma, raggi X, ultravioletto, infrarosso o radio, a seconda della sua temperatura o di altri meccanismi non termici, oppure per l'attrazione gravitazionale che esercita sui corpi circostanti.

La prima scoperta di materia non luminosa grazie ai suoi effetti gravitazionali avvenne nel 1844, quando Friedrich Wilhelm Bessel annunciò che le misure di Sirio protratte per parecchi decenni indicavano che orbitava attorno al baricentro di un sistema, di cui doveva far parte un oggetto invisibile, seppure di massa paragonabile (Figura 47).

Un risultato analogo fu ottenuto da Anwers, nel 1861, per Procione.

Solo nel 1862 Alvan G. Clark riuscì, con particolari accorgimenti, a vedere la debole compagna di Sirio. La compagna di Procione fu osservata da Schaeberle nel 1896. Si trattava di nane bianche, come indicava il loro colore e la loro debole luminosità.

* La radiazione fossile corrisponde all'epoca in cui la temperatura dell'universo era di circa 3000°K e la sua età di 100 000 anni. Il massimo dell'irraggiamento per questa temperatura cade a circa 1 micron. Poiché il massimo della radiazione fossile cade a circa 1 mm, ciò corrisponde ad uno spostamento verso il rosso di 1000.

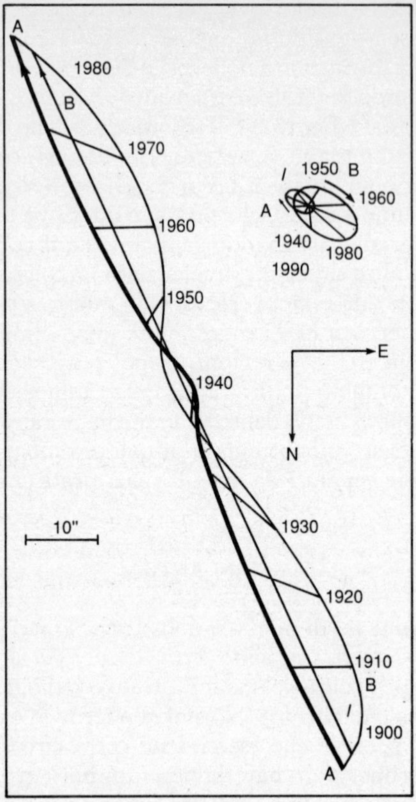

47. Il primo esempio di stella scoperta non grazie alle sue radiazioni ma grazie all'attrazione gravitazionale esercitata sulla sua compagna più luminosa e massiccia: Sirio A. La figura mostra le deviazioni di Sirio A dal suo cammino rettilineo a causa dell'attrazione esercitata dalla nana bianca Sirio B che ha una massa 2,4 volte più piccola di Sirio A. In alto a destra è riportata l'orbita che le due stelle descrivono attorno al loro comune baricentro.

Parlando dei moti delle stelle e della materia interstellare della nostra Via Lattea attorno al centro galattico, abbiamo visto che alcune previsioni erano state smentite dalle misure.

Si riteneva infatti che le parti periferiche della Galassia si comportassero come i pianeti del sistema solare, e che la velocità di rivoluzione diminuisse con l'aumentare della distanza dal centro galattico. Queste previsioni erano ben verificate fino a che ci si limitava a misurare i moti di corpi posti alla distanza del Sole dal centro o poco più. La velocità delle stelle era ricavata da misure ottiche dell'effetto Doppler; e quella delle nubi di gas grazie alla riga di 21 cm dell'idrogeno freddo interstellare. Col progresso delle tecniche per le onde millimetriche, si riuscì a misurare anche le deboli righe della molecola del monossido di carbonio, scoperta nel 1970 per merito di Robert Wilson e collaboratori. Queste molecole abbondano nella più estrema e fredda periferia della Galassia. Fu così che ci si accorse che la velocità di rivoluzione, invece di diminuire, restava quasi costante, anzi tendeva a crescere*.

Misure di questo tipo, sia utilizzando la riga di 21 cm che quelle del monossido di carbonio a 2,6 mm, estese a parecchie altre galassie spirali, hanno mostrato che si tratta di un comportamento comune (Figura 48).

La più immediata interpretazione è che la massa delle galassie è maggiore di quella che si fa «vedere», sia tramite la luce che emette sia tramite tutte le altre radiazioni elettromagnetiche, dai raggi gamma alle onde radio. Questo fatto indica che la massa gravitazionale o dinamica, ossia quella che governa i moti dei corpi, è maggiore della massa osservabile. Si può indicare la discrepanza fra la massa osservabile e quella gravitazionale con un numero D dato da $\left(\frac{\text{Massa gravit.}}{\text{Massa osserv.}}\right)-1$. Poiché il rapporto fra le due masse è sempre maggiore di 1, D risulta sempre maggiore di zero e tanto più grande quanto maggiore è la discrepanza fra le due masse.

Il grosso problema è capire in cosa consiste questa massa «invisibile» che in qualche caso costituisce addirittura l'85 per cento della massa totale di una galassia, e nei casi meno estremi è pur sempre il 50 per cento del totale. Due ricercatori triestini, Massimo Persic e Paolo Salucci, dall'esame delle curve di rotazione di numerose galassie hanno trovato che il rapporto fra massa gravi-

* Prima di queste scoperte si pensava che la massa M di una galassia fosse per la maggior parte concentrata nel nucleo centrale. Dall'eguaglianza fra forza centrifuga e forza di attrazione gravitazionale esercitata dalla massa M di una galassia si ricava la velocità di rotazione alla distanza R dal centro: $\frac{v^2}{R} = \sqrt{\frac{GM}{R^2}}$. Per M concentrato quasi completamente nel nucleo, si ricava $v = \sqrt{\frac{GM}{R}}$ e quindi la velocità varia come $\frac{1}{\sqrt{R}}$. Ma poiché le osservazioni indicano che v resta circa costante al crescere della distanza dal centro, vuol dire che $\frac{M}{R}$ è costante e quindi che la massa è distribuita in maniera più uniforme.

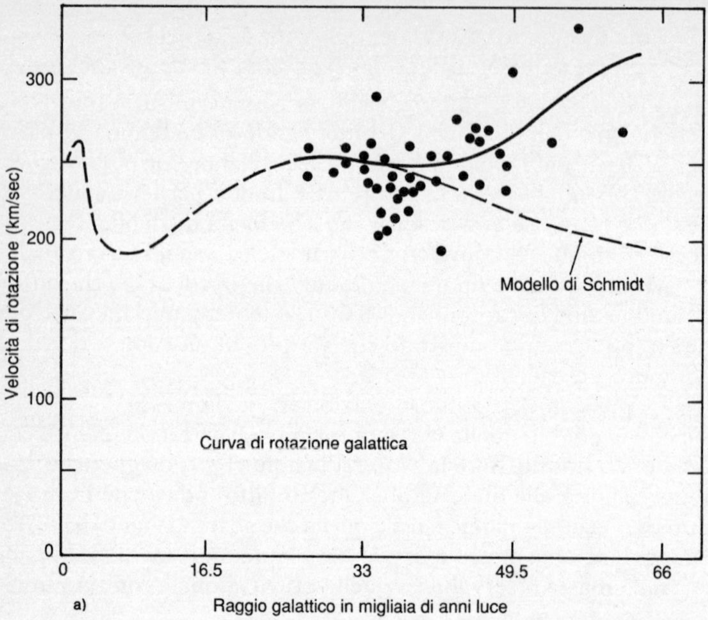

48. Curve di rotazione della Via Lattea (a, *sopra*) e di altre galassie (b, *a fianco*). Si vede chiaramente che la velocità di rotazione resta circa costante al crescere della distanza dal centro della rispettiva galassia; ciò indica che la massa non è concentrata fortemente nel centro ma che è distribuita abbastanza uniformemente.

tazionale e massa visibile è tanto maggiore quanto più debole è la luminosità della galassia considerata.

Se poi dalle singole galassie si passa agli ammassi, la loro massa gravitazionale può essere stimata dalle velocità proprie (cioè non dovute all'espansione dell'universo, che coinvolge l'intero ammasso) delle singole galassie, purché si ammetta che questi sistemi di galassie siano stabili. In questo caso il risultato è ancora più sconcertante, perché più del 90 per cento della massa sarebbe in forma «non visibile». Però, come accennato, non si può completamente escludere che gli ammassi siano instabili e che si dissolvano nel giro di molti milioni di anni e che altri se ne formino in continuazione. È questa una possibilità che la maggioranza degli astronomi non prende troppo in considerazione, ma che invece meriterebbe una maggior attenzione. È infatti abbastanza sorprendente ammettere che noi «vediamo» meno del 10 per cento della materia che costituisce l'universo.

Fra i candidati proposti per spiegare questa misteriosa materia oscura ci sono particelle elementari, residui del superenergetico acceleratore primordiale che è stato il Big Bang, molte del tutto ipotetiche, perché l'unica osservata è il neutrino. Poi si pensa a buchi neri con una varietà di masse comprese fra quelle proprie delle particelle elementari e quelle delle stelle e addirittura delle galassie; a grossi pianeti tipo Giove, nane brune, sciami di asteroidi. Fra tutte queste ipotetiche cause, se ne possono scartare diverse, e comunque finora resta più facile dire quel che la materia oscura *non* è, piuttosto che quel che è.

Difatti, l'abbondanza cosmica del deuterio (o idrogeno pesante, che si sarebbe formato quasi esclusivamente nell'universo primordiale, come vedremo in seguito) che è di circa un atomo ogni 100 000 di idrogeno, è estremamente sensibile alla densità della materia sotto forma di barioni. Con questo termine si indicano

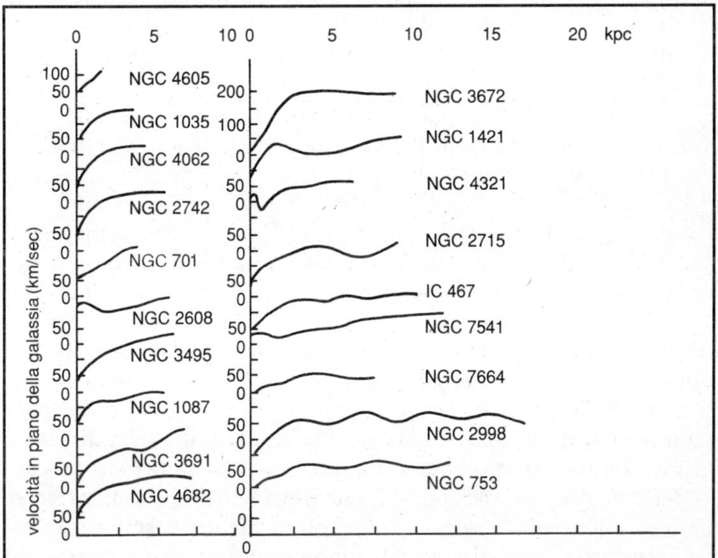

i protoni e neutroni e quindi anche i nuclei di tutti gli elementi, che sono composti di protoni e neutroni. Una densità barionica maggiore avrebbe per conseguenza un'abbondanza di deuterio molto più bassa. Poiché invece l'abbondanza osservata di deuterio è compatibile con la densità di materia osservabile, possiamo escludere una materia invisibile composta di barioni, e cioè stelle brune, pianeti gioviani, buchi neri. Il grosso della massa invisibile dovrebbe quindi essere composto da particelle elementari.

Se i neutrini avessero una massa significativamente maggiore di zero, potrebbero essere la risposta giusta, poiché si calcola che fra i residui del Big Bang e quelli prodotti nelle reazioni nucleari all'interno delle stelle, da cui sfuggono indisturbati, i neutrini dovrebbero abbondare negli spazi interstellari e intergalattici.

Ma anche in tal caso si incontrano grosse difficoltà: se la massa dei neutrini fosse pari a circa 6 centomillesimi della massa dell'elettrone, come indicano alcune misure, peraltro molto incerte, l'età dell'universo non arriverebbe a 10 miliardi di anni, in netto contrasto con i risultati delle teorie sull'evoluzione stellare.

Sebbene continui la ricerca di altre possibili particelle esotiche, c'è un'alternativa alla massa invisibile, proposta da M. Milgrom e R.H. Sanders dell'Istituto Kapteyn di Groningen in Olanda. Essi suggeriscono che la legge di gravitazione alla scala delle galassie e degli ammassi di galassie differisca da quella a noi nota e valida alle scale delle distanze stellari. Sia la legge di gravitazione di Newton che le sue modifiche apportate dalla relatività generale, sono valide tanto nel nostro sistema solare che nei sistemi di stelle doppie e multiple, anche molto lontani. Ma allorché si passa da distanze dell'ordine degli anni luce a distanze pari alle dimensioni di una galassia (100 000 anni luce) o di un ammasso (milioni di anni luce), potrebbe darsi che l'attrazione gravitazionale, invece di diminuire al crescere del quadrato della distanza, diminuisca semplicemente al crescere della distanza. In tal caso la legge di gravitazione così modificata spiegherebbe naturalmente la curva di rotazione delle galassie e la materia oscura sarebbe un falso problema. Tuttavia un'ipotesi così poco ortodossa non è molto gradita, e prima di darla per buona occorre esplorare tutte le altre possibilità di trovare la misteriosa materia oscura.

C'è ancora un'altra alternativa, che non richiede di postulare particelle mai osservate o modifiche alla legge di gravitazione. È stata proposta da tre astrofisici dell'Università del Galles: Jonathan Davies, Michael Disney e Steven Phillips. Essi notano che di solito si ammette che le galassie spirali siano praticamente trasparenti. Questo assunto risale all'astronomo svedese Erik Holmberg. Egli ha trovato che, paragonando spirali aventi diverse inclinazioni rispetto alla nostra visuale, da quelle viste di fronte a quelle viste di taglio, non si riscontrano grandi differenze di luminosità. Se fossero completamente opache per la presenza di polveri, le galassie viste di taglio dovrebbero essere molto più rossastre di quelle viste di fronte. Secondo Holmberg l'estinzione ad opera delle polveri non sarebbe più grande del 40 per cento, e questa estinzione avverrebbe solo sul piano di massima densità del disco galattico.

Però le osservazioni fatte dal satellite IRAS a lunghezze d'onda centrate a 12, 25, 60 e 100 micron hanno indicato — con sorpresa da parte degli astronomi — che le tipiche galassie spirali sono più luminose di quanto ci si poteva aspettare, se esse si fossero limitate a riemettere nell'infrarosso la luce stellare assorbita dalle polveri. E galassie, apparentemente insignificanti nel visibile, emettono da dieci a cento volte di più nell'infrarosso.

Inoltre, a differenza di quanto trovato da Holmberg nel decennio 1950-60, è apparso evidente che mentre c'è un limite definito per le galassie spirali più brillanti, questo limite manca dal lato delle galassie più deboli (Figura 49). Ciò indicherebbe la presenza di polveri che limitano nettamente lo splendore per unità di superficie delle spirali*.

Confrontando tutti questi dati con vari modelli teorici di galassie più o meno oscurate da polveri, i tre astrofisici trovano che le osservazioni dello splendore superficiale e del colore delle galassie spirali si possono spiegare ammettendo grandi quantità di polveri che ne oscurerebbero le parti centrali. La conclusione è che, se noi vediamo solo il 15 per cento della luce stellare totale invece del 60 per cento come assunto da Holmberg, una tipica galassia spirale potrebbe essere anche quattro volte più massiccia di quanto si riteneva. Inoltre, IRAS ha permesso di osservare polveri relativamente calde, da qualche centinaio a parecchie decine di gradi assoluti. Ma nelle regioni più lontane dal centro di una galassia ci può essere polvere ancora più fredda e invisibile anche per IRAS.

Oltre i 10 miliardi di anni luce, per spostamenti verso il rosso forse maggiori di 3, le galassie sono tanto numerose da coprire quasi completamente il cielo. Se le polveri che contengono sono veramente così abbondanti come nelle galassie studiate da Da-

* Lo splendore per unità di superficie di una galassia non dipende dalla distanza, perché la luminosità di ogni suo punto decresce coll'inverso del quadrato della distanza, ma l'area abbracciata per unità di superficie del nostro rivelatore cresce col quadrato della distanza e i due effetti si compensano. Ecco perché nella Figura 49 si confrontano gli splendori superficiali di galassie spirali, senza fare alcuna correzione per le diverse distanze da noi.

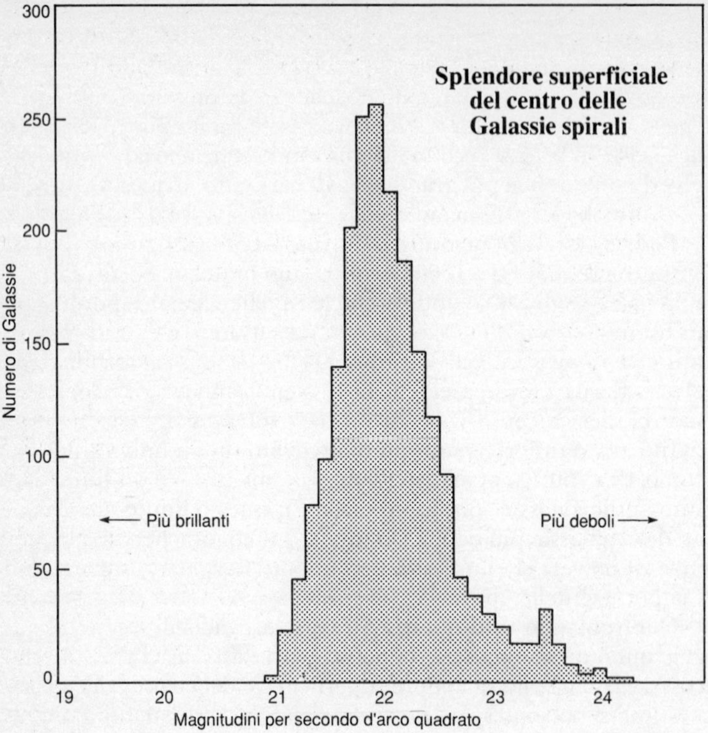

49. Splendore superficiale di galassie spirali. Mentre dal lato degli splendori più deboli il numero di galassie decresce gradualmente, dal lato degli splendori maggiori si ha quasi un taglio netto alla magnitudine 21. Questa potrebbe essere la prova che c'è una gran quantità di polvere che oscura la luce delle stelle.

vies, Disney e Phillips, ciò potrebbe rendere molto difficile vedere ancora più lontano, a spostamenti verso il rosso maggiori di 3 o 4, e spiegherebbe anche perché il numero di quasar a spostamenti verso il rosso maggiori di 4 sono così rare. Telescopi più potenti per il lontano infrarosso potranno dare una risposta sulla presenza e quantità di polveri fredde.

Se le polveri fossero davvero così abbondanti, si spiegherebbe il mistero della materia oscura, ma ecco che riapparirebbe il problema dell'abbondanza del deuterio, che dovrebbe essere molto più bassa di quanto si osserva. A meno che l'abbondanza osservata per il deuterio, che è relativa ad una regione piuttosto piccola attorno al Sole (una sfera di circa 3000 anni luce di raggio), sia una caratteristica locale e non rappresentativa dell'abbondanza cosmica.

Resta comunque il fatto che l'anomalia delle curve di rotazione delle galassie e i moti propri di queste negli ammassi rappresentano uno dei più grossi problemi dell'astrofisica moderna.

IL BIG BANG E LE SUE CONSEGUENZE

La scoperta che l'universo è in espansione ha portato alla conclusione che esso ha avuto un inizio fra 10 e 20 miliardi di anni fa. Il valore esatto dipende dal valore della costante di Hubble che, come abbiamo visto, è nota con un'incertezza di un fattore 2, essendo compresa fra 50 e 100, e dalla densità di materia presente nell'universo, che può rallentare più o meno l'espansione. Quest'ultima è conosciuta addirittura con un'incertezza di un fattore 100. Comunque la conseguenza è che al tempo zero le dimensioni dell'universo erano zero e la sua temperatura e densità infinite. Questo stato in matematica è chiamato «singolarità», ma in fisica non ha molto senso.

La spiegazione fisica è che questa situazione — raggio zero, densità infinita — riflette la nostra ignoranza su come agisce la gravità quando si ha a che fare con materia in uno stato estremamente denso.

Di solito si aggira il problema parlando di raggio che tende a zero e densità che tende all'infinito. Si usa partire, per ragioni che spiegheremo, da un universo avente dimensioni molti miliardi di volte più piccole di un protone (la cosiddetta lunghezza di Planck pari a 10^{-33} centimetri, da confrontare col raggio del nucleo dell'idrogeno di 10^{-13} centimetri).

Di solito si tende a visualizzare l'universo che comincia la sua espansione come un puntolino che si gonfia, diventando una sfera sempre più grande. In realtà questa è una rappresentazione errata. Bisogna immaginarsi l'universo in espansione come l'analogo a tre dimensioni della superficie di una sfera. Quando la sfera — per esempio un palloncino pieno di gas — si gonfia, la sua superficie aumenta, ma non c'è un centro; ogni punto della superficie è egualmente privilegiato rispetto a tutti gli altri.

Una domanda frequente è: in che spazio espande l'universo? Ma è una domanda senza senso perché è lo spazio stesso che espande e non ha senso chiedersi cosa c'è oltre l'universo.

Ritorniamo all'esempio della superficie della sfera: questa da dimensioni nulle al tempo zero acquista un'estensione sempre crescente col tempo. Ogni punto su di essa potrà ricevere informazioni da tutti gli altri punti che siano compresi entro un cerchio di raggio $r = ct$ (dove c è la velocità della luce), ma non da punti più lontani perché la luce è il messaggero più veloce che esista.

Col passare del tempo, la distanza osservabile da ciascun punto della superficie della sfera aumenta, perché al crescere dell'età dell'universo, t, cresce il raggio del cerchio $r = ct$. La circonferenza di questo cerchio si chiama orizzonte cosmico rappresentato nel nostro universo bidimensionale, dalla superficie di una sfera in espansione.

Analogamente, nel nostro spazio tridimensionale in espansione ogni punto potrà ricevere informazioni da tutti gli altri punti contenuti entro una sfera di raggio $r = ct$ continuamente crescente. In altre parole il suo orizzonte si amplierà col passare del tempo. La figura ci dà una rappresentazione dell'orizzonte cosmico all'epoca t_1 e all'epoca t_2 nell'analogia bidimensionale che è più intuitiva e più facilmente rappresentabile.

Sia A il nostro punto d'osservazione, e B e C due osservatori situati in posizioni opposte rispetto a noi e che al tempo t_1 sono a distanze ct_1, cioè situati proprio sul nostro orizzonte cosmico. Quindi A riceverà informazioni sia da B sia da C, e, analogamente, sia B che C riceveranno informazioni da A. Ma B non potrà ricevere informazioni da C, né C da B, poiché la loro distanza è $2ct_1$, e nel tempo t_1 la luce partita da B potrà raggiungere A ma non C (e viceversa). Quando l'età dell'universo sarà raddoppiata, cioè al tempo $t_2 = 2t_1$, C verrà a trovarsi sull'orizzonte cosmico di B e B su quello di C e i due verranno reciprocamente a conoscenza dell'esistenza dell'altro.
Inoltre ciascun osservatore potrà vedere indietro nella dimensione tempo — in linea di principio fino all'epoca $t = 0$, in pratica fino all'epoca t = 100 000 anni circa, perché, come vedremo, prima di allora l'universo era completamente opaco alla radiazione (Figura 50).

La domanda di che cosa c'era e com'era l'universo prima di $t = 0$ può avere risposta solo dalla metafisica, non dalla fisica. Eppure oggi i fisici tentano di offrire delle spiegazioni fisiche.

Fisici delle particelle elementari ed astrofisici hanno spinto le loro teorie fino a descrivere dettagliatamente i primi miliardesimi di miliardesimi di miliardesimi di miliardesimi di secondo, estrapolando quelle teorie che funzionano negli acceleratori terrestri, fino ad estenderle a energie miliardi di miliardi di volte più grandi. Una tale operazione è pericolosa e può portare a conclusioni del tutto errate. Però è importante notare che per la prima volta si tenta di spiegare il problema dell'origine dell'universo in modo razionale, utilizzando teorie fisiche e matematiche.

Come abbiamo notato più volte, poiché la luce ha una veloci-

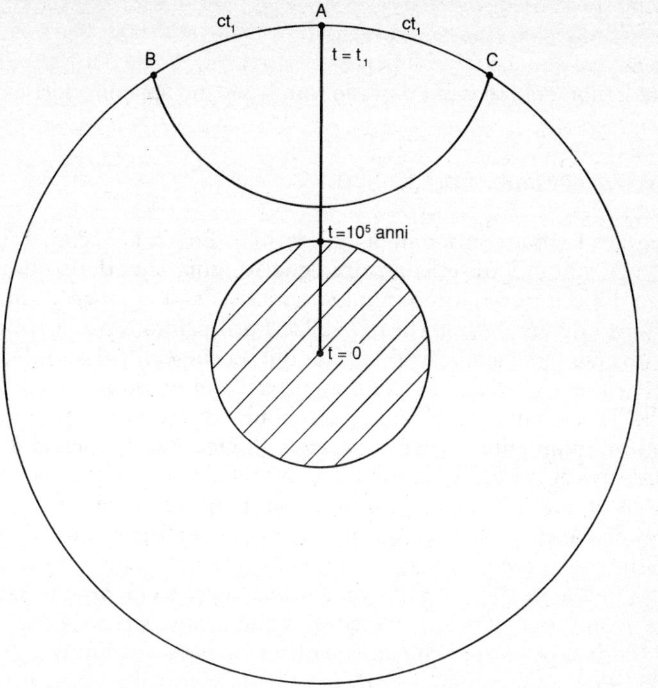

50. Concetto di orizzonte cosmico. Rappresentiamo un universo a due dimensioni, costituito dalla superficie di una sfera. L'osservatore in A può ricevere informazioni da tutti i punti posti entro una circonferenza centrata su di lui e di raggio minore o uguale a ct, dove c è la velocità della luce e t l'età dell'universo. Così anche i due punti B e C situati sulla circonferenza, che rappresenta l'orizzonte cosmico in questo spazio a due dimensioni possono ricevere informazioni da A, ma B non potrà ricevere informazioni da C e viceversa poiché la loro distanza è 2ct, e nessuna informazione può viaggiare a velocità superiore a quella della luce. Col passare del tempo, t cresce e anche l'orizzonte cosmico del nostro osservatore si allarga. Inoltre l'osservatore potrà vedere indietro nel tempo, in linea di principio fino all'istante $t = 0$, ma in realtà fino al tempo $t = 100\ 000$ anni. Difatti l'universo era completamente opaco fino all'età di circa 100 000 anni e solo dopo, quando si cominciarono ad avere atomi neutri stabili, diventò trasparente alla radiazione.

tà finita, io vedo gli oggetti com'erano al momento in cui la luce è partita da essi. A che punto è il nostro tentativo di vedere sempre più indietro nel tempo? Si sono scoperte numerose galassie a spostamenti verso il rosso di almeno 3 e le quasar più lontane hanno spostamenti verso il rosso di 4,75. La radiazione fossile corrisponde ad uno spostamento verso il rosso di circa 1000. Riusciremo a riempire almeno parzialmente questo intervallo da 5 a 1000 e vedere il momento in cui le galassie cominciavano appena a formarsi?

L'ATOMO PRIMEVO DI LEMAÎTRE

Georges Lemaître era nato a Charleroi in Belgio nel 1894. Interrotti gli studi a causa della prima guerra mondiale, dopo quattro anni di militare si laureò in matematica e fisica e poi entrò in seminario diventando prete nel 1923. Fu il primo a proporre che l'universo fosse stato originato da quello che egli chiamò l'«atomo primevo», una sfera più o meno delle dimensioni dell'orbita della Terra, fatta di protoni ed elettroni, ed estremamente — ma non infinitamente — densa. L'idea gli era stata suggerita dagli esperimenti del fisico Antoine Becquerel che aveva mostrato come gli atomi radioattivi si disintegrino spontaneamente. Egli pensava che anche il suo atomo primevo potesse disintegrarsi dando origine agli elementi leggeri. Di conseguenza Lemaître era anche interessato all'abbondanza cosmica degli elementi e pensava che il suo modello di universo avrebbe potuto predirla.

Però appena in quegli anni si cominciavano a sviluppare i metodi per la determinazione delle abbondanze dalla misura delle righe negli spettri stellari. Su questo argomento sono rimasti famosi due pioneristici testi classici scritti da Cecilia Payne, allora giovane astrofisica all'Osservatorio di Harvard a Cambridge nel Massachusetts, ed una dei maggiori astrofisici di questo secolo: *Stellar Atmospheres* e *The Stars of High Luminosity*.

LE ABBONDANZE COSMICHE E UN PROBLEMA DEGLI ANNI '30: DOVE E COME SI FORMANO GLI ELEMENTI?

Le analisi quantitative degli spettri stellari, ottenute misurando le intensità delle righe dei vari elementi e calcolando la dipendenza dalle condizioni di temperatura e densità delle atmosfere stellari, mostravano che le percentuali dei vari elementi erano le stesse nel Sole e nelle stelle. E anche la composizione chimica della Terra e dei meteoriti era la stessa, purché si tenesse conto del fatto che i gas leggeri come idrogeno ed elio erano in tutto o in parte sfuggiti alla debole attrazione gravitazionale di questi corpi; infatti le percentuali degli elementi pesanti rispetto, per esempio, al sili-

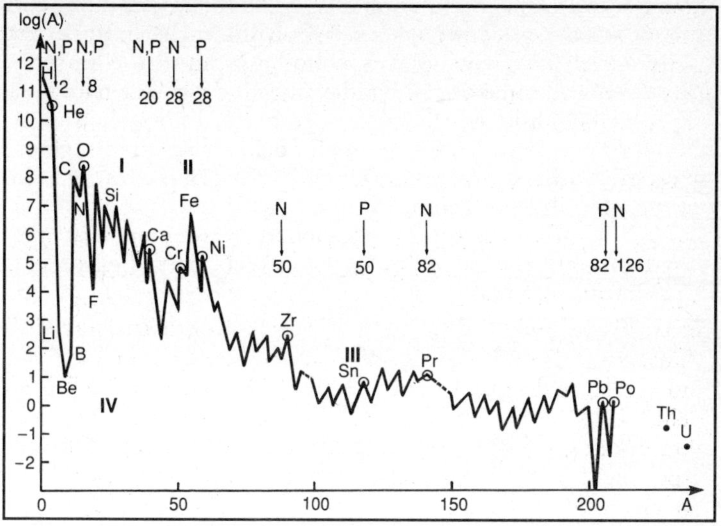

51. Le abbondanze cosmiche degli elementi (indicati col loro peso atomico, dato dalla somma di protoni e neutroni che ne compongono il nucleo: idrogeno = 1, elio = 4, ... carbonio = 12 .... ferro = 56 ecc). Per convenzione si pone il logaritmo dell'abbondanza dell'idrogeno eguale a 12. Queste abbondanze rappresentano quindi il numero di atomi di un dato elemento rispetto al numero di atomi di idrogeno: Per es. per il berillio abbiamo log N = 1; ciò significa che nell'universo ci sono 10 atomi di berillio ogni mille miliardi (10^{12}) di atomi di idrogeno.

cio erano le stesse. Si cominciò dunque a parlare di abbondanza cosmica degli elementi, come di una caratteristica universale. Il grafico della figura 51 che mostra le abbondanze percentuali degli elementi rispetto all'idrogeno è un crittogramma dalla cui soluzione dovremo risalire al modo in cui gli elementi si sono formati.

L'idrogeno è di gran lunga il più abbondante, seguito dall'elio; c'è poi un profondo minimo in cui si trovano litio, berillio e boro. Segue un altro massimo con carbonio, azoto, ossigeno. Ciascuno di questi elementi è indicato dal suo «numero atomico» che rappresenta la carica del nucleo: 1 per l'idrogeno il cui nucleo è un solo protone, 2 per l'elio il cui nucleo contiene due protoni e due neutroni (e quindi peso atomico 4), 3 per il litio, 4 per il berillio, 5 per il boro, 6, 7 e 8 per carbonio, azoto e ossigeno. Segue poi un alternarsi di minimi e massimi per fluoro, neon ecc. e si noti che sono sempre più abbondanti gli elementi con numero atomico pari rispetto ai due vicini di numero atomico dispari. Si raggiunge un nuovo minimo in corrispondenza dello scandio e poi un nuovo massimo in corrispondenza del ferro: gli elementi più pesanti del cosiddetto gruppo del ferro (costituito da titanio, vanadio, cromo, manganese, ferro, cobalto, nichel, rame e zinco) hanno tutti un'abbondanza molto bassa, in media un centesimo di miliardesimo dell'abbondanza dell'idrogeno e paragonabile a quella di litio, berillio e boro. In breve, l'idrogeno rappresenta il 70 per cento circa, o poco più, della massa di tutti gli elementi presenti nell'universo, l'elio il 28 per cento e tutti gli altri insieme solo il 2 per cento o meno.

Uno dei primi che cercò di rispondere alla domanda su come si sono formati gli elementi fu Carl von Weizacker. Egli suppose che si formassero nell'interno delle stelle, a partire dal più semplice, l'idrogeno, in seguito a una serie di bombardamenti da parte di neutroni. Alle alte temperature presenti nell'interno delle stelle*, i neutroni urtando violentemente un protone vi si sarebbero «incollati» dando luogo a un nucleo più pesante ma con la stessa carica e quindi lo stesso numero atomico. Sarebbe stato così creato un isotopo dell'idrogeno, come il deuterio e il tritio. Però non tutti i nuclei sono stabili; allora il neutrone espelle un elettrone, e si ottiene un nucleo con carica superiore di 1, e cioè di numero atomico successivo.

Il lavoro di von Weizacker fu ripreso da Hans Bethe, che mostrò come alle temperature e densità degli interni stellari, quattro protoni potessero dar luogo a un nucleo di elio, trovando così quella che è la maggiore fonte di energia delle stelle. Bombardando un

* Ricordiamo che la temperatura di un gas è caratterizzata dalla velocità di agitazione termica delle particelle. Maggiore è la temperatura T maggiore è la velocità più probabile data da $v = \sqrt{\frac{2kT}{m}}$, dove m è la massa della particella e k la costante di Boltzmann, $k = 1{,}4 \times 10^{-16}$ e l'energia cinetica $E = (\frac{1}{2})\, mv^2 = kT$. In conseguenza di questa relazione si usa indicare indifferentemente l'energia tramite la temperatura o la temperatura tramite l'energia.
Per esempio a una temperatura di 10^9 gradi corrisponde un'energia di 14×10^{-8} erg. Più comunemente si usa come unità di misura dell'energia l'elettron-volt eV. Un eV = $1{,}6 \times 10^{-12}$ erg. Si hanno di conseguenza le seguenti equivalenze:
per T = 10^9 E = 87500 eV o 87,5 keV,
per T = 10^{12} E = 87,5 milioni di eV o 87,5 MeV,
per T = 10^{15} E = 87,5 miliardi di eV o 87,5 GeV.
Per rendersi conto di cosa significano queste energie,pensiamo che la forza chimica che tiene insieme gli atomi nelle molecole è di circa 0,1 eV. Cioè fotoni con energie di qualche 0,1 eV o gas a temperatura di poco più di un migliaio di gradi rompe le molecole. La forza elettrica necessaria a rompere un atomo nel nucleo e i suoi elettroni ha valori da 10 a 100 eV circa; la forza nucleare debole che può rompere un nucleo in protoni e neutroni ha valori di qualche MeV, e la forza nucleare forte che può rompere un nucleone nei suoi componenti è di qualche GeV.

nucleo di elio con un neutrone si otteneva un elemento con 3 neutroni e 2 protoni, ma esso era altamente instabile. Così Bethe non capiva come si potessero costruire gli altri elementi aggiungendo ancora neutroni e arrivò alla conclusione che nell'interno delle stelle non potevano formarsi elementi più pesanti dell'elio.

Fu così che George Gamow, insieme al suo allievo Ralph Alpher, suggerì che gli elementi si formassero tutti in quel calderone che era l'universo primordiale. La tesi di Alpher su questo argomento fu difesa da Hans Bethe, cosicché la nuova ipotesi, data la somiglianza dei tre nomi con le prime tre lettere dell'alfabeto greco, passò alla storia come Alfa, Beta, Gamma. Ma anche questa spiegazione non reggeva perché l'universo espandendo si sarebbe raffreddato troppo rapidamente e di nuovo la formazione degli elementi si sarebbe fermata all'elio.

Su suggerimento di Enrico Fermi, si cominciò a pensare di nuovo all'interno delle stelle, tanto più che le osservazioni degli spettri stellari mostravano la presenza di un gran numero di righe dovute ad elementi pesanti.

Si arriva così agli anni '50 in cui un gruppo di quattro astronomi, gli inglesi Fred Hoyle, Margaret e Geoffrey Burbidge e l'americano William Fowler (l'ultimo dei quali per queste e altre ricerche ha avuto, con Chandrasekhar, il premio Nobel nel 1983), usufruendo dei grandi progressi fatti in laboratorio sulle proprietà dei nuclei atomici, mostrarono come tutti gli elementi, ad eccezione di deuterio, litio, berillio e boro, possano formarsi nell'interno delle stelle tramite sette diversi processi: protone-protone e ciclo carbonio-azoto-ossigeno che formano elio dall'idrogeno; processo α che a partire dall'elio forma, per successiva addizione di particelle α (cioè nuclei di elio), tutti gli elementi con peso atomico multiplo di 4, dal carbonio fino al titanio; il processo dell'equilibrio, in cui si formano tutti gli elementi ed in particolare quelli del gruppo del ferro; il processo s, o addizione lenta di neutroni, che spiega la formazione degli elementi leggeri con peso atomico non multiplo di 4 e degli isotopi più abbondanti degli elementi pesanti; il processo r, o addizione rapida di neutroni, che spiega la formazione degli isotopi più pesanti degli elementi pesanti; il processo p, addizione di protoni, che spiega la formazione degli isotopi più rari degli elementi pesanti. I processi e, r e p hanno luogo solo negli ultimi istanti esplosivi della vita delle stelle di grande massa, quando la temperatura nel loro interno supera i 5 miliardi di gradi. È quindi nelle supernovae che si sono formati tutti gli elementi del gruppo del ferro e più pesanti. Per litio, berillio e boro, come pure per l'isotopo dell'idrogeno — il deuterio —

e quello dell'elio di peso atomico 3, restava un problema. Appena formati nell'interno delle stelle nascenti, ancora in fase di contrazione, essi vengono subito distrutti in reazioni col protone, dando luogo a elio, a temperature molto più basse di quelle che la stella raggiungerà nel suo interno, una volta terminata la sua fase di contrazione gravitazionale. Il quartetto dei suddetti scienziati, noto nell'ambiente astronomico come B^2 FH, postulò un ottavo processo, detto di frammentazione, secondo cui questi elementi si sarebbero formati negli spazi interstellari, dove i raggi cosmici, particelle aventi velocità prossime a quelle della luce, colpendo gli atomi più abbondanti come ossigeno e carbonio, li spezzerebbero e i frammenti sarebbero proprio litio, berillio e boro, nonché gli isotopi di idrogeno ed elio. Le previsioni di B^2 FH spiegavano assai bene le abbondanze cosmiche degli elementi, ad eccezione di deuterio ed elio. Quindi la primitiva idea di von Weizacker non era sbagliata: sono le stelle le macchine che trasformano la materia prima idrogeno in tutti gli altri elementi. Ma nemmeno Gamow aveva tutti i torti. Anzi, la scoperta della radiazione fossile ha mostrato che, almeno per quanto riguarda l'elio e il deuterio, aveva ragione.

Difatti dall'attuale temperatura della radiazione cosmica, 2,75 gradi assoluti, e dall'attuale densità dell'universo, compresa fra 10^{-29} e 10^{-31} grammi per centimetro cubo, si possono valutare le condizioni di temperatura e densità dell'universo primordiale. Era questo un luogo abbastanza caldo e denso perché si potessero formare deuterio, elio e il suo isotopo leggero, e una piccola quantità di litio prima che l'espansione rendesse l'ambiente troppo freddo e rarefatto. Il calcolo mostra che l'abbondanza di questi elementi è in accordo con le osservazioni. Ma torneremo su questo punto. Sarà necessario esaminare prima le varie fasi attraversate dall'universo subito dopo il Big Bang e quali riprove osservative abbiamo delle nostre teorie.

PARTICELLE

Prima di illustrare le varie fasi attraverso cui è passato l'universo, ci fermeremo a descrivere i vari tipi di particelle che avremo occasione di nominare, e che caratterizzano le varie ere dell'universo. Solo alcune di queste ci sono più familiari, quali i protoni, i neutroni e gli elettroni, continuamente nominati quando si parla di atomi o di reazioni nucleari; e inoltre i neutrini, diventati popolari all'epoca dell'esplosione della supernova della Grande

Nube di Magellano, avvenuta nel febbraio 1987. In realtà ce ne sono molte di più, generalmente instabili, ma che dovevano essere presenti in gran numero nell'universo primordiale. A seconda delle funzioni che svolgono, e delle loro proprietà fisiche, massa, carica, rotazione attorno al proprio asse, vengono divise in più gruppi e famiglie.

Riguardo alle funzioni, abbiamo gli «attori» e i «vettori». Gli attori costituiscono i mattoni base della materia, mentre i vettori sono il mezzo attraverso cui si manifestano le varie interazioni: elettromagnetica, debole, forte e gravitazionale.

Gli attori sono divisi in tre famiglie, ma solo una di queste è importante oggi. Le altre due erano importanti nell'universo primordiale, quando erano presenti altissime energie. Oggi si trovano in natura solo nei raggi cosmici e possono essere prodotte artificialmente nelle macchine acceleratrici.

La prima famiglia comprende particelle pesanti — i quark — e leggere — i leptoni. Questi ultimi sono elettroni, di carica negativa -e e il neutrino elettronico di carica zero. Abbiamo poi due specie di quark, up con carica $\frac{2e}{3}$ e down, con carica $\frac{-e}{3}$. A ciascuna particella corrisponde la sua antiparticella, identica salvo per la carica che ha segno opposto.

La seconda famiglia comprende i leptoni muone e neutrino muonico e i quark charme e strange; la terza comprende i leptoni tauone e neutrino tauonico e i quark top e bottom. Le cariche sono le stesse in tutte e tre le famiglie, rispettivamente -e per elettrone, muone e tauone, $\frac{2e}{3}$ per i quark up, charm e top e $\frac{-e}{3}$ per i quark down, strange e bottom, e zero per i tre tipi di neutrino; però le masse delle particelle della seconda e terza famiglia sono più alte di quelle della prima. Non per nulla i membri della seconda e terza famiglia si incontrano solo in presenza di fenomeni di alta energia, data l'equivalenza fra questa e la massa.

Ad ogni particella corrisponde ancora la sua antiparticella.

Le particelle vettori sono anche chiamate gluoni, dall'inglese «glue», che significa colla: infatti la loro funzione è quella di tenere unite due particelle. I fotoni sono i gluoni per l'interazione elettromagnetica, e hanno massa e carica nulle. Essi tengono insieme il nucleo e gli elettroni di un atomo: per strappare un elettrone all'atomo occorre dargli una certa energia elettromagnetica, cioè fargli assorbire un fotone; questo viene riemesso quando un elettrone si ricombina col nucleo. I gluoni per l'interazione forte, con carica $\frac{e}{3}$, legano i quark all'interno degli adroni (protoni, neutroni e mesoni), mentre i gluoni per l'interazione debole (le particelle W^+ e W^- con carica rispettivamente +e e -e, e Z°, con carica nulla) hanno il ruolo di mutare il tipo di quark contenuto in un adrone. Se un adrone possiede nel suo interno un quark strange o charme, l'interazione col gluone debole lo converte in un quark up o down. Quindi il ruolo dei gluoni deboli è di lasciar sussistere solo adroni contenenti i quark della prima famiglia.

Oltre ai gluoni dell'interazione forte, anche le particelle W^+, W^- e Z°, vettori dell'interazione debole, non solo hanno la funzione di legare i fermioni (elettroni, protoni, neutroni), ma anche di cambiare una particella in un'altra. Per esempio, la particella W può cambiare un muone in elettrone; a energie maggiori si pensa che possa cambiare leptoni in quark e viceversa.

Infine i vettori dell'interazione gravitazionale sono stati chiamati gravitoni, il che implica la soluzione, ancora lontana, del problema della quantizzazione della forza di gravitazione. Quello che noi osserviamo è semplicemente l'attrazione gravitazionale che lega noi alla terra, i pianeti al sistema solare, le stelle alle galassie.

Un'altra suddivisione delle particelle in due grandi gruppi viene fatta in base al valore della loro velocità di rotazione angolare o «spin». Immaginiamo una particella come una pallina o un pianeta che ruoti attorno al proprio asse. Lo spin misura il numero di giri al secondo, in una unità data da $\frac{h}{2\pi}$. I valori degli spin sono quantizzati, possono cioè assumere solo determinati valori: $0, \frac{1}{2}, 1, \frac{3}{2}, 2$. Particelle con spin $\frac{1}{2}$ o $\frac{3}{2}$ si chiamano fermioni (da Enrico Fermi); esse sono elettroni, protoni, neutroni e tutte le particelle portatrici di materia. Particelle con spin interi 0, 1 e 2 si chiamano bosoni (dal fisico indiano Satyen Bose) e sono fotoni, gravitoni e gluoni.

Infine si suddividono le particelle, a seconda delle loro masse, in leptoni e adroni. I leptoni sono particelle leggere, soggette all'interazione debole ma non alla forte: sono elettroni, muoni e tauoni; i tre neutrini, elettronico, muonico e tauonico, che a causa della loro piccola massa e mancanza di carica praticamente non interagiscono con la materia; gli adroni, fra cui i più pesanti, o barioni, sono il protone e il neutrone, e i mesoni, con masse intermedie. Essi interagiscono tramite l'interazione forte.

I quark non appaiono mai isolati in natura, ma sono i componenti degli adroni. In particolare i più familiari fra questi, il protone e il neutrone, sono composti rispettivamente di tre quark up up down e di tre quark up down down. Quindi protoni e neutroni non sono particelle elementari, mentre lo sono i quark e gli elettroni, almeno fino alle dimensioni più piccole — 10^{-16} centimetri — che si possono ottenere con le collisioni ad altissime energie coin-

VARIE SPECIE DI PARTICELLE

Nome QUARK	*Simbolo*	*Massa* (elettrone = 1)	*Carica* (protone = 1)
up (su)	u	circa 2	$\frac{2}{3}$
down (giù)	d	circa 6	$-\frac{1}{3}$
charm (incanto)	c	circa 3000	$\frac{2}{3}$
strange (strano)	s	circa 200	$-\frac{1}{3}$
top (alto)*	t	circa 350 000	$\frac{2}{3}$
bottom (basso)	b	circa 9000	$-\frac{1}{3}$
LEPTONI			
elettrone	e-	1	-1
neutrino elettronico	ν_e	minore di 0,0001	0
muone	μ-	207	-1
neutrino muonico	ν_μ	minore di 1,1	0
tauone	τ-	3491	-1
neutrino tauonico	ν_τ	minore di 500	0
GLUONI			
gluoni forti		0	$\frac{1}{3}$ (*)
gluoni deboli	W	85	+ 1 o -1
	Z	95	0 (**)
fotoni		0	0 (***)
gravitoni		0	0 (****)

(*) Interazione forte: Lega i quark dentro gli adroni.
(**) Processo di decadimento radioattivo degli adroni e dei leptoni.
(***) Onde elettromagnetiche: legano gli elettroni al nucleo.
(****) Gravitazione: lega i pianeti al Sole e le stelle alle galassie.

* Rivelato nel febbraio 1995 dal Fermilab.

volgenti elettroni. In altre parole questi non mostrano di avere una struttura complessa a scale più grandi di 10^{-16} centimetri.

Abbiamo ripetutamente detto che ad ogni particella corrisponde la sua antiparticella, ma che, d'altra parte, l'universo che conosciamo è fatto di materia, perché un minimo eccesso dell'una sull'altra ha portato all'annichilamento di tutte le coppie, lasciando solo quel minimo eccesso di particelle da cui si sono formate stelle e galassie.

Ma perché quest'eccesso di materia sull'antimateria? Una possibile risposta è stata data da una scoperta fatta da due studiosi di particelle elementari, Val L. Fitch e James W. Cronin, durante gli anni '60. Essi scoprirono che una particella instabile chiamata mesone K zero decade in un tempo appena appena più lungo della sua antiparticella. Questa insignificante differenza potrebbe essere quella che ha portato al prevalere della materia sull'antimateria.

DAL BIG BANG A OGGI

Ora immaginiamoci di far fare il cammino a ritroso al nostro universo per ricostruire gli eventi passati, dall'inizio fino ad oggi. Nonostante le apparenze, le galassie sono quasi fatte di vuoto, e, malgrado la presenza di quei minuscoli puntini caldi e luminosi che sono le stelle, sperse negli spazi interstellari, l'universo è uniformemente riempito di radiazione alla temperatura di 3 gradi assoluti. Nella contrazione dell'universo le galassie si avvicineranno le une alle altre fino a che, dopo circa 17 miliardi di anni, formeranno un'unica fredda massa gassosa. Col passare di un altro miliardo di anni il gas in contrazione si riscalderà tanto da emettere prima luce rossastra, poi bianco azzurra, sempre più intensa. Il gas è ora composto di sole particelle cariche, per lo più protoni, nuclei di elio ed elettroni e, come quello delle stelle, è completamente opaco. Che cosa succeda dentro quella opaca sfera luminosa possiamo solo immaginarcelo. La temperatura e la densità crescono vertiginosamente, e l'universo è ora un potentissimo acceleratore di particelle, capace di romperle nei loro costituenti più elementari. Siamo ormai vicini a quell'istante noto come era di Planck. Allora ricominciamo da qui.

L'epoca di Planck è durata un tempo detto tempo di Planck, pari a 5,4 10^{-44} secondi, dato da una formula che lega la costante di gravitazione G, la velocità della luce c e la costante di Planck h, $t = \sqrt{\dfrac{Gh}{2\pi\, c^5}} = 5{,}4\ 10^{-44}$ secondi.

Il tempo di Planck dipende esclusivamente dalle costanti universali G, h e c, e quindi è del tutto indipendente da unità di misura locali, come per esempio quelle da noi impiegate sulla terra e basate sui moti di rotazione e rivoluzione del nostro pianeta. Sarebbe quindi un tempo comprensibile da qualsiasi essere intelligente abitante un qualsiasi pianeta di una qualsiasi galassia*.

Si chiama lunghezza di Planck L_P lo spazio percorso dalla luce nel tempo di Planck: $L_P = ct_P$. Di conseguenza L_P definisce l'orizzonte cosmico al tempo di Planck:

$$L_P = \sqrt{\frac{Gh}{2\pi c^3}} = 1{,}6 \times 10^{-33} \text{ centimetri.}$$

La costante di Planck, caratteristica della fisica quantistica, è data dal rapporto fra l'energia di un fotone e la sua frequenza ν: $\frac{E}{\nu} = h$. Cosa possiamo dire di quest'epoca? Molto poco, ma possiamo comunque fare un'importante previsione. È regola generale che le leggi della fisica classica sono affidabili e capaci di descrivere la natura quando le dimensioni del sistema in studio hanno valori molto più grandi della costante di Planck h che è uguale a $6{,}7 \times 10^{-27}$ erg s. Nel caso dell'universo primordiale occorre ricorrere alla fisica quantistica, che è quella che descrive correttamente il comportamento dei nuclei e degli atomi. E qui sorge il grave problema delle teorie cosmologiche: l'universo primordiale, come quello attuale, doveva essere governato dalle quattro forze fondamentali — elettromagnetismo, interazioni deboli, interazioni forti e gravitazione. Le prime tre sono quantizzate, la gravitazione non lo è e non esiste a tutt'oggi una teoria capace di darne una rappresentazione quantizzata. In altre parole possiamo ritenere che durante l'era di Planck spazio e tempo dovevano essere quantizzati. Analogamente, si dice che un atomo o un nucleo è quantizzato perché può assorbire od emettere solo multipli interi di una certa quantità di energia o quantum, e di conseguenza tro-

* Il significato del tempo di Planck si può spiegare così: nel nostro universo, che è governato dalla gravitazione, dalla propagazione della radiazione elettromagnetica e dalla quantizzazione della materia, c'è stato un tempo in cui questi tre effetti erano egualmente importanti. Questo tempo si trova combinando le tre costanti in modo tale da ottenere una grandezza espressa in secondi, e cioè un tempo.
La costante di gravitazione G è uguale a $6{,}672 \times 10^{-8}$ $cm^3\ s^{-2}\ g^{-1}$ (dove le unità in cui è data G indicano che ha le «dimensioni» di un volume, misurato in centimetri al cubo, diviso per una massa misurata in grammi e per un tempo, misurato in secondi, elevato al quadrato).
La costante di Planck h è data da $6{,}225 \times 10^{-27}$ g $cm^2\ s^{-1}$, e la velocità della luce c è eguale a 3×10^{10} cm s^{-1}.
Combinando queste costanti come indicato dalla formula ne risulta una quantità espressa in secondi, e cioè un tempo, il tempo di Planck.

varsi solo in determinati stati discreti e non continui.

Poiché teoria ed esperienza hanno mostrato che ad energie sufficientemente alte le due forze fondamentali, elettromagnetismo e interazione debole diventano un'unica forza, chiamata elettrodebole, si ha ragione di ritenere che a energie ancora più alte, quali quelle che dovevano aversi nell'universo all'età di 10^{-43} secondi, l'elettrodebole doveva essere unificata con l'interazione forte (dove per unificata si intende che si ha in realtà un'unica forza, che ad energie più basse si manifesta in tre aspetti distinti). Si ritiene che nell'era di Planck, durata 5×10^{-44} secondi, anche la gravitazione sarebbe stata unificata e quindi si sarebbe avuta un'unica forza fondamentale. In quest'epoca c'era un unico tipo di particelle interagenti fra loro tramite l'unica forza unificata.

All'età di 10^{-35} secondi, quando la temperatura era scesa dal fantastico valore di 10^{32} gradi o più, a «soli» 10^{28} gradi, la gravitazione si sarebbe separata dalla forza forte-elettrodebole. In laboratorio non raggiungeremo mai le energie (o le temperature) necessarie per provare sperimentalmente l'unificazione della forza di gravitazione con le altre. In quanto alla riprova sperimentale dell'unificazione dell'interazione forte con l'elettrodebole occorrerebbe avere acceleratori diecimila miliardi di volte più potenti di quelli di cui disponiamo oggi.

Comunque esperimenti indiretti capaci di dare questa prova esistono e, sebbene molto difficili e con una minima probabilità di successo, essi sono in corso. Forse un giorno supereremo anche questa nuova pietra miliare. Per ora, la nostra storia dell'era di Planck si basa solo su previsioni teoriche e su estrapolazioni delle teorie note, fino ad un'epoca e a condizioni in cui non sappiamo se la nostra fisica è sempre valida.

Una domanda a cui è ancora più difficile rispondere è la seguente: com'era l'universo prima del tempo di Planck, quando l'età era ancora più piccola di 10^{-43} secondi? Secondo la relatività generale avremmo una singolarità a $t = 0$. Secondo la cosmologia quantistica, non si può estrapolare fino a zero, perché la fisica che conosciamo non vale più e quindi anche il nostro concetto di tempo non vale più.

Forse il tempo non esisteva nemmeno, ma qui finisce la fisica e comincia la metafisica.

L'era compresa fra 10^{-44} e 10^{-35} secondi è chiamata GUT, dalle iniziali di Grand Unified Theory, il periodo cioè in cui si suppone che interazione forte, debole ed elettromagnetismo fossero un'unica forza. Ci sono, in questa era, due tipi di particelle, quark e leptoni, che si scambiano continuamente l'una con l'altra tramite una terza chiamata X o bosone supermassiccio, e naturalmente fotoni. All'età di 10^{-32} secondi anche l'interazione forte si sarebbe distinta dall'elettrodebole.

Comincia l'era detta della forza elettrodebole. Le particelle presenti sono quark, leptoni, muoni ed elettroni e, come sempre, fotoni. Quark e leptoni sono ora due particelle distinte; invece elettroni e muoni si scambiano l'una con l'altra grazie all'azione di una particella chiamata W. Alla fine di quest'era, quando la temperatura è scesa a un milione di miliardi di gradi, appaiono per la prima volta protoni e neutroni; l'universo ha un'età di 10^{-12} secondi; i fotoni sono ancora abbastanza energetici da creare coppie di protoni e antiprotoni che si annichilano creando fotoni. Si ha uno stato di equilibrio per cui tante coppie di protoni e antiprotoni si annichilano, e altrettante ne vengono create. Dal tempo di Planck a questo momento l'età dell'universo è aumentata di 10^{31} volte, mentre da allora ad oggi è aumentata di sole 6×10^{29} volte. Può sembrare sorprendente, perché per noi tempi anche di un miliardesimo di secondo sono inimmaginabilmente brevi. Eppure quanta storia ha vissuto l'universo in un tempo così breve.

Durante questo periodo la temperatura diminuisce tanto che i fotoni non hanno più sufficiente energia per creare coppie di barioni. Se fino ad allora barioni e antibarioni erano in numero eguale, ora l'equilibrio si rompe, barioni e antibarioni si annichilano vicendevolmente, e il casuale piccolo eccesso di barioni rimane. Da essi si sviluppa il nostro attuale universo di stelle e galassie.

Almeno questa è l'ipotesi che si fa per rendersi conto del perché la materia prevalga tanto sull'antimateria. Ma siamo proprio certi che l'universo sia fatto esclusivamente di materia? Il principale modo che abbiamo di conoscere la fisica e la chimica dei corpi celesti è la misura della qualità e quantità di radiazione che essi ci inviano. Però un atomo di un qualsiasi elemento emette le stesse identiche radiazioni del suo antielemento. Quindi non potremo mai dire, attraverso questa via, se la radiazione che riceviamo viene da una stella o da un'antistella. Per nostra fortuna i raggi cosmici, che provengono dal Sole, dalle stelle e forse anche dalle galassie più vicine, ci fanno toccare con mano materia extraterrestre. Ebbene, essi sono composti prevalentemente di particelle di materia, sebbene fra essi si trovino anche numerosi antiprotoni. Questi potrebbero essere stati prodotti da collisioni fra particelle aventi velocità prossime a quella della luce. Per avere una prova certa della presenza di antimateria nella nostra o in altre galassie, dovremmo trovare delle particelle anti-alfa nei raggi cosmici. Esse infatti, con la loro massa pari a quattro volte quella di un protone o di un antiprotone, richiederebbero energie troppo alte per essere formate per collisione.

È stato proposto un esperimento volto a cercare di scoprire eventuali particelle anti-alfa nei raggi cosmici. Si chiama ASTROMAG, e dovrebbe essere piazzato su una stazione spaziale nei prossimi anni. Esso sarà in grado di misurare massa e carica delle particelle cosmiche. Se scopriremo una particella anti-alfa, avremo la prova dell'esistenza di anti-stelle.

Comunque, in base alle conoscenze attuali, possiamo assumere che la nostra Galassia e probabilmente anche quelle a noi vicine siano fatte solo di materia. Ma non possiamo essere altrettanto sicuri che questo sia vero per tutto l'universo, anche se la sua grande omogeneità lo fa ritenere molto probabile.

All'età di un decimillesimo di secondo la temperatura è scesa a 1000 miliardi di gradi. I fotoni non hanno abbastanza energia per creare coppie di protoni, ma possono ancora creare coppie di elettroni e positroni. C'è ora nell'universo una zuppa di elettroni, positroni, neutrini, antineutrini e quei pochi protoni e neutroni sopravvissuti all'annichilimento. In quest'era anche la forza elettrodebole si scinde in elettromagnetismo e interazione debole: abbiamo le quattro forze distinte che conosciamo oggi.

Quando la temperatura è scesa a 100 miliardi di gradi c'è ancora equilibrio fra coppie di elettroni e fotoni. Cioè per quante coppie elettrone-positrone si annichilano dando fotoni, altrettante nuove coppie vengono create dai fotoni. In questo mare di fotoni si trova circa un barione — protone o neutrone — per miliardo di fotoni. Ma i neutroni sono instabili e i protoni predominano. Intanto l'universo ha raggiunto l'età di un secondo e la temperatura è scesa a 10 miliardi di gradi; le collisioni fra protoni e neutroni li fanno combinare dando luogo a nuclei di deuterio. Però la temperatura è ancora troppo alta e le stesse collisioni distruggono i nuclei appena formati. L'universo deve diventare ancora 180 volte più vecchio — 3 minuti — perché la temperatura scenda a un miliardo di gradi e il nucleo di deuterio — protone + neutrone — sia stabile. Un nucleo di deuterio, collidendo con un altro neutrone, dà luogo al tritio; questo espelle un elettrone e viene così trasformato in un nucleo di massa 3 e carica 2: è l'isotopo dell'elio. Combinandosi con un altro neutrone ecco che abbiamo l'elio di massa 4, la forma più abbondante di elio e l'elemento più abbondante nell'universo, dopo l'idrogeno. Il processo termina quando si è formato il nucleo più stabile, l'elio di peso atomico 4.

Fra un miliardo e 500 milioni di gradi, mentre l'età dell'universo passa da 3 minuti a 12 minuti, il 25 per cento dei barioni è costituito da nuclei di elio, e il resto è quasi tutto costituito da protoni. Su 100 000 protoni, un solo nucleo di deuterio, frazioni ancora molto più piccole di elio di massa 3 e insignificanti di litio di massa 7. Ormai la temperatura è diventata troppo bassa e non può formarsi nessun altro nucleo.

Le percentuali di elio e di deuterio formatesi in questi processi di nucleosintesi primordiale non dipendevano soltanto dalla temperatura ma anche da una quantità indicata con Ω, che rappresenta il rapporto fra la densità barionica media dell'universo e la densità minima necessaria per arrestare l'espansione, detta anche densità critica. La percentuale di elio è praticamente insensibile al valore di Ω. Difatti al variare di questo fra $\frac{1}{1000}$ e 10, la quantità di elio formatasi resta circa costante e pari al valore anche oggi osservato: circa 25 per cento della massa totale dell'universo. Invece il deuterio dipende fortemente dal valore di Ω e la sua percentuale passa da $\frac{1}{1000}$ per $\Omega = \frac{1}{1000}$ a $\frac{1}{100\,000}$ per $\Omega = \frac{1}{100}$, ed a valori del tutto trascurabili — meno di un centomiliardesimo — per $\Omega = 0{,}3$. Infatti una maggior abbondanza di barioni accelera il processo di formazione di elio di peso atomico 4 e la distruzione del deuterio (Figura 52). Lo spettro del deuterio non è facilmente osservabile, e solo dopo il lancio del satellite COPERNICUS, avvenuto nel 1972, è stato possibile misurare direttamente l'abbondanza del deuterio. Questo satellite è stato l'unico, fino ad ora, che ha reso possibile l'osservazione della regione fra 913 e 1215 Å, nel lontano ultravioletto, dove cadono le righe interstellari dell'idrogeno. A fianco di ciascuna riga è stato possibile scorgere la debole componente dovuta al deuterio e così determinare che la sua abbondanza è più o meno costante in varie direzioni della Galassia ed eguale a circa $\frac{1}{100\,000}$ di quella dell'idrogeno.

Va ripetuto che può essere azzardato parlare di abbondanza cosmica del deuterio, perché la sensibilità del COPERNICUS era abbastanza limitata e la regione esplorata non si estende più di circa 3000 anni luce attorno al Sole. D'altra parte non sarebbe facilmente spiegabile una differenza «locale» nell'abbondanza del deuterio. In conclusione è molto probabile, anche se non assolutamente certo, che la si possa considerare «cosmica».

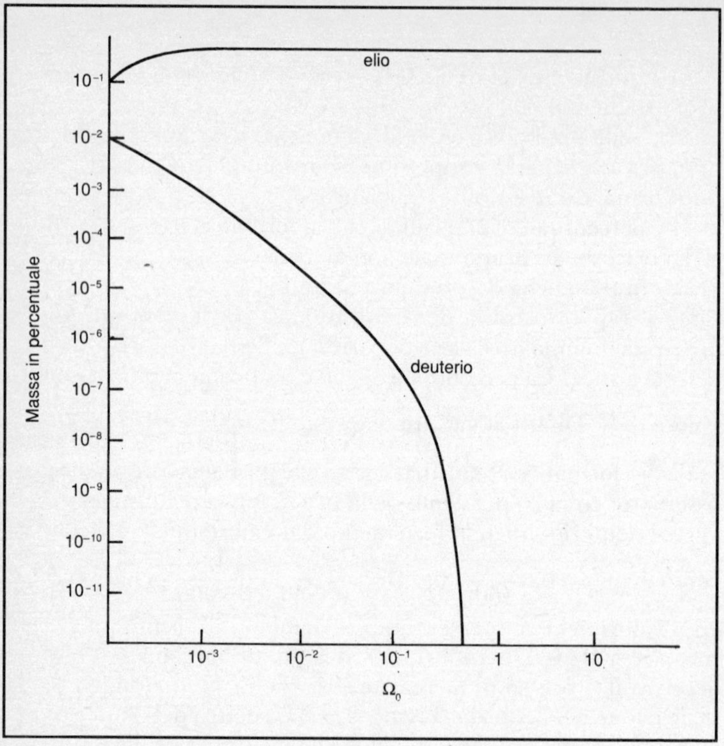

52. Abbondanza rispetto all'idrogeno di elio e deuterio formatisi nei primi minuti di età dell'universo e dipendenza dal valore di Ω barionico, cioè dal rapporto della densità di barioni (protoni, neutroni, nuclei atomici) alla densità critica.

Di qui si potrebbe dedurre che Ω è eguale circa a 0,02 e quindi che la densità dell'universo è ben al di sotto della densità critica: l'universo sarebbe in espansione all'infinito.

Però la densità minima necessaria per fermare l'espansione non dipende soltanto dalla densità barionica ma dalla quantità totale di materia presente nell'universo — quindi non solo nuclei composti di protoni e neutroni, ma anche elettroni e neutrini — ammesso che questi ultimi siano provvisti di massa. Per $\Omega = 1$, essi dovrebbero rappresentare il 98 per cento, un valore vicino a quello della materia oscura, dedotta dalle masse dinamiche delle galassie e degli ammassi di galassie.

L'abbondanza cosmica osservata di deuterio e soprattutto elio è dunque in ottimo accordo con le osservazioni. Ciò costituisce, insieme alla scoperta della radiazione a 2,75° assoluti, una splendida conferma della teoria del Big Bang. Ma può sorgere la domanda: ma come, gli elementi non si formano dentro le stelle, nel corso di tutta la loro evoluzione?

È facile vedere che la percentuale di elio formatasi dentro le stelle, durante tutta la vita della Galassia, è di gran lunga più piccola di quella osservata.

Basta a provarlo il seguente ragionamento: la luminosità della Galassia è dovuta essenzialmente alla luminosità delle stelle che la compongono. D'altra parte la luminosità delle stelle dipende quasi esclusivamente dalla trasformazione di idrogeno in elio, perché la quasi totalità della vita delle stelle si svolge durante la fase di questa trasformazione. Di conseguenza possiamo dire che tutta l'energia raggiante prodotta dalla Galassia nel corso della sua vita — di circa 15 miliardi di anni — è dovuta alla trasformazione da idrogeno in elio. Si ricava facilmente che l'elio formatosi rappresenta meno del 5 per cento della massa della Galassia*.

Quindi tanto von Weizacker che Gamow avevano in parte ragione: sia l'interno delle stelle che il calderone primordiale sono necessari per spiegare le abbondanze cosmiche.

La storia dell'universo primordiale non è ancora finita: terminato il processo di nucleosintesi di deuterio ed elio, l'universo seguita ad espandersi e a raffreddarsi. All'età di 100 000 anni la temperatura è scesa a circa 3000 gradi assoluti. I nuclei cominciano a catturare elettroni; si formano i primi atomi stabili. Fino a questo momento l'universo è stato completamente opaco, perché gli elettroni liberi bloccano e fanno cambiare continuamente direzione ad ogni fotone che incontrano; di conseguenza un fotone ha un cammino libero (cioè fra una deviazione e la successiva) molto corto, da qualche centimetro a qualche anno luce a seconda dell'età dell'universo. Di conseguenza un eventuale osservatore vedrebbe solo una sfera luminosa centrata su di lui, di raggio pari al cammino libero del fotone. Ma quando gli atomi cominciano a formarsi e gli elettroni vengono intrappolati dai nuclei, il gas diventa trasparente e i fotoni sono liberi di propagarsi

* La luminosità L_G della Galassia è pari a circa 50 miliardi di volte la luminosità del Sole, stella media per eccellenza. Quindi $L_G = 2 \times 10^{44}$ erg/s. In 15 miliardi di anni, pari a circa $4,5 \times 10^{17}$ secondi l'energia raggiante liberata dalla Galassia sarà 9×10^{61} erg, e la massa di idrogeno trasformatasi in elio sarà pertanto data da $\frac{9 \times 10^{61}}{0,007\ c^2} = 1,4 \times 10^{43}$. Poiché la massa totale della Galassia è di circa 3×10^{44} grammi, la percentuale trasformatasi in elio nel corso di tutta la vita galattica sarà $\frac{1,4 \times 10^{43}}{3 \times 10^{44}} = 0,047$, cioè meno del 5 per cento.

nello spazio. La radiazione fossile che osserviamo oggi ci mostra quell'universo di 100 000 anni di età. Poiché il massimo di emissione della radiazione alla temperatura di 3000 gradi cade nel vicino infrarosso a 0,9659 micron, e quella a 3 gradi cade a microonde a 0,9659 millimetri, quella che noi osserviamo è la radiazione spostata verso il rosso per effetto dell'espansione. Lo spostamento verso il rosso per quest'epoca in cui l'universo è diventato trasparente è circa 1000.

Non potremo quindi mai sperare di osservare ancora più indietro nel tempo, ma potremo sperare di colmare, almeno parzialmente, quell'intervallo fra spostamento verso il rosso 1000 e circa 5. Se ci riusciremo, potremo scorgere le galassie che vanno formandosi e capire come da una radiazione di fondo perfettamente omogenea si siano potute originare le disomogeneità che caratterizzano l'universo attuale.

Il passaggio dall'universo opaco all'universo trasparente coincide anche con il passaggio da un universo dominato dalla radiazione ad un universo dominato dalla materia*.

La tabella schematizza le varie ere attraverso cui è passato il nostro universo.

L'UNIVERSO INFLAZIONARIO

Il modello di universo originato dal Big Bang, o modello standard elaborato da Friedmann (e sviluppato da Lemaître, Robertson e Walker, e perciò chiamato anche modello FLRW) fra il 1922 e il 1924, anno in cui morì, stroncato dal tifo, presenta molte ca-

* L'attuale densità di energia raggiante presente nell'universo sotto tutte le forme, dai raggi gamma alle radioonde, è di circa 10^{-12} erg per cm cubo. Tenendo presente la relazione di Einstein di equivalenza fra massa ed energia, $E = mc^2$, dividendo E per il quadrato della velocità della luce, si ricava che nell'universo oggi la densità di radiazione è di 10^{-33} grammi per cm cubo, mentre la densità di materia è compresa fra 10^{-29} e 10^{-31} grammi per cm cubo, ossia da 100 a 10 000 volte più grande della densità di radiazione. Quindi un universo dominato dalla materia. Però, mentre la densità di materia varia con l'inverso del cubo del raggio dell'universo, la densità di radiazione varia con l'inverso della quarta potenza del raggio. Allora si calcola facilmente che — per esempio — quando il raggio era 2 milioni di volte più piccolo, la densità di materia era 2×10^6 elevato al cubo più grande e cioè compresa fra 8×10^{-11} e 8×10^{-13} grammi per cm cubo, e la densità di radiazione era 2×10^6 elevato alla quarta volte più grande e cioè pari a 16×10^{-9}, ossia un universo in cui la radiazione prevale sulla materia. Per valori ancora più piccoli del raggio, la radiazione prevale di gran lunga.

LE ERE DELL'UNIVERSO

Epoca	*Età*	*Orizzonte cosmico*	*Temperatura*	*Caratteristiche*
ERA SPECULATIVA				
Planck	0-5 × 10^{-44}s	1,5 × 10^{-33}cm	> 10^{32}K	Un'unica forza fondamentale. Equivalenza di fermioni e bosoni.
GUT	da 5 × 10^{-44} a 10^{-32}s	3 × 10^{-25}cm	10^{32}–10^{28}K	L'inflazione ha luogo fra 10^{-35} e 10^{-32}s. La gravitazione si separa dalle altre tre forze. Quark e leptoni si scambiano tramite gluoni X e fotoni.
ERA ELETTRODEBOLE				
	10^{-32}s			L'interazione forte si separa dall'elettrodebole.
	10^{-12}s		10^{15}K	Quark, leptoni (elettroni, muoni, tauoni), fotoni.
	10^{-4}s		10^{12}K	I fotoni non hanno sufficiente energia per creare coppie di protoni e antiprotoni (Energia necessaria 1,8 GeV, energia disponibile 87,5 MeV), ma sufficiente a creare coppie di elettroni e positroni (Energia necessaria 1 MeV).
	1s		10^{11}K	E = 8,75 MeV: c'è equilibrio tra fotoni e coppie di elettroni e positroni.
4 forze	1-180s		10^{10}K	$p + n \rightarrow D$
	3 m-12 m		10^{9}K	Formazione di nuclei di D, He^3, He^4, Li^7
INIZIO ERA DOMINATA DALLA MATERIA				
	10^5 anni		3000 K	Si cominciano a formare gli atomi neutri e il gas diventa trasparente alla radiazione.

ratteristiche positive. Rende conto naturalmente dell'espansione dell'universo, della radiazione cosmica a 3 gradi assoluti, dell'abbondanza primordiale di deuterio ed elio, è compatibile con l'età delle stelle più vecchie, quale è indicata dalle teorie dell'evoluzione stellare. È in grado, almeno in principio, di predire il futuro dell'universo: in espansione per sempre, oppure in moto di espansione tanto decelerato, da dar luogo, in un lontano futuro, a spazio in contrazione. In pratica questa previsione non è ancora possibile, per l'incertezza delle nostre osservazioni. Noi sappiamo dalla relazione di Hubble fra velocità d'allontanamento delle galassie e loro distanza, che l'espansione dello spazio è decelerata dall'attrazione gravitazionale della stessa materia in esso immersa. Ma non sappiamo misurare con sufficiente precisione l'entità di questa decelerazione. Il caso è strettamente analogo a ciò che avviene quando si lancia un razzo verticalmente fuori dell'atmosfera terrestre. Se la velocità del razzo è superiore o uguale alla velocità di fuga dalla superficie terrestre, data da $\sqrt{\frac{2GM}{R}}$ dove M ed R sono la massa e il raggio della Terra, il razzo salendo verrà decelerato dall'attrazione gravitazionale del pianeta, però ad ogni distanza d dalla sua superficie avrà sempre una velocità superiore o uguale alla velocità di fuga da quella distanza, data da $v = \sqrt{\frac{2GM}{d}}$, e quindi seguiterà la sua corsa negli spazi interstellari. Se invece la sua velocità iniziale è inferiore alla velocità di fuga dalla superficie, il razzo salirà rallentando tanto che ad un certo momento si fermerà, e invertirà la sua corsa, precipitando infine sulla Terra.

Così l'universo avrà i tre possibili comportamenti schematizzati nella figura 53. Se fossimo in grado di stabilire esattamente la densità dell'universo potremmo dire se è chiuso (velocità d'espansione inferiore alla velocità di fuga) o aperto (velocità di espansione superiore o eguale alla velocità di fuga), ma come abbiamo detto più volte, noi conosciamo la densità con un'incertezza di un fattore 100, cioè essa è compresa fra 10^{-29} e 10^{-31} grammi per centimetro cubo. Nel primo caso avremmo un universo chiuso, nel secondo un universo aperto. Per un valore della costante di Hubble di 55 km/s ogni 3,26 milioni di anni luce (che determina le attuali dimensioni dell'universo), la densità critica (cioè al limite fra i due casi) è di circa 5×10^{-30} grammi per centimetro cubo, pari a 3 protoni per metro cubo.

Se la densità è esattamente eguale a quella critica, e quindi $\Omega = 1$, l'universo è detto piatto, ossia esso obbedisce alla geome-

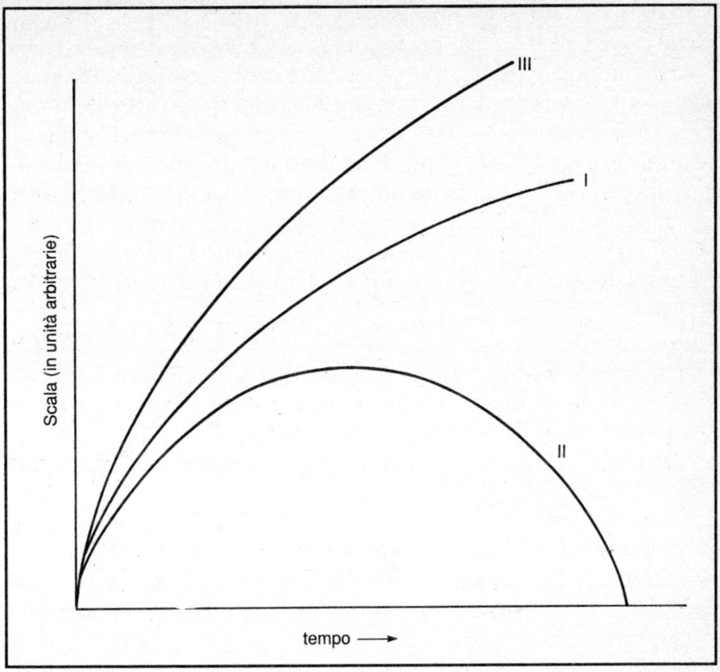

53. Modello di Friedmann. I modelli I e III sono in espansione all'infinito; I corrisponde al caso $\Omega = 1$ e III al caso Ω minore di 1 (universi aperti, a spazio rispettivamente piano e iperbolico). Invece il modello II dopo una prima fase di espansione riprende a contrarsi: Ω è maggiore di 1 (universo chiuso, spazio sferico).

tria euclidea (in altre parole è l'analogo di un piano, nello spazio a tre dimensioni); se invece Ω è minore di 1 abbiamo un universo iperbolico. Esso è l'analogo della superficie di un iperboloide (paragonabile alla superficie di una sella); invece per Ω maggiore di 1 l'universo è sferico, ed è l'analogo della superficie di una sfera nello spazio a tre dimensioni.

Oltre a tutti i meriti del modello di Friedmann, ci sono un certo numero di problemi inspiegabili, che hanno portato ad immaginare un universo coincidente con quello di Friedmann, a partire da 10^{-32} secondi, ma che ha subìto una formidabile espansione negli istanti precedenti.

Vediamo dunque quali sono i principali problemi.

Prima di tutto c'è il problema dell'orizzonte cosmico. Nell'era di Planck, al tempo $t = 5 \times 10^{-44}$ secondi, il raggio dell'orizzonte era 1,5 × 10^{-33} centimetri. Nell'era della Grande Unificazione — GUT — a 10^{-35} secondi il raggio era di 3 × 10^{-25} centimetri, quindi due osservatori più lontani di questo raggio non potevano comunicare fra loro. Eppure oggi osserviamo la grande uniformità della radiazione cosmica in regioni separate da 10 miliardi di anni luce pari a 10^{28} centimetri. Facendo il rapporto fra i raggi nell'era GUT e in quella odierna (che è dato dal rapporto fra le temperature oggi e all'epoca GUT, poiché la temperatura varia in ragione inversa del raggio) si trova che l'universo ha aumentato le sue dimensioni di 4 × 10^{27} volte. Perciò all'epoca GUT l'omogeneità si estendeva a una distanza pari a $\frac{10^{28}}{4 \times 10^{27}}$ = 2,5 centimetri e cioè ben 10^{25} volte l'orizzonte cosmico. Come è possibile che regioni che non erano mai state in contatto fra loro mostrino oggi un così alto grado di uniformità? È come se ipotetici abitanti di un altro sistema solare avessero sviluppato una civiltà identica alla nostra.

A meno che non si risponda come il cosmologo sovietico Ya. B. Zeldovich: «Io credo che l'universo sia cominciato già isotropicamente», che è la possibilità più semplice, ma anche la meno probabile. In questo caso il problema dell'orizzonte sarebbe un falso problema.

L'altro punto riguarda lo spazio. La distribuzione su grande scala delle galassie indica che il nostro spazio è euclideo o molto prossimo ad esso. In altre parole, ritorniamo all'analogia bidimensionale: se paragoniamo il nostro universo alla superficie di una sfera, più grande è il raggio della sfera, più piccola è la curvatura della superficie, e questa si discosta pochissimo da un piano. Allo stesso modo se ci limitiamo a considerare un'area di poche decine di chilometri sulla terra, questa ci sembrerà completamente piatta. Infatti i nostri progenitori preistorici se la immaginavano come un disco.

Sebbene le osservazioni ci dicano che Ω è eguale a 0,01 o, tenendo conto anche della materia che si fa sentire solo gravitazionalmente, arriva a poco più di 0,1, la densità dell'universo dovrebbe essere stata sempre assai vicina al valore critico, altrimenti l'universo primordiale o sarebbe subito collassato su se stesso o sarebbe espanso tanto rapidamente da non permettere la formazione degli elementi e poi delle stelle e delle galassie.

Ci sono anche altri problemi, meno intuitivi, ma altrettanto gravi. Per esempio, perché nell'universo oggi c'è soltanto un nucleone per ogni miliardo di fotoni? Perché l'asimmetria fra elettricità e magnetismo, sebbene essi siano due aspetti della stessa forza? Infatti è ben noto che, mentre esistono cariche negative e cariche positive distinte, un qualsiasi magnete ha un polo positivo ed uno negativo inscindibili. Se spezzo una sbarra magnetizzata in due parti, ai due estremi di ciascun pezzo si riforma un polo positivo ed uno negativo; se la sbarra è ridotta a limatura di ferro, ciascuna lamella diventa un piccolo magnete col suo polo positivo e negativo. Eppure non esiste nessuna ragione teorica perché, come esistono cariche elettriche positive e negative separate, non esistano anche cariche magnetiche separate. Questo ha portato a postulare che nell'universo primordiale dovessero esistere i monopoli magnetici, di cui però non si è ancora trovata traccia.

Questi e altri problemi hanno suggerito un'idea tanto «assurda» quanto geniale ad un giovane astrofisico americano, Alan Guth. Egli aveva ottenuto il dottorato in fisica delle particelle nel 1972, al Massachusetts Institute of Technology, il famoso MIT. Nel 1979 ebbe un lampo di genio nel proporre la sua teoria dell'universo inflazionario.

L'universo inflazionario è un modello che spiega molti dei problemi lasciati insoluti dal modello di Friedmann. Questo non significa che sia la verità; è solo un modello che ci aiuta a rappresentarci l'universo. Così Bohr nel 1913 rappresentò l'atomo come un minuscolo sistema solare; sappiamo oggi che l'atomo è qualcosa di ben più complesso e che la teoria conteneva molte incongruenze, dal punto di vista della fisica classica. Eppure è stata la grande invenzione che ha portato a comprendere i fenomeni atomici e ha aperto la strada alla fisica quantistica.

Vediamo ora come si può descrivere l'universo inflazionario e quali sono le cause che avrebbero provocato l'inflazione.

QUELL'INTERVALLO INFINITESIMO CHE «AVREBBE» CAMBIATO L'UNIVERSO

Sottolineo l'uso del condizionale perché questo modello di universo, per quanto attraente e capace di rispondere a molti perché, non è né verificabile né riproducibile. Può darsi che fra qualche anno nuove inaspettate scoperte lo mandino nel museo delle teorie scientifiche, insieme a quel modello di universo stazionario proposto da Bondi, Gold e Hoyle, e definitivamente messo in pensione dalla scoperta della radiazione cosmica a 3 gradi assoluti.

L'idea fondamentale è la seguente. Partiamo dall'analogia con quel che succede in un elemento così comune come l'acqua. Sopra 100° C l'acqua è allo stato gassoso, sotto forma di vapor acqueo; sotto gli 0° C è sotto forma solida, ghiaccio. Quando al variare della temperatura il vapore diventa liquido e il liquido diventa solido, si dice che avviene una transizione di fase. Consideriamo la fase liquida e quella solida, che meglio rispecchiano l'analogia che vogliamo fare. L'acqua è uno stato completamente isotropico, ha le stesse proprietà in qualsiasi direzione; il ghiaccio invece è in uno stato anisotropico, perché è un cristallo con proprietà diverse a seconda della direzione considerata entro il cristallo (per esempio ha diverse proprietà di rifrazione della luce, diversa resistenza meccanica a seconda della direzione). L'acqua è in uno stato di energia più alto del ghiaccio; infatti, per passare da ghiaccio ad acqua dobbiamo fornire calore. Si chiama calore latente l'energia necessaria perché avvenga la transizione di fase, mantenendo la temperatura costante. L'acqua può restare allo stato liquido anche a temperature più basse di 0°, purché venga raffreddata molto lentamente senza subire alcun disturbo. Naturalmente questo stato di super raffreddamento è instabile e il minimo disturbo, o una minima impurità che cada nell'acqua, provoca la formazione di ghiaccio. In questo momento si libera il calore latente e la temperatura risale al punto di solidificazione, zero nel caso dell'acqua.

La teoria proposta da Alan H. Guth e sviluppata dal sovietico A.D. Linde all'Istituto Lebedev di Mosca, assume che all'epoca della separazione della forza gravitazionale dalle altre tre forze, quando l'età dell'universo era di 10^{-35} secondi e la temperatura di 10^{28} gradi, fotoni e bosoni X avevano la stessa energia ed erano in numero paragonabile a quello delle altre particelle. Ma col diminuire della temperatura i bosoni X diventano altamente instabili: ha così inizio una fase asimmetrica, paragonabile alla transizione di fase, preceduta da un super raffreddamento. L'energia liberata nel passaggio dallo stato simmetrico a quello asimmetrico è tremendamente alta ed è quella che provoca l'espansione. L'espansione inflativa prosegue fino a che la transizione di fase è completata e cessa il super raffreddamento. Questo avverrebbe all'età di 10^{-32} secondi. Il calore latente liberato riporta la temperatura a circa 10^{27} gradi. Il calcolo indica che nell'infinitesimo lasso di tempo compreso fra 10^{-35} secondi e 10^{-32} secondi, lo spazio si sarebbe triplicato ogni 10^{-34} s. Ciò significa che il processo di triplicazione si sarebbe ripetuto 100 volte (in 10^{-32} secondi l'intervallo di 10^{-34} secondi ci sta 100 volte), pari dunque a 3^{100} che è uguale al fantastico numero di 10^{48} (Figura 54).

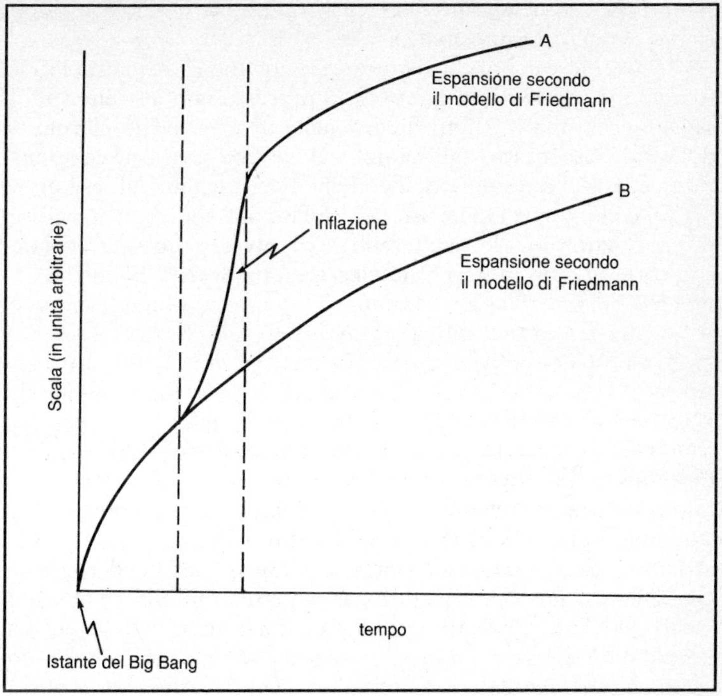

54. Universo inflazionario: dopo la fase di inflazione l'espansione continua come nel modello I di Friedmann.
Se la geometria dell'universo fosse decisa prima dell'inflazione, i modelli I e III espanderebbero all'infinito nel giro di 10^{-37} secondi e il modello II collasserebbe su se stesso nello stesso intervallo di tempo. Nei primi due casi né i protoni né tantomeno le stelle e gli elementi avrebbero il tempo di formarsi perché l'universo diventerebbe subito troppo rarefatto; nel secondo caso si ritornerebbe subito alla singolarità iniziale, e di nuovo non potrebbe formarsi alcun elemento e tantomeno le stelle. L'inflazione, con la sua rapidissima espansione, cancella ogni particolarità che potesse avere l'universo pre-inflazionario e lo trasforma in un universo indistinguibile da uno spazio piano in cui Ω sarebbe 1 o vicinissimo ad 1.

Nell'ipotesi dell'universo inflazionario il problema dell'orizzonte cosmico è risolto. Infatti abbiamo visto che all'epoca GUT l'omogeneità dell'universo abbracciava un volume di raggio 10^{25} volte l'orizzonte cosmico. Ora invece l'omogeneità pre-inflazione verrà estesa ad una regione 10^{48} volte più grande. Si può immediatamente spiegare anche che lo spazio ci appaia piano, che i monopoli magnetici e altri eventuali residui dell'epoca pre-inflativa siano introvabili, perché l'enorme espansione li avrebbe ridotti a una densità infinitesima.

Guth si rese conto che, come accade quando l'acqua super raffreddata si condensa in ghiaccio, il processo non avviene simultaneamente, ma a istanti diversi nelle diverse parti del volume di liquido. Lo stesso, egli ipotizza, dovrebbe essere successo nell'universo. In questo caso, c'è anche l'aggravante dell'espansione. Di conseguenza la transizione di fase potrebbe non essersi verificata ovunque. Ne risulterebbe un universo molto irregolare, con certe regioni in uno stato e certe in un altro. Ma poiché l'universo che osserviamo è altamente regolare a grande scala, questa prima teoria dell'inflazione non regge.

La «nuova» inflazione, sviluppata da Linde e, più tardi, da Albrecht e Steinhardt, si differenzia dalla «vecchia» solo perché il nostro universo è il risultato della transizione di fase di una piccola bolla dello spazio, che sarà dunque uniforme. Le irregolarità avranno dato luogo ad altri universi.

In conclusione, continuando con l'analogia dell'acqua che cristallizza in ghiaccio, il nostro universo sarebbe solo uno dei tanti cristalli, ciascuno dei quali si sarebbe sviluppato indipendentemente con differenti proprietà. In altre parole potrebbero esistere altri universi, addirittura infiniti altri, di cui, forse, non potremmo mai accertare l'esistenza. Inoltre il nostro orizzonte cosmico limita solo una piccola parte di quel «cristallo» a cui appartiene. Col passare del tempo il nostro orizzonte crescerà, ma le caratteristiche a grande scala resteranno le stesse, proprio per l'isotropia che accomuna tutto il «cristallo».

Ma anche la «nuova» inflazione presenta dei problemi. Per esempio essa predice che anche entro il nostro «cristallo» dovrebbero esserci delle fluttuazioni di densità, che avrebbero dato origine al processo di formazione delle galassie. Le fluttuazioni predette e effettivamente osservate da COBE non spiegano completamente l'origine degli ammassi. Ci sono delle difficoltà dovute al fatto che le differenze di temperatura e quindi di densità sembrano troppo piccole e d'altra parte le regioni più dense avrebbero dimensioni molto maggiori dei maggiori ammassi conosciuti.

Quindi, sebbene il modello inflazionario risolva il problema dell'orizzonte cosmico, quello della piattezza dell'universo, l'assenza di monopoli magnetici e altri residui dell'universo pre-inflazionario, non spiega completamente la formazione delle galassie.

Ed ecco altre fra le critiche più forti. Un'ipotesi controllabile è il valore di Ω. La teoria richiede $\Omega = 1$, mentre l'universo «visibile» da $\Omega = 0{,}01$ e quello gravitazionale da 0,1 o poco più. Ancora, o la teoria è sbagliata o più del 90 per cento della materia presente nell'universo è sotto forma di materia oscura non barionica. Oggi i cosmologi tendono, in maggioranza, a favorire la seconda alternativa. Infatti le teorie dell'epoca GUT e quelle della supersimmetria (SUSY), a cui accenneremo, predicono la presenza di un gran numero di particelle, finora mai osservate, ma che sarebbero state presenti a epoche intorno ai 10^{-35} secondi.

L'UNIVERSO SI È FORMATO DAL NULLA?

Spesso ci viene chiesto come mai c'è stato il Big Bang, che cosa l'ha provocato, cosa c'era prima; tutte domande a cui sembrava impossibile rispondere restando su un piano puramente fisico e non filosofico o metafisico. Invece, nuovi concetti basati sulle leggi fisiche a noi note tentano di dare una risposta razionale. Il contenuto di queste risposte non va preso troppo sul serio. Sono ipotesi assolutamente non verificabili, che portano a risultati che sembreranno paradossali, e che pure non contraddicono le leggi della fisica quantistica.

Un'idea apparentemente assurda e che ha dato invece origine alle speculazioni fisiche e non metafisiche sull'origine dell'universo venne improvvisamente ad un giovane fisico americano, Edward Tryon. Mentre assisteva a un seminario di cosmologia, sbottò: «Forse l'universo non è altro che una fluttuazione del vuoto». La sua uscita suscitò le risate degli ascoltatori, e il giovane borsista non ebbe il coraggio di sostenere che lo stava pensando davvero. Solo qualche anno dopo riprese quest'idea. Fondamentalmente si tratta di queste considerazioni: l'universo ha un bilancio energetico globale zero, perciò può essersi originato dal nulla, senza violare la legge della conservazione dell'energia. Difatti la carica elettrica dell'universo è zero, perché ad ogni protone corrisponde un elettrone; neutroni e neutrini non hanno carica. Inoltre l'universo non ha energia di rotazione. Sebbene tutti i corpi celesti, dai pianeti alle stelle, dalle galassie agli ammassi di galassie abbiano un moto di rotazione, l'universo come un tutto non ruota. Se ruotasse apprezzabilmente si dovrebbero notare delle differenze di intensità da una direzione all'altra nella radiazione fossile a 3 gradi assoluti. Il satellite COBE per ora lo ha escluso. Secondo la teoria inflazionaria l'energia potenziale della reciproca attrazione gravitazionale esercitata dalle galassie, che è proporzionale alla massa contenuta nell'universo è più o meno eguale a quella che occorre fornire per mantenere l'espansione. Quindi la prima ha segno positivo, la seconda ha segno negativo. Se le due forze sono identiche in valore assoluto, l'energia globale dell'universo è zero. È il caso che si verifica se la densità è proprio quella critica.

Quest'ipotesi va incontro ad una difficoltà: se i protoni sono stabili, hanno cioè una vita infinitamente lunga, come si spiega la loro venuta in esistenza? Però la teoria della Grande Unificazione, la GUT, permette di aggirare questo ostacolo.

Come le particelle W e Z sono i gluoni della forza elettrodebole, così l'unificazione dell'interazione forte con quella elettrodebole a energie di 10^{15} GeV comporterebbe la presenza di gluoni supermassicci, di massa pari a 10^{14} volte la massa del protone, e quindi non producibili in nessun acceleratore. Questi gluoni avrebbero la proprietà di trasformare i quark in leptoni. Ora si riteneva che il protone fosse stabile, perché composto di tre quark-uud — che ne fanno il più leggero dei barioni. Difatti i suoi componenti non possono decadere in particelle più leggere. Se però i gluoni supermassicci trasformano un quark in leptone, ecco che il protone decade in un mesone e un leptone. A causa dell'enorme massa dei gluoni e quindi la loro scarsità, l'evento è estremamente poco probabile. Si calcola che la vita media di un protone sia di 10^{31} anni, ossia 500 miliardi di miliardi di volte l'attuale età dell'universo. Trattandosi di vita media, non è escluso che si possa avere qualche decadimento di protone a qualsiasi istante, sebbene l'eventualità sia molto piccola. Perciò in vari laboratori in tutto il mondo si sta cercando di osservare un tale avvenimento, ma per ora senza risultati conclusivi. Se veramente il protone può decadere, poiché la materia presente nell'universo è quasi tutta composta di idrogeno, l'universo finirà. Ma ritorniamo alla sua origine. Il vuoto è ritenuto uno stato perfettamente stabile. Ma come si riteneva stabile il protone, è possibile che anche il vuoto sia uno stato che ha una piccolissima probabilità di dar luogo a quella zuppa di quark e gluoni che era l'universo ad epoche precedenti il tempo di Planck. Perché può essere successo? Non c'è un perché, c'è solo la probabilità, per quanto infinitesima, che questo possa avvenire, così come quando avviene un decadimento nucleare. Sappiamo solo che c'è una certa probabilità che il decadimento avvenga, ma niente di più.

Se questa ipotesi è vera, e non avremo mai modo di provarlo, allora tutto ciò che esiste, dagli enormi ammassi di galassie ai minuscoli pianeti come la nostra Terra, a noi stessi, tutto sarebbe stato originato dal vuoto.

Ma che cos'è il vuoto? Secondo il senso comune vuoto significa assenza di materia. Ma allora noi stessi, tutta la materia che ci circonda è essenzialmente vuota, perché è fatta di molecole a loro volta costituite da atomi. Un atomo come l'atomo di idrogeno ha un nucleo, il protone, il cui raggio è 10^{-13} centimetri, mentre l'atomo neutro (costituito dal protone più l'elettrone, la cui massa è circa 2000 volte più piccola di quella del protone) ha un raggio di 10^{-8} centimetri, 100 000 volte più grande del raggio del protone: ma cosa c'è in quello spazio fra protone ed elettrone? il vuoto, o meglio la forza elettromagnetica che tiene insieme le due particelle. Così la galassia è fatta di stelle, la cui distanza media l'una dall'altra è circa cento milioni di volte più grande del raggio medio di una stella; lo spazio interstellare non è vuoto ma ha una densità bassissima, inferiore a un atomo per centimetro cubo. In esso c'è il campo gravitazionale che tiene le stelle legate alle galassie.

Questo a livello macroscopico. Ma a livello delle particelle elementari il vuoto appare tale perché in esso si creano e si distruggono spontaneamente delle coppie di particelle e antiparticelle che, per la loro brevissima vita, non hanno alcuna possibilità di essere osservate in natura. Perciò sono state chiamate «particelle virtuali». Esse potrebbero trasformarsi in particelle reali se si disponesse dell'energia necessaria. Questa continua apparizione e sparizione delle particelle virtuali è una conseguenza del principio di indeterminazione di Heisenberg. Esso dice che se misuriamo l'energia di una particella per un intervallo di tempo definito dt, il grado di indeterminazione nella misura dell'energia dE è dato dalla relazione $dE \times dt \geq \frac{h}{2\pi}$. In tempi molto brevi l'indeterminazione sull'energia sarà grande e di conseguenza un quanto può essere creato dal nulla e scomparire subito dopo. È come se la particella prendesse in prestito dell'energia per formarsi ma la rendesse subito dopo, così che su scale di tempo maggiori il principio della conservazione dell'energia sarebbe salvo.

Una particella virtuale può trasformarsi in una reale se si dispone dell'energia sufficiente. Questo è quanto avviene nelle macchine acceleratrici, che forniscono appunto l'energia necessaria.

Se l'energia globale dell'universo è probabilmente nulla, come abbiamo visto prima, si può pensare che in un tempo infinitesimo si sia verificata una gigantesca fluttuazione da cui si è materializzato l'universo. La fisica quantistica non pone ostacoli a questa eventualità. Se dunque la teoria della Grande Unificazione delle forze è corretta, e se la vita del protone non è infinitamente lunga, l'intero universo potrebbe essere stato originato e sarebbe evoluto fino alla sua attuale complessità *letteralmente dal nulla*. Per quanto sconvolgente ed assurda possa apparire questa conclusione, essa non contraddice le leggi della fisica quantistica.

SUSY

Le idee che hanno portato a rappresentare i primi istanti di esistenza dell'universo si basano sul principio di unificazione delle forze fondamentali.

Questo desiderio di semplicità, di simmetria, se vogliamo di bellezza, era quello che guidava gli antichi filosofi greci. Per esempio, la circonferenza era ritenuta una figura geometrica perfetta; di conseguenza Copernico non volle abbandonare l'idea che i moti dei pianeti potessero deviare dal moto circolare, e per far quadrare queste idee di perfezione geometrica con le osservazioni, complicò la sua teoria aggiungendo altri circoli minori — gli epicicli. Keplero con le sue tre leggi che spiegavano semplicemente ed esattamente i moti dei pianeti, e poi Galileo, con la sua nuova filosofia, secondo cui le leggi della natura si ricavano dall'esperimento e non viceversa (cercando cioè di adattare le osservazioni a leggi stabilite in base a idee religiose o filosofiche, comunque preconcette), hanno segnato la svolta che ha portato alla concezione moderna del metodo scientifico. Ma quando ci si spinge fino a energie irrealizzabili nei nostri laboratori, come quelle che si incontrano nei primi infinitesimi istanti di vita dell'universo, ecco che di nuovo si ritorna agli antichi metodi, facendosi guidare dal desiderio di simmetria e semplicità. Così si è originata la teoria della Grande Unificazione delle Forze Fondamentali, che altro non è che un'ardita estrapolazione della osservata unificazione dell'elettromagnetismo con l'interazione debole.

Questo desiderio di semplicità, di unificazione delle forze trova una sua estensione nell'idea che anche le due grandi famiglie di particelle, i fermioni (quark e leptoni, portatori di materia, con spin pari ad $\frac{1}{2}$, $\frac{3}{2}$ ecc.) e i bosoni (gluoni, portatori di forze, con spin intero) possano trasformarsi gli uni negli altri. Questa teoria è stata chiamata supersimmetria o più brevemente SUSY.

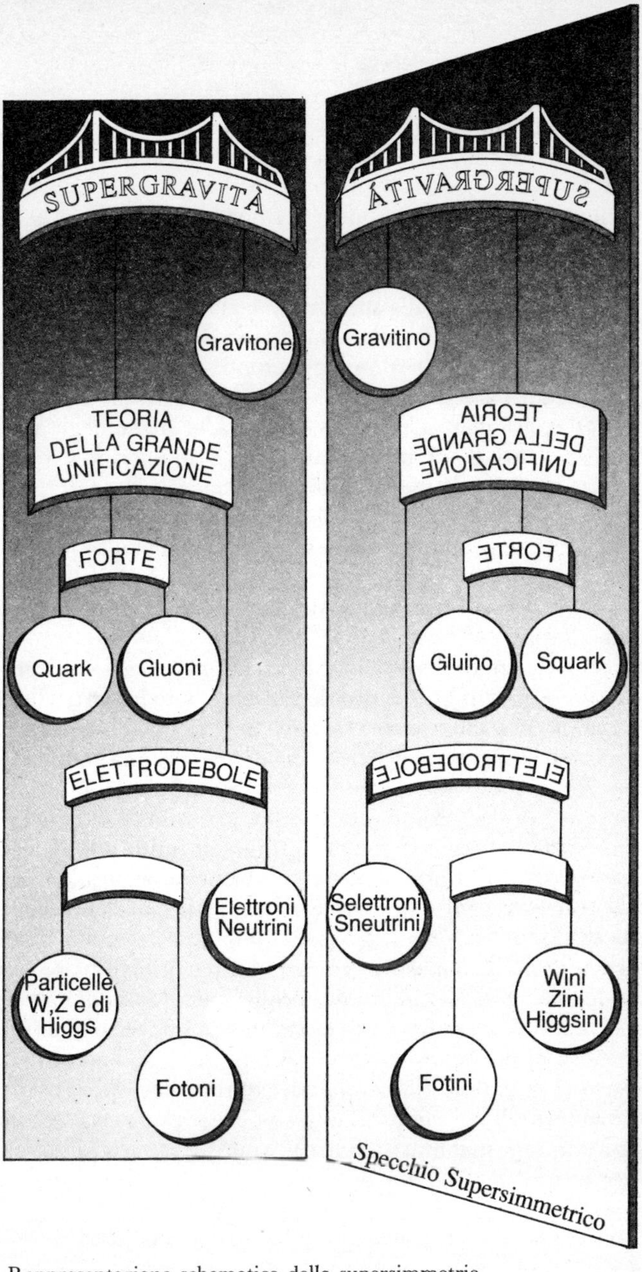

55. Rappresentazione schematica della supersimmetria.

La conseguenza di questa teoria ha portato alla previsione che alle altissime energie dell'universo primordiale, ad ogni fermione doveva corrispondere un bosone e viceversa. È stato così postulato che al gravitone corrisponda un gravitino, al quark un quarkino, al leptone un leptino, al fotone un fotino, ecc.

Analogamente, all'elettrone corrisponde il selettrone, al neutrino lo sneutrino, ecc. Dunque il prefisso *s* e la finale *ino* stanno ad indicare la controparte supersimmetrica delle particelle a noi note. Quindi la teoria della supersimmetria avrebbe raddoppiato il numero di particelle inventate dai teorici. Date le altissime energie a cui sarebbero state realmente presenti, queste particelle (data l'equivalenza fra massa ed energia) dovrebbero avere masse molto grandi. Di conseguenza è impossibile crearle anche negli acceleratori più potenti di cui disponiamo oggi. Solo il fotino e il gravitino potrebbero avere masse abbastanza piccole da poter essere ricreate negli acceleratori. Il fatto che esse non siano ancora state trovate potrebbe probabilmente essere dovuto alla loro interazione estremamente debole con la materia. Se davvero esistono, potrebbero essere una importante componente della materia oscura (Figura 55).

Sempre secondo le previsioni teoriche, la presenza del gravitino risolverebbe un grosso problema: nel vuoto le particelle virtuali, avendo vita infinitesima, avrebbero energia tendente all'infinito, come conseguenza del principio di indeterminazione di Heisenberg, e quindi anche masse tendenti all'infinito. Come eliminare questi infiniti? Si ipotizza che le particelle della supersimmetria abbiano energia negativa e quindi gli infiniti di segno opposto di ciascun fermione e del suo bosone supersimmetrico, e di ciascun bosone e del suo fermione supersimmetrico si cancellerebbero.

Troveremo mai queste fantomatiche particelle?

Nelle macchine acceleratrici, la collisione di fasci di particelle — per esempio elettroni ad alta energia, con un fascio di antiparticelle —, in questo caso positroni, diretti in senso opposto si annichilano, producendo l'energia necessaria per creare coppie di particelle virtuali nel vuoto. È così che è stata scoperta la coppia quark-antiquark incantata (charm). Energie ancora più alte potranno rivelare altre coppie di particelle virtuali di masse ancora maggiori.

Fisica e astronomia sono strettamente connesse, nel senso che le leggi della fisica sono sperimentate in laboratorio, gli esperimenti sono ripetibili e controllabili; le osservazioni astronomiche, spesso anch'esse verificabili tramite ripetute osservazioni, acquistano un significato comprensibile poiché esse sono una conseguenza delle leggi fisiche. I nostri calcoli sulle proprietà dell'universo primordiale si basano su conoscenze ben fondate sulla fisica delle particelle, ma non sono verificabili, almeno fino a che l'età dell'universo non supera i 3 minuti, quando cominciano a formarsi nuclei di deuterio ed elio.

Se però ci spingiamo ancora più indietro nel tempo, non solo non esistono osservazioni astronomiche dirette, ma anche le leggi fisiche che applichiamo per spiegare ciò che non è osservabile, non sono verificate né verificabili, cioè non sappiamo se restano valide in condizioni così tremendamente diverse da quelle a cui sono state sperimentate. Quindi va ripetuto ancora una volta che il quadro che ci siamo fatti dell'universo primordiale spiega coerentemente molti fatti, ma presuppone anche l'esistenza di tracce come i monopoli, le stringhe e particelle con varie proprietà, tutte entità mai osservate ma la cui assenza verrebbe spiegata dalla subitanea inflazione che ne avrebbe ridotto la densità a quantità infinitesime. Questa spiegazione dell'assenza di quegli strani oggetti, che secondo alcuni cosmologi avrebbero dovuto esserci, si può esemplificare con una storiella raccontata dal cosmologo indiano Jayant V. Narlikar. Un pittore mostra una cornice vuota attaccata alla parete, e spiega che lui aveva dipinto una mucca che mangiava l'erba. Ma perché l'erba non c'è più? Perché la mucca l'ha mangiata. E perché non c'è nemmeno la mucca? Perché, non essendoci più erba, la mucca non aveva più scopo di restare lì.

Un altro punto da notare: la materia osservabile tramite le sue emissioni elettromagnetiche, quella che abbiamo chiamato la «materia visibile» dà un valore di Ω pari a 1 o 2 centesimi, in accordo con l'abbondanza cosmica del deuterio; la materia visibile e quella oscura, cioè tutta quella che viene rivelata dalla sua azione gravitazionale, indica per Ω un valore di qualche decimo; eppure i teorici pretendono un $\Omega = 1$, perché secondo i loro calcoli valori più grandi avrebbero fatto collassare l'universo primordiale e valori minori l'avrebbero fatto disperdere tanto rapidamente che i nuclei non si sarebbero potuti formare, e quindi nemmeno gli atomi, le molecole, le stelle e le galassie.

Se questo quadro sia vero o no, forse non lo sapremo mai. Sempre usando le parole di Narlikar, «l'assenza di monopoli, stringhe, ecc. è accettata con piena fiducia per dimostrare delle ipotesi a proposito della grande unificazione delle forze e i primissimi istanti dell'universo. In nessun altro caso, in fisica zero osservazioni sono state usate per affermare tante ipotesi che non possono essere provate altrimenti».

Altri argomenti di dibattito in cui la metafisica prevale sulla fisica riguardano l'esistenza di infiniti universi ed il principio antropico. Più precisamente si definisce un principio antropico debole e un principio antropico forte. Ambedue partono dalle considerazioni seguenti. Le leggi della fisica dipendono da certe costanti che supponiamo universali: la costante di gravitazione G, la velocità della luce c, la costante di Planck h, la massa dell'elettrone e del protone, rispettivamente m_e e m_p, la carica dell'elettrone e, che sono ben note da misure sperimentali. Inoltre lo stato attuale dell'universo è definito dai valori attuali della costante di Hubble, che ci permette di risalire all'età dell'universo (costante, come abbiamo visto, conosciuta con un'incertezza di un fattore 2, compresa cioè fra circa 50 e circa 100) e del tasso di rallentamento dell'espansione che dipende dalla densità media dell'universo (o dal valore di Ω, che, ricordiamo, è il rapporto fra la densità media e quella critica, il cui valore è conosciuto addirittura con un'incertezza 100, essendo compresa fra circa 0,01 e 1). È intuitivo che se i valori di queste costanti fossero state diverse, anche le leggi della fisica e le proprietà dell'universo sarebbero diverse.

Il principio antropico debole dice che la vita intelligente — in altre parole l'osservatore del cosmo — non può esistere in una posizione qualsiasi dello spazio-tempo. Infatti se la costante di Hubble fosse molto più grande, e quindi l'universo molto più giovane, la vita non avrebbe avuto il tempo di svilupparsi, e nemmeno gli atomi dei vari elementi, primi fra tutti il carbonio, l'ossigeno, il calcio, il ferro, che sono i principali costituenti dei nostri corpi, avrebbero potuto formarsi a partire dall'idrogeno, nelle svariate reazioni nucleari che avvengono nell'interno delle stelle di grande massa. Si può ben dire che noi e tutti gli esseri viventi siamo «polvere di stelle» e soprattutto «polvere di supernovae».

Se poi il nostro Sole avesse una massa molto più grande, la sua vita durerebbe pochi milioni di anni e la vita non avrebbe avuto il tempo di svilupparsi. Difatti ci sono voluti quasi quattro miliardi di anni perché l'uomo comparisse sulla Terra.

Le stelle di massa molto più piccola hanno vite lunghissime

ma il loro irraggiamento è troppo debole perché i loro eventuali pianeti possano permettere lo sviluppo di forme avanzate di vita.

Se al contrario la costante di Hubble fosse molto più piccola, e quindi l'età dell'universo molto più grande, anche il Sole sarebbe ormai ridotto ad una nana bianca; ma prima avrebbe traversato la fase di gigante rossa e la sua estesa atmosfera avrebbe inglobato tutti i pianeti almeno fino all'orbita di Marte. In conclusione, secondo il principio antropico debole, la vita può aver luogo solo in certe regioni dell'universo e solo entro un certo intervallo di tempo.

Il principio antropico forte dice che non solo i parametri che caratterizzano il nostro attuale universo non possono discostarsi troppo dai valori osservati, ma anche le costanti universali e quindi le leggi fisiche che ne sono condizionate non potrebbero essere troppo diverse da quelle che conosciamo, altrimenti la vita non potrebbe esistere. Ad esempio se la «colla» che tiene insieme un protone e un neutrone, dando luogo al nucleo del deuterio, fosse stata più forte, si sarebbe formato un nucleo stabile e questo avrebbe permesso la trasformazione di tutto l'idrogeno in elio e quindi avremmo avuto un universo senza idrogeno e di conseguenza senza acqua, ritenuta essenziale per la vita. Se invece la «colla» fosse stata troppo debole non si sarebbe potuto formare nemmeno il nucleo di deuterio né, a maggior ragione, tutti gli altri nuclei più pesanti, fra cui il carbonio, che è alla base delle molecole organiche.

Vari esempi di questo genere portano a concludere che noi esistiamo e osserviamo l'universo proprio perché esso ha queste particolari caratteristiche.

Ma si potrebbe anche pensare: È ovvio, ci siamo proprio perché le condizioni erano adatte allo sviluppo della vita, altrimenti non ci saremmo. È un caso.

Altri, invece, vogliono vederci una finalità. L'universo ha questi valori delle costanti proprio perché l'uomo potesse svilupparsi ed essere testimone delle proprietà dell'universo. Questa concezione finalistica sottintende un dio creatore.

Ma la visione di una finalità da parte di una intelligenza che abbia programmato l'universo in modo tale da consentire lo sviluppo di altri esseri intelligenti può essere accettabile solo per un atto di fede. D'altra parte a molti non piace ammettere che l'universo è così qual è per puro caso. Una via per aggirare queste due opposte visioni è stata avanzata da vari cosmologi, quale conseguenza stessa dell'universo inflazionario. Il nostro universo è una piccolissima parte di quel tutto originatosi durante l'inflazione, uno dei tanti «cristalli» formatisi al momento del «cambiamento di fase». Ogni «cristallo» è un universo a sé stante, con le sue costanti fisiche, non necessariamente eguali a quelle del nostro universo. È ovvio allora che solo in quegli universi adatti allo sviluppo della vita, questa si sarà potuta sviluppare.

È evidente che tutto questo non è dimostrabile; è una costruzione razionale ma che nessun fisico potrà sperimentare. Si esce quindi dal campo della scienza per entrare in quello della filosofia e della metafisica.

Ma questo è un altro discorso che non rientra negli scopi di questo libro.

CONCLUSIONE

Sono passati quasi due secoli dalla descrizione fatto da Fraunhofer dello spettro solare e dalla misura della prima distanza stellare; da circa un secolo si sono cominciati a decifrare i messaggi che la radiazione stellare ci manda, e a sostituire all'osservazione soggettiva visuale quella oggettiva dell'immagine fotografica. Da meno di settant'anni sappiamo qual è il nostro posto nell'universo: un piccolo pianeta di una stella né grande né piccola, abitante periferico di una galassia fra miliardi di altre galassie; e sempre da meno di settant'anni ci siamo resi conto che lo spazio espande trascinando con sé stelle e galassie. Solo da sessant'anni abbiamo scoperto che i corpi celesti sono anche sorgenti radio più o meno potenti, e da quarant'anni la nota emessa dall'idrogeno freddo che popola i bracci spirali della nostra Via Lattea ce ne ha mostrata la struttura completa. Sempre da poco più di quarant'anni abbiamo compreso come si svolge la vita di una stella e come esistano più popolazioni stellari di varia età, caratterizzate da diversa abbondanza di elementi pesanti e diversa posizione nella Galassia. Da meno di trent'anni abbiamo scoperto l'esistenza delle quasar, la radiazione fossile, le pulsar, le molecole complesse nel mezzo interstellare. Infine, da poco più di vent'anni i satelliti astronomici ci hanno permesso di sconfinare oltre la «finestra ottica» e la «finestra radio». Le sonde hanno percorso tutto il sistema solare, sono anche atterrate su Venere e Marte e piedi umani hanno toccato il suolo del nostro satellite.

Mentre ci avviamo verso il 2000, stiamo assistendo a sviluppi dell'informatica e della tecnologia impensabili fino a una decina o poco più di anni fa, e ci chiediamo se sia possibile estrapolare questo progresso esponenziale e prevedere quali saranno gli sviluppi futuri della scienza in generale, e dell'astrofisica in particolare.

Potremo mai rispondere agli interrogativi che ci siamo posti sul futuro e sull'origine dell'universo? sul perché l'universo è quello che è, e perché le leggi fisiche sono quelle che faticosamente andiamo scoprendo attraverso i secoli? La prima risposta che viene alla mente è no, ma poi ci si chiede se sia prudente una risposta decisamente negativa, quando mai avremmo previsto progressi così grandi e così rapidi nella conoscenza dell'universo.

I recenti tentativi di spiegare l'origine dell'universo e la storia dei primi infinitesimi istanti della sua esistenza, per quanto altamente ipotetici, e in parte non controllabili da esperimenti, né oggi né in futuro, danno l'avvio a discussioni e domande che escono dal ristretto ambito della fisica per toccare problemi filosofici e religiosi.

Per esempio, cosa sono le leggi della natura? Perché la natura si comporta secondo queste e non altre leggi? Quando diciamo che i pianeti obbediscono alla «legge di gravitazione», o che la corrente circola in un conduttore obbedendo alla «legge di Ohm» o che debba sempre essere rispettata la «legge di conservazione dell'energia» o della «conservazione del momento angolare», da una parte ci sembrano cose ovvie, relazioni accertate dall'esperienza, ma dall'altra vien fatto di chiedersi perché siano così e non altrimenti e abbiamo l'impressione che queste leggi esistano là fuori dell'universo come entità trascendenti. Richard Feynman credeva che certe leggi fondamentali della fisica avessero un'esistenza indipendente, e al fisico Paul Davies, che lo intervistava per la BBC, rispose: «Quando scopri queste cose [le relazioni della matematica], hai la sensazione che fossero vere prima di trovarle. Così viene l'idea che esistessero in qualche luogo, ma non c'è nessun possibile luogo. Nel caso della fisica, il problema è duplice. Quando incontriamo queste relazioni matematiche e scopriamo che si applicano all'universo, la questione su dove si trovino diventa doppiamente confusa. A volte ho la sensazione di scoprire delle leggi che sono *là fuori*, una sensazione analoga a quella che prova un matematico quando scopre leggi che sono *là fuori*».

Le teorie cosmologiche che partono dall'idea che le quattro forze fondamentali siano in realtà aspetti diversi di un'unica forza, e che le particelle elementari, sia i portatori di materia sia i portatori di forze, siano riconducibili ad un'unica particella, sono un indice del desiderio di spiegare tutto con un'unica legge avente una sua indipendente esistenza.

Una domanda che viene spesso rivolta ai fisici — e forse ancora più spesso agli astronomi (i quali — secondo l'immagine che se ne fa la gente — essendo gli scienziati «che guardano le stelle» sono probabilmente ritenuti in più stretti rapporti col Cielo) è se credono in Dio o comunque in qualche entità superiore. Premetto che la scienza e la fede sono due campi ben distinti e pertanto la scienza non può dimostrare né l'esistenza né la non esistenza di Dio o altra entità soprannaturale. Pertanto è mia opinione che uno scienziato che fosse rigorosamente coerente dovrebbe essere agnostico. Ma poiché gli scienziati sono esseri umani come tutti, altri fattori, non puramente razionali, prevalgono e indirizzano le loro diverse attitudini. A questo proposito sono state fatte anche indagini statistiche su campioni scelti con metodi del tipo di quelli della Doxa. Le tre grandi categorie in cui ci si differenzia nei riguardi dei grandi problemi, come l'origine dell'universo e l'origine della vita, sono quelle dei credenti, degli atei e degli agnostici. Da un'indagine fatta da Franco Garelli per il volume *Valori, Scienza e Trascendenza* edito dalla Fondazione Agnelli, risulta che su 348 scienziati gli atei sono il 21,5 per cento, gli agnostici il 25,2 per cento, gli incerti alla ricerca di qualcosa sarebbero il 15,8 per cento, i credenti in un Essere Superiore non meglio definito il 18 per cento e i credenti in un Dio unico e personale il 18 per cento.

Sempre secondo Garelli, un'analoga indagine fra la popolazione italiana indica che solo il 10 per cento sarebbe ateo o agnostico, il 10 per cento incerto, il 30 per cento crederebbe in un Essere Superiore e il 50 per cento in Dio. Quindi, fra gli scienziati gli atei e gli agnostici sarebbero quasi cinque volte più numerosi che fra la popolazione in generale. E questo risultato non sorprende, poiché lo scienziato ha per fine lo studio della natura e la scoperta delle sue leggi, impiegando la ragione e non ricorrendo a spiegazioni soprannaturali.

Vogliamo concludere queste riflessioni con le parole del fisico Heinz R. Pagels (dal suo libro *Perfect Symmetry*, del 1985) sulla proposta origine dell'universo dal nulla: «Il nulla, *prima* della creazione dell'universo, è il vuoto più assoluto che si possa immaginare: non esisteva né spazio, né tempo, né materia. È un mondo senza posto, senza durata o eternità, senza numero — è ciò che i matematici chiamano *la serie vuota*. Eppure questo inconcepibile vuoto si trasforma nel *pieno* dell'esistenza, come conseguenza necessaria delle leggi fisiche. Dove sono scritte queste leggi in quel vuoto? Cos'è che *dice* al vuoto che può partorire un possibile universo? Sembrerebbe che anche il vuoto sia soggetto alla legge, a una logica che preesiste allo spazio e al tempo».

BIBLIOGRAFIA

J.Cl. Pecker, *Capire l'astronomia*, Hoepli, 1985.

L. Gratton, *Cosmologia*, Zanichelli, 1987.

M. Hack, *L'universo violento della radioastronomia*, EST Mondadori, 1983.

C.M. Will, *Einstein aveva ragione?*, Bollati Boringhieri, 1989.

F. Dyson, *Infinito in ogni direzione*, Rizzoli, 1989.

S. Hawking, *Dal big bang ai buchi neri*, Rizzoli, 1988.

H. Pagels, *Il codice cosmico*, Boringhieri, 1984.

H. Karttunen, P. Kroeger, H. Oja, M. Poutanen, K.J. Donner, *Fundamental Astronomy*, Springer-Verlag, 1987.

J.V. Narlikar, *The primeval universe*, Oxford University Press, 1988.

INDICE ANALITICO

FONTI ICONOGRAFICHE

«L'Astronomia»
Figure 17c1 - 17c2 (dicembre 1989)

«Astronomical Journal»
Figura 40 (luglio 1988)

«Discover»
Figura 55 (dicembre 1983)

«Nature»
Figura 8 (6-9-1990)

«Physics Today»
Figura 45 (giugno 1990)

«La Recherche»
Figure 1-2 (novembre 1990); 24-25-26-27-28-29 (febbraio 1990)

«Science»
Figure 41-42-43 (17-11-1989)

«Le Scienze»
Figure 20 (dicembre 1980); 35 (maggio 1981); 48a (luglio 1979)

«Sky & Telescope»
Figure 3-4 (maggio 1987); 6-7 (gennaio 1990); 9 (marzo 1989); 17a (luglio 1989); 17b-31a-31b-31c (gennaio 1989); 19 (marzo 1987); 21-39 (luglio 1988); 32 (gennaio 1988); 33 (aprile 1987); 37 (ottobre 1989); 38 (dicembre 1990); 44-46 (giugno 1990); 49 (luglio 1990)

Annuario EST 1984 (*Scienza e Tecnica*)
Figure 22-23-47

T. Ferris, *Atlas of Galaxies*, Sierra Club Books
Figure 10c-14-16-34c

M. Hack, *L'universo violento della radioastronomia*, EST Mondadori
Figure 10a-10b-18-30-34a-34b-48b

J.V. Narlikar, *The primeval universe*, Oxford University Press
Figure 52-53-54

J.Cl. Pecker, *Capire l'astronomia*, Hoepli
Figure 15-51

NASA - ST Science Institute e ESA

SOMMARIO

BUR
Periodico settimanale: 24 aprile 1999
Direttore responsabile: Evaldo Violo
Registr. Trib. di Milano n. 68 del 1°-3-74
Spedizione in abbonamento postale TR edit.
Aut. N. 51804 del 30-7-46 della Direzione PP.TT. di Milano
Finito di stampare nel marzo 1999 presso
Legatoria del Sud - via Cancelliera, 40 - Ariccia RM
Printed in Italy

ANNOTAZIONI

ANNOTAZIONI

ANNOTAZIONI

ANNOTAZIONI

ANNOTAZIONI

ISBN 88-17-11664-5